Patrick Dewaere
mon fils, la vérité

Mado Maurin

PATRICK DEWAERE
MON FILS, LA VÉRITÉ

Collection
Documents

le
cherche
midi

Les entretiens qui figurent dans ce livre ont été menés entre le 25 février 1988 et le 31 juillet 2006.

Préparation et coordination de l'ouvrage : Frédéric Dieudonné

23, rue du Cherche-Midi, 75006 Paris.

Vous pouvez consulter notre catalogue général et l'annonce de nos prochaines parutions sur notre site Internet : cherche-midi.com

À Sotha,
À Marie Wiart, Angèle, Lola,
Jean-Pierre, Yves-Marie, Dominique et Jean-François
À Claire Baudin, Nicolas Merk, Julie Vander,
Roland Godard, Élisabeth Wiener.

À Miou-Miou, qui fut ma fille.

Merci à Sabine Euverte et à Frédéric Dieudonné qui, pendant de longs mois, m'ont aidée, soutenue et encouragée. Sans eux, peut-être ne serais-je pas allée au bout de ce livre.

Prologue

24 septembre 2005. J'ai quatre-vingt-dix ans aujourd'hui et j'entreprends ce livre. Patrick, mon Patrick, c'est à toi que je dois cette joie.

Tout a commencé un jour de février 2005 où j'étais vraiment à bout de forces. Pas de travail, pas de retraite

Mado Maurin, née le 24 septembre 1915, est comédienne depuis l'âge de quinze ans et continue d'exercer son métier avec la même passion.

décente... pas d'espérance. Mais je sais que Jean-Pierre et toi, mes deux fils disparus, veillez sur moi à chaque instant. Vous me le prouvez bien souvent. Ce jour-là, j'ai un peu crié vers toi : « Où que tu sois, Patrick, aide-moi ! Ne m'abandonne pas. »

Une semaine plus tard, Stéphane Roux, de la Gaumont, me téléphone : « Vous êtes bien la maman de Patrick Dewaere ? » Stéphane m'annonce la sortie d'un coffret DVD regroupant deux de tes films : *Lily aime-moi* et *F... comme Fairbanks*, de Maurice Dugowson : « Nous aimerions y joindre une lettre de vous adressée à votre fils Patrick. Accepteriez-vous de l'écrire ? – Avec joie ! »

Après mon rendez-vous avec Stéphane, je t'ai demandé de m'inspirer : la lettre fut aussitôt écrite et envoyée.

Un bonheur ne vient jamais seul. Quinze jours plus tard, je reçois un appel des éditions du cherche midi, me proposant de relater dans un ouvrage mes souvenirs te concernant, agrémentés des précieux entretiens que j'avais déjà eus à ton sujet il y a quelques années, et de l'enrichir de nouveaux. Nous avons signé le contrat le 24 juin 2005, le jour anniversaire de la naissance de mon cinquième fils, Jean-François Vlérick, comédien, comme mes autres enfants !

La sortie de ce nouveau livre est prévue à l'automne 2006. J'espère que tous ceux qui aiment Patrick auront à cœur de se le procurer. Grâce à lui, je suis sauvée. Un miracle de plus nous réunit. Je suis si fière de toi et je te confie, ainsi qu'à Jean-Pierre, ces frères et sœur que ton départ a tant meurtris, en particulier Dominique, dont tu étais si proche, y compris en âge.

I

Chacun sa vérité

J'ai eu six enfants. Jean-Pierre, Yves-Marie, Patrick, Dominique, Jean-François et Marie. Cinq garçons, une fille, tous comédiens, comme leur mère. Je les aime passionnément.

Toi seul, Patrick, as choisi de nous quitter pour cette autre rive où nous nous retrouverons tous. De ce lieu mystérieux que je pressens plein de lumière, tu nous contemples avec ton regard « d'ailleurs ». Ce regard plein d'humour qui nous ravissait tous. Alors, je sais que je peux parler de toi, car tu es toujours présent en moi. Je vais essayer de puiser dans nos souvenirs communs, ceux de ton enfance, de ton adolescence. Tu m'aideras un peu. Et comme dans cette pièce de Pirandello, *Chacun sa vérité*, ton visage apparaîtra en un grand puzzle formé de tes multiples visages, de tes multiples vérités. Car vous étiez deux, mon Patrick : l'acteur que j'admirais, que j'admire toujours, et mon fils presque inconnu. Patrick, mon enfant, toi que j'ai perdu, je te retrouve aujourd'hui, émerveillée par tous ces souvenirs qui resurgissent.

Parler de toi, c'est un peu me mettre à nu, mais je ne veux pas risquer de blesser mes autres enfants, dont tu n'es pas totalement le frère... Depuis ta mort, je vis dans une sorte de cœur à cœur avec toi. Et avec le désir très fort de te voir continuer à vivre dans le souvenir des autres. J'ai voulu te connaître, te découvrir, te comprendre, toi qui m'étais devenu inconnu et qui nous as brutalement faussé compagnie. C'est pourquoi j'ai entrepris une longue quête auprès de ceux qui ont vécu à tes côtés une partie de l'aventure de ta vie : amis, metteurs en scène, acteurs, actrices, partenaires, admirateurs aussi. Je les ai rencontrés lors d'entretiens très intimes, au cours desquels ils ont pu se sentir libres de se confier, car c'est à une mère qu'ils s'adressaient, non à un journaliste.

J'ai aussi croisé la route de quelques artistes qui, trop jeunes pour avoir pu te connaître, ont néanmoins été marqués par ton parcours d'acteur. Sans jamais chercher à t'imiter, ils puisent en toi un souffle et une énergie qui les animent, et voient dans l'homme que tu étais une modeste source d'inspiration. Il m'a semblé intéressant, mais aussi très précieux, à titre personnel, de savoir ce que tu as pu ou peux encore leur apporter. De voir en quoi ta personnalité et ton tempérament d'acteur passent les générations sans rien perdre de leur vigueur.

Me voilà donc partie à ta recherche et, durant ce voyage, je vais déchiffrer les souvenirs et les signes qui font de toi une réalité plus vivante que jamais.

II

Ton père, cet inconnu

J'ai eu au cours de ma vie deux passions qui ne m'ont jamais quittée : Dieu et le théâtre. J'ai rencontré le premier le 6 mai 1926, et j'ai eu, depuis, le merveilleux bonheur de grandir dans la foi et de surmonter les épreuves de la vie. Le second, je le découvris en 1930, sur les planches du Grand-Guignol. En 1931, à la Gaîté-Lyrique de Paris, je créais la petite princesse Mi dans *Le Pays du sourire.* Un vrai conte de fées !

Mariée en 1934 à un baryton d'opérette, j'ai travaillé avec lui plusieurs années, avant que la guerre, en 1939, ne nous sépare. Je tombai gravement malade et fus condamnée par les médecins. Je ne devais pas mourir, je n'avais pas encore donné la vie : j'étais une servante inutile présentant au Seigneur des mains vides. Mon dominicain, le père Rebelle, était arrivé pour me donner le viatique, la communion au corps du Christ. Il évoqua la Vierge de Lourdes. Pour ceux qui étaient là, je paraissais déjà dans l'autre monde lorsque l'ambulance m'emporta ; et pourtant, je vivais intensément avec le Christ en moi : je suivais un long chemin sombre me conduisant vers une intense lumière, dans une chaleur et un bien-être merveilleux.

Combien de temps cela dura-t-il ? Était-ce avec mon corps ? Sans mon corps ? Lorsque j'ouvris les yeux, j'étais

Sur cette photo prise à Morlaix (Finistère) en 1946, Mado est enceinte de Patrick, né le 26 janvier 1947 à Saint-Brieuc (Côtes-d'Armor).

seule dans ma petite chambre d'hôpital, je me sentais vivante, sauvée !

Je ne fis que remercier Dieu de ce cadeau et de ce départ vers ailleurs. Sans doute la Providence considérait-elle que j'avais encore beaucoup à faire. Je promis au Seigneur de n'attendre aucun autre signe de lui : ce que je venais de vivre suffisait pour m'accompagner jusqu'au bout.

Lorsque mon mari revint de la guerre, je retrouvai ma joie de vivre en entrant au Capitole de Toulouse. Puis, j'eus mes deux premiers fils : Jean-Pierre en 1941, Yves-Marie en 1944. Entre-temps, mon époux me trompait outrageusement sans que j'en sache rien. Il finit par me laisser avec mes petits. Une nouvelle vie commençait pour moi, qui me conduisait vers toi...

Au printemps 1945, on me proposa une saison lyrique de Pâques comme divette au théâtre de Vitré en Bretagne, et nous quittâmes Toulouse définitivement. J'étais triste, fatiguée, épuisée par les allaitements et les privations de la guerre. Alors, ma voix m'abandonna à la fin de la saison. Je confiai mes enfants à une jeune femme que le directeur du théâtre m'avait recommandée, et je partis pour Paris consulter mon laryngologiste. Je dus me soumettre à un traitement angoissant consistant en plusieurs séances de soins hebdomadaires et à des piqûres quotidiennes. La Pentecôte approchait. La jeune religieuse qui me soignait me dit un jour : « Vous devriez faire une neuvaine à l'Esprit saint, le Seigneur vous rendra peut-être votre voix. » Cela me semblait être une pure superstition, mais j'avais tellement confiance en la Providence que je décidai de commencer ma neuvaine. Michel, le directeur du théâtre, musicien et chef d'orchestre, était devenu un véritable ami. Ravi de notre saison théâtrale, il suggéra un nouveau projet pour l'été. Vitré recevant beaucoup de touristes, il pensait qu'une saison d'opérette, dont je serais la divette, pourrait avoir beaucoup de succès. Nous aurions fait figurer au répertoire : *Dix-neuf ans, Pas sur la bouche, Le Comte de Luxembourg...*

Malheureusement, je n'étais pas encore rétablie : mon cher docteur trouvait l'état mes cordes vocales toujours trop peu satisfaisant. Dès mon arrivée à Paris, j'avais fait paraître, dans deux ou trois journaux spécialisés, plusieurs annonces proposant une série d'opérettes à de jeunes artistes de moins de vingt et un ans. Je fus stupéfaite par le nombre de réponses. Je faisais passer des auditions : il fallait pour m'entourer un baryton, une seconde chanteuse, un comique, un fantaisiste, quatre danseuses et l'interprète de la duègne. Le cas échéant – au cas où ma voix ne me permettrait pas de chanter –, je suggérai à une amie, Annie Gueldy, de me remplacer. Notre petite troupe fut baptisée Les J3 Mado Maurin. J3 correspondait aux tickets de rationnement pour les treize-vingt et un ans. Je revins à Vitré enchantée de ce voyage, mais je devais poursuivre mon traitement. Toulouse était déjà loin, et je restais sans nouvelles de mon mari. Mes fils Jean-Pierre et Yves-Marie profitaient à fond de leur voyage à la campagne. En poursuivant ma neuvaine, je plaçais toute ma confiance dans le Seigneur : elle était confortée par ces moments de piété et de prière qui se terminaient le lundi de Pentecôte.

C'est là, Patrick, que ton histoire a commencé. De ce lundi-là à nos jours, combien de *pourquoi* ont hanté ma vie ! Pentecôte, fête de la Lumière et de l'Esprit saint, auquel je te sens intimement lié. Ces versets de la Bible ne font que conforter ma conviction :

[Quarante jours après la résurrection de Jésus] au cours d'un repas [qu'il prenait] avec eux [ses apôtres], il leur recommanda de ne pas quitter Jérusalem, mais d'y attendre la promesse du Père, « celle, dit-il, que vous avez entendue de ma bouche. Jean a bien donné le baptême d'eau, mais vous, c'est dans l'Esprit Saint que vous serez baptisés d'ici quelques jours. »

Ils étaient donc réunis et lui avaient posé cette question : « Seigneur, est-ce maintenant le temps où tu vas rétablir le Royaume pour Israël ? » Il leur dit : « Vous n'avez pas à connaître les temps et les moments que le Père a fixés de sa propre autorité, mais vous allez recevoir une puissance, celle du Saint Esprit qui viendra sur vous ; vous serez alors mes témoins, à Jérusalem, dans toute la Judée et la Samarie, et jusqu'aux extrémités de la Terre. »

À ces mots, sous leurs yeux, il s'éleva, et une nuée vint le soustraire à leurs regards. [...]

Quittant la colline appelée « mont des Oliviers », ils regagnèrent Jérusalem. [...] À leur retour, ils montèrent dans la chambre haute où se retrouvaient Pierre, Jean, Jacques et André ; Philippe et Thomas ; Barthélemy et Matthieu ; Jacques fils d'Alphée, Simon le zélote et Jude, fils de Jacques. Tous, unanimes, étaient assidus à la prière, avec quelques femmes dont Marie, la mère de Jésus. [...]

Quand le jour de la Pentecôte arriva [douze jours plus tard], ils se trouvaient réunis tous ensemble. Tout à coup il y eut un bruit qui venait du ciel comme le souffle d'un violent coup de vent : la maison où ils se tenaient en fut toute remplie ; alors leur apparurent comme des langues de feu qui se partageaient et il s'en posa sur chacun d'eux. Ils furent tous remplis d'Esprit Saint et se mirent à parler d'autres langues, comme l'Esprit leur donnait de s'exprimer. Or, à Jérusalem, résidaient des Juifs pieux, venus de toutes les nations qui sont sous le ciel. À la rumeur qui se répandait, la foule se rassembla et se trouvait en plein désarroi, car chacun les entendait parler sa propre langue. Déconcertés, émerveillés, ils disaient : « Tous ces gens qui parlent ne sont-ils pas des Galiléens ? Comment se fait-il que chacun de nous les entende dans sa langue maternelle ? » [...]

Alors s'éleva la voix de Pierre, qui était là avec les Onze ; il s'exprima en ces termes : « [...] Ce Jésus, Dieu l'a ressuscité, nous en sommes tous témoins. Exalté par la droite de Dieu, il a donc reçu du Père l'Esprit Saint promis et il l'a répandu, comme vous le voyez et l'entendez[1]. »

Concentrés sur notre travail et nos projets, Michel et moi avions rassemblé nos capacités professionnelles et musicales.

1. Extrait des Actes des Apôtres, chapitres 1 et 2, in © *Traduction œcuménique de la Bible*, Société biblique française & Éditions du Cerf, Paris, 1988, 2004.

La troupe théâtrale de Mado Maurin, en 1945. Au milieu en haut, Mado. À sa droite, le chanteur Pierre-Marie Bourdeaux, son premier mari et père de ses deux premiers fils, Jean-Pierre et Yves-Marie. Rang du dessous, à droite contre la rampe : Michel, chef d'orchestre engagé par Mado, futur père de Patrick Dewaere.

Chaque jour, nous passions deux heures environ à l'étude des partitions et aux nécessités de la mise en scène. Ce fameux lundi de Pentecôte, nous avions travaillé plus de deux heures sur le livret du *Comte de Luxembourg*.

Au moment de nous quitter jusqu'au lendemain, une force inconnue nous poussa l'un vers l'autre. Nos yeux, nos lèvres s'unirent. Plus rien n'existait hormis nos deux corps enlacés brûlés par l'amour. Ce premier baiser que je reçus de Michel fut le miracle qui transforma toute mon existence. Je pense que Michel et moi nourrissions le même amour l'un pour l'autre. Les représentations du *Comte de Luxembourg* commencèrent avec, finalement, mon amie Annie dans le rôle principal, et moi dans celui de la duègne. L'opérette fut un très gros succès. Et entre la scène et cet homme qui dirigeait la musique, il y avait comme un fil invisible qui nous liait au-dessus de la fosse d'orchestre.

J'envoyai alors un télégramme à mon mari, lui indiquant que j'étais en danger, et qu'il devait venir : je ne pouvais me résoudre à être une femme adultère. Il vint et, depuis ma loge, je les entendis discuter, Michel et lui : « Vous l'aimez ? – Oui. – Très bien. Nous allons divorcer, vous pourrez l'épouser. Je vous souhaite tout le bonheur du monde. »

Il partit sans me revoir. Je fondis en larmes à l'idée de quitter pour toujours un homme avec qui j'avais vécu dix ans et qui était le père de mes deux enfants. Ce furent cependant mes dernières larmes versées sur mon passé : je connus alors avec Michel, pour la première fois, le bonheur d'être une femme comblée.

La saison terminée, Michel me fit nommer directrice du théâtre de Saint-Brieuc, ville où tu es né, et de celui de Morlaix. À la fin de l'année, je rejoignis Paris avec mes petits. Je m'aperçus alors que j'étais enceinte. Le comédien Serge Clin partit pour Vitré annoncer la nouvelle à Michel. Et, à la Pentecôte de cette année 1946 (un an plus tard), je reçus de lui un long télégramme me signifiant qu'il ne croyait pas un mot de cette histoire, que le père de l'enfant que je portais devait être mon ex-mari, que nous ne nous reverrions plus jamais. Tu étais là, en moi, et il te refusait, mon tout-petit... Cet homme, qui ne fut ton père que de sang, ne voulut jamais croire à sa paternité. Et ce fut la fin d'un violent, d'un immense amour dont tu as été le fruit, un amour d'un an, suspendu avec fragilité entre deux lundis de Pentecôte. Mais cet amour, l'amour de ma vie, était destiné à durer toujours.

Mon Patrick, je t'ai transmis une douleur qui a en partie forgé ta personnalité et ne t'a jamais quitté. Nous étions seuls tous deux ce matin-là. C'était un dimanche. Toute la nuit, j'avais préparé dans ma loge les costumes des *Mousquetaires au couvent*, dans ce joli petit théâtre de Saint-Brieuc. Je m'arrêtais de temps en temps, quand les douleurs se faisaient trop aiguës. Je m'étais attribué le rôle de la mère supérieure : le costume dissimulait mes rondeurs. Une autre a joué à ma place. La salle était comble. Jean-Pierre, six ans,

Michel, le père de Patrick. Il vivra une passion dévorante avec Mado Maurin durant un an, avant de la quitter lorsqu'elle tombera enceinte au printemps 1946. Mort en 1960, il ne connaîtra jamais son fils.

et Yves-Marie, trois ans, avaient crié très fort, avant le début du spectacle : « On a un petit frère ! » Et le public accueillit chaleureusement la nouvelle. Oui, mon chéri, dès ton premier jour, tu as été salué dans un théâtre par un tonnerre d'applaudissements. Ce public d'inconnus, c'était un peu notre famille. Ce jour-là, tu fus adopté par de nombreux papas anonymes.

Tu es né un matin de janvier 1947, en même temps que tombait le premier flocon de neige. En Bretagne, la neige est très rare. Était-ce un signe du ciel ? Ton berceau était tout près de moi, et je n'arrivais pas à me pencher sur ton petit visage tout neuf, bien innocent des larmes que je versais. Partagée entre appréhension et espoir, je voulais retrouver le regard, les grands yeux noirs de l'absent, de celui qui ne serait jamais là. Non, je n'osais pas te regarder encore, cher petit inconnu sorti de moi. Tu étais tout ce qui me restait de cette union fugace dont le souvenir n'a pourtant jamais cessé d'embraser tout mon être.

Nous sommes restés seuls, toi et moi. Je regardais inlassablement une minuscule photo, seul vestige d'une passion éphémère et cependant éternelle. Je voulais à tout prix que tu lui ressembles. Que tu aies ses yeux. Mes vœux ont été exaucés. Tu avais de beaux yeux noirs au regard profond venu d'ailleurs et tourné vers un au-delà que seul tu semblais pouvoir contempler. Ces images venaient-elles de cet autre monde où tu vis à présent ?

Cela explique peut-être pourquoi quand, petit, tu dormais, tes paupières n'étaient jamais tout à fait closes. Cela me faisait peur. Dans l'obscurité, on voyait étinceler tes pupilles comme des diamants noirs.

Quand vint le moment de ta première tétée, la fusion entre nos deux êtres fut totale. Nous ne faisions qu'un. Ce soir-là, ta petite bouche collée à mon sein aspirait la vie que je continuais à te donner. Mon petit orphelin, me disais-je, quel sera ton avenir ? Je n'imaginais pas encore que ma douloureuse gestation aurait peut-être une influence néfaste sur ta destinée. Et pourtant ! Savons-nous, quand nous donnons la vie, que dès la première seconde nous sommes responsables du bonheur ou du malheur de l'être créé par notre amour, que ce soit l'amour d'un jour ou l'amour d'une vie ?

Lorsque le fruit d'un amour naît au creux d'une chair, que le père nie cette réalité, que la mère se débat, pleure, se désespère, alors, c'est la rupture. Pauvre petit enfant, il te faut pardonner à ce père qui t'a tué avant de te faire vivre. Par sa faute, et par la mienne aussi, tu allais porter comme une blessure, tout au long de ta courte vie, le poids de cette carence... qui, peut-être, te ferait mourir. Je t'ai donné la vie, mon Patrick, mais je ne savais pas qu'un jour, je devrais te mettre au monde une seconde fois, pour une autre naissance.

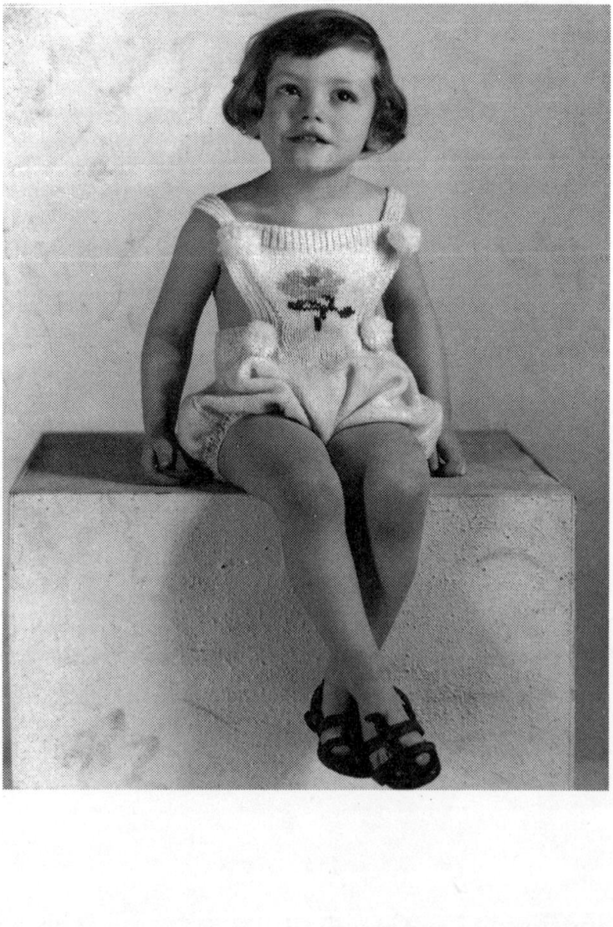

Patrick à l'âge de trois ans. Il a hérité des yeux noirs de son père.

Claude Sautet

Cinéaste, réalisateur de Un mauvais fils

« Patrick et moi avions des rapports père-fils. »

Claude Sautet : Quand j'ai entrepris *Un mauvais fils*, j'ai d'abord pensé à Gérard Depardieu. Je lui avais promis un film. Mais en commençant à travailler sur le scénario, je me suis dit : « Non, il manque à Gérard quelque chose d'angélique et d'enfantin. » Et j'ai pensé à Patrick. Seulement, je me disais : « Qu'est-ce que je vais pouvoir faire de Patrick, avec sa moustache ? » Comment faire pour lui en parler ? Est-ce qu'il n'allait pas prendre ça comme une attaque contre son identité, qu'il revendiquait beaucoup ? Évidemment, il avait l'air beaucoup plus vulnérable que Gérard. C'était ça qui me touchait. Mais il avait cette moustache qui le protégeait...

J'ai pris rendez-vous avec lui, et là, il s'est produit une sorte de miracle : on s'est retrouvés dans un café à quatre heures de l'après-midi, il était peigné, impeccable... sans moustache ! Je suis resté stupéfait, puis je lui ai dit : « Mais... quand avez-vous rasé votre moustache ? – Ce matin. – Mais pourquoi ? – Je ne sais pas, comme ça. Pour montrer que j'en étais capable. »

Ça m'a interloqué.

À partir de ce moment-là, bien sûr, je n'ai pas eu besoin de lui parler du sujet. Il venait de me montrer ainsi qu'il l'avait compris. C'était la première fois que je le voyais, et ce qui m'a frappé, c'était cette espèce de force, ce gabarit populaire qu'il avait, et en même temps cette sorte d'aristocratie dans les gestes.

Il avait, en plus de cette force, une fragilité enfantine extrêmement romantique, si bien que j'ai tout de suite été très ému quand je l'ai vu. J'étais embarrassé pour parler, et il a fallu qu'on rigole, qu'on échange des plaisanteries... Alors là, on a été tous les deux à l'aise.

Ensuite, le tournage a été extraordinaire. Il était toujours là le premier, impeccable, les cheveux coiffés, le menton redressé, avec un petit sourire qui voulait dire : « Je suis prêt. » Je pensais qu'il était un peu bohème de nature, je n'imaginais pas qu'il était aussi discipliné dans le travail ni qu'il pouvait faire preuve d'une telle rigueur.

Et puis, il y a autre chose, à propos du personnage. C'est que justement, j'ai été touché par sa morphologie, délicate, avec cette peau très fine, presque transparente. Alors, j'ai décidé de le filmer de manière très épurée. J'ai fait beaucoup de plans dans lesquels il ne bouge presque pas, ce qui est peu fréquent dans ses autres films. Je souhaitais saisir ce regard qui se veut vide... mais qui ne l'est pas. On le voit clairement sur l'affiche du film d'ailleurs.

Mado : Un rien le bouleversait. Je me rappelle, la petite chose que j'ai faite avec lui dans le film. Quand je suis arrivée le matin, il était vert d'angoisse, parce que sa mère allait jouer. Une vraie trouille que ça ne marche pas.

C. S. : Oui, parce qu'il se sentait capable d'assumer pour lui, mais assumer quelqu'un d'autre, cela lui paraissait insurmontable. Et ça s'est très bien passé.

Mado : Fou de joie, il me tapait sur l'épaule, en me disant : « Alors, ma vieille, on travaille ensemble ? »

C. S. : D'ailleurs, il était très en forme à Luc-sur-Mer ! Très touchant, parce qu'il avait cette petite enfant. Il se promenait sur la plage avec elle.

Mado : La petite Lola, sa seconde fille.

C. S. : Il était radieux. Ça n'a pas de rapport, mais j'avais vu la même chose avec Romy Schneider, quand j'ai fait *Une histoire simple*. Elle était avec sa petite fille, elle rayonnait.

Un autre souvenir du *Mauvais fils* me revient : à un moment, il était chez le libraire, joué par Jacques Dufilho, et il devait écouter de l'opéra. Quand je lui en avais parlé, il avait fait la grimace. « De l'opéra ? Là, franchement, je ne vois pas comment... » Je lui ai dit : « Écoute, c'est tout. » J'avais choisi un beau passage de *La Bohème*, chanté par Mirella Freni. Quand il a écouté, il est resté immobile, le visage figé. Il avait découvert une beauté qu'il ne connaissait pas, un monde qui lui était complètement étranger.

Mado : En tout cas, je sais qu'il vous aimait beaucoup.

C. S. : Je ne sais pas. Il me faisait une confiance aveugle. Il était formidable. Par exemple, ce qui m'avait frappé, c'est qu'il ne cherchait pas à me dire : « Tu veux que je te montre ce que je fais ? » Il me demandait simplement : « Fais-le-moi, pour voir... Ah, ouais, ouais ! Je vois, t'inquiète pas, je vois. » C'est vrai que les rapports qu'il avait avec moi étaient un peu des rapports de fils à père.

Mado : Il cherchait toujours un père, vous savez. Georges, mon mari, qui l'a élevé, n'était que son père adoptif, et nous avons voulu lui faire croire qu'il était son vrai papa. Nous avons eu tort de lui mentir, même si c'était par amour !

C. S. : À quel âge a-t-il appris la vérité ?

Mado : Dix-sept ans.

C. S. : Ça rejoint ce que je dis : j'ai toujours eu l'impression qu'il était à la recherche d'un père. Et cela explique beaucoup de choses : sa fragilité, cette méfiance. En même temps, un besoin d'enthousiasme enfantin, toujours par peur d'être dupe.

Mado : Patrick est né d'un grand amour, qui a duré si peu.

C. S. : Je connais ces situations. Aucun enfant dans le même cas n'y échappe. Ça semble sans importance, mais eux, dans leurs premières années, ils cherchent cette espèce d'identité perdue. Ils voudraient connaître leurs racines. C'est ce qui faisait cette tristesse qu'il avait en lui, qu'il masquait par une espèce de gouaille. La gouaille était sa défense.

Mado : On a dû lui faire beaucoup de mal en lui mentant.

C. S. : Il vous adorait. Il adorait sa famille. *(Silence.)*

Mado : On avait passé une soirée merveilleuse à Luc-sur-Mer, vous vous souvenez ? Vous étiez très ému parce que la veille, il avait fait tous ces sauts dans la mer.

C. S. : Ah ! ces fameux plongeons dans l'eau froide ! Ça le mettait toujours en forme quand il avait à faire quelque chose d'un peu risqué. Il adorait ça. Il avait un corps superbe, magnifique. *(Silence.)*

Mado : Vous l'avez revu, après ?

C. S. : Non, mais il m'a téléphoné plusieurs fois. La dernière, il avait revu *César et Rosalie* à la télévision. Il m'avait dit : « Je voudrais que tu me trouves un rôle comme celui de César. » Je lui avais dit : « Oui, évidemment, ce serait formidable, mais il faut que je trouve. » Il disait qu'il en avait assez de jouer toujours des rôles vulnérables, des rôles de victimes. Ça lui aurait plu, je crois : ça l'aurait sûrement aidé de changer de rôle. Et ça l'aurait aidé aussi dans la vie, je pense. Alors, c'est mon grand regret...

Pierre Granier-Deferre

Cinéaste, réalisateur de Adieu poulet

« Pour lui, j'étais un peu comme un père. Il ne me parlait pas comme à un metteur en scène, mais comme si j'étais de sa famille, comme on parle à son père. »

Mado : Votre film *Adieu poulet* s'est tourné au moment le plus heureux de la vie de Patrick. Il m'avait emmenée sur le tournage et m'avait montré une grue en me disant : « Tu vois, maman, ce soir, je vais monter là-haut ! » Il était tellement joyeux !

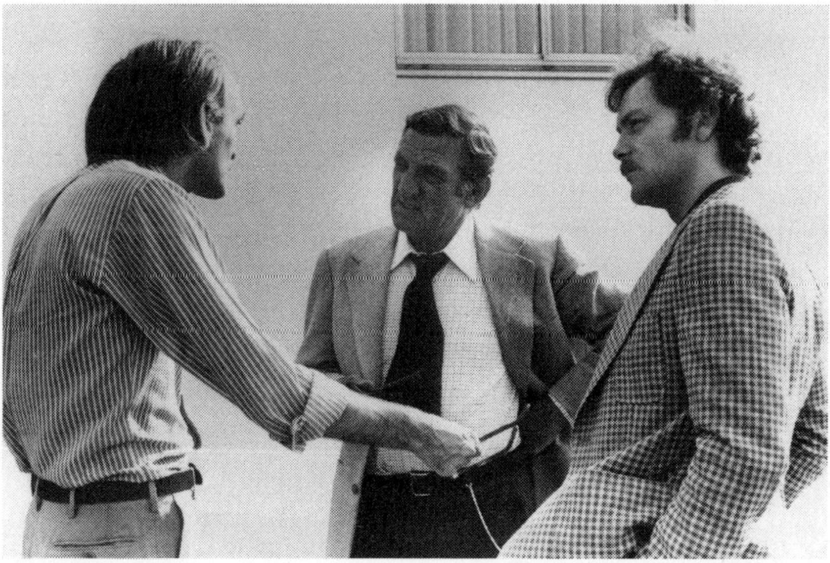

Pierre Granier-Deferre (à gauche) dirige Lino Ventura et Patrick Dewaere sur le tournage de *Adieu poulet*, gros succès au box-office en 1975.

P. G.-D. : C'est vrai ! Quand on a écrit le film avec Francis Veber, on a pensé à lui pour créer un couple avec Ventura. C'était important, parce que son rôle était à égalité avec Lino Ventura. Au départ, ça l'embêtait de faire un flic. Mais ce n'étaient pas des flics très conventionnels, c'étaient des flics à part. Et moi, je me souviens, je tenais beaucoup à Patrick. Je ne le connaissais qu'à travers ses films. Je l'avais vu dans *Les Valseuses.* Je le trouvais merveilleux comédien. Et puis, il avait dans le regard un petit grain de folie que j'aimais beaucoup.

Il a hésité : il devait avoir un peu peur de Lino, qui avait une réputation de rogue. En fait, Lino l'a accueilli formidablement, et ils ont formé un duo extraordinaire. Même dans la vie ! Ils m'ont fait rire, tous les deux ! Lino l'avait pris en affection. Il le trouvait superbe comédien. C'est vrai : ce que Patrick a apporté au film et au personnage est magnifique. Il avait un esprit tellement inventif ! Trop même, parfois. Les seules disputes que j'ai eues avec lui, c'était à cause de ça, justement. Il me mettait dix trucs par plan. Je lui disais : « Non, je ne peux pas ! » Alors il se tapait la tête, s'asseyait, se relevait. Il proposait plein de choses, et c'était à moi de garder ou pas. On s'était chamaillés à propos de cette fameuse grue : un cascadeur devait le doubler dans certaines scènes très dangereuses. Il me disait : « Moi, je serais là-haut, je ferais pas comme ça, j'agiterais pas les jambes comme ça ! » Je lui avais répondu : « Mêle-toi de ce qui te regarde, c'est son métier. Il a un peu peur, c'est normal. J'aimerais te voir à sa place ! Rentre à l'hôtel, tu me déconcentres. De toute façon, j'ai plus besoin de toi ! » Le lendemain, il m'a fait un peu la gueule, un peu comme un fils fait la gueule à son père. Le soir même, il était sur la grue... Il a agité les jambes ! Et comme il était d'une bonne foi admirable, il m'a dit : « T'avais raison, bon Dieu ! Qu'est-ce que j'ai eu la trouille ! » Et on s'est réconciliés. Il était très courageux. Le courage, c'est d'avoir peur, et d'y aller quand même.

J'ai adoré tourner avec lui... Il apportait plein d'idées, il surprenait. Certains comédiens sont bons, mais on sait ce qu'ils vont donner. Et puis, il y a ceux comme Patrick, comme Simone Signoret, comme Romy Schneider, qui vous étonnent toujours. Je le place sur un pied d'égalité avec ces femmes-là.

Il était agréable à vivre, en plus. On était tous à Rouen. Ça avait un petit côté vacances. Miou-Miou arrivait en voiture avec leur petite Angèle. Ma femme venait aussi me rejoindre, c'était une belle époque !

Mado : Quand je les ai retrouvés à la chambre, il prenait son bain avec Angèle. Ils riaient aux éclats tous les deux. Ils éclaboussaient toute la pièce !

P. G.-D. : C'était un enfant, pour beaucoup de choses. Mais toujours avec un petit fond de nostalgie. Il avait plusieurs facettes. Moi, je l'aimais bien à cause de ça. C'était un faux rigolard. Il jouait les rouleurs, mais en fait, il était tendre et sensible, ô combien ! Dans ce métier, on fait des rencontres professionnelles, mais c'est rare que l'on ait des rencontres humaines, que l'on croise des gens qui vous séduisent, qui vous charment, qui aient quelque chose... d'extraordinaire. Maintenant, quand on veut distribuer un rôle, entre metteurs en scène, on n'arrête pas de se dire : « Et merde ! Si Patrick était là ! » C'est fou, il y a un emploi qui n'a pas été remplacé. Par aucun.

Quand on veut un personnage qu'on imagine à la fois léger, rigolard, hâbleur, et qui puisse être sérieux tout d'un coup, quand on veut quelqu'un qui invente, qui se marre à faire ce métier, on ne trouve pas, on ne trouve plus la petite touche de folie qu'il avait, comme Pierre Brasseur, comme les grands... C'est ce qu'on leur demande, aux comédiens, cette touche formidable de folie !

Mado : Dans *Paco l'infaillible*, de Didier Haudepin, tourné en Espagne, il a des attitudes qui me rappellent Jules Berry.

P. G.-D. : Oui, dans des moments d'agitation, c'est tout à fait vrai. Avec en ce qui le concerne, un physique que n'avait pas Jules Berry. Patrick, lui, pouvait être un jeune premier, un séducteur. Il pouvait être voyou, même flic ! Dans *Adieu poulet*, il a fait un flic tellement à part, tellement extraordinaire !

Mado : Je les revois, Lino et lui, sur le banc, au petit matin...

P. G.-D. : J'ai récrit toutes ces scènes quand j'ai été sûr d'avoir Patrick, parce qu'il me fallait deux hommes qui soient complices. C'étaient presque des scènes de tendresse. Lino était très habile à l'intérieur d'un cadre bien défini. Avec Patrick, ça pouvait éclater dans tous les sens ! On en prenait plein la gueule, et on attendait que ça se passe... Lino, c'était tout le contraire. Alors, les deux ensemble, c'était rigolo. Lino a laissé Patrick faire son numéro, Patrick a laissé Lino dans son mutisme, avec son air un peu grave, et les deux rebondissaient l'un sur l'autre.

On mangeait à l'Hôtel de la Poste. Lino voulait toujours s'occuper des menus. Il entrait dans les cuisines, et Patrick était plié de rire : « Mais ils vont rien changer au menu ! Ce sera comme d'habitude, tu perds ton temps ! » Et Lino se mettait en colère. Ce sont de beaux souvenirs...

Il manque, c'est sûr... Il a représenté quelqu'un d'unique dans ma vie. Moi, j'avais bien envie de tourner à nouveau avec lui, mais vous savez, il y a des projets qui se font, et d'autres non.

On s'est revus plus tard. Il faisait semblant d'être heureux. Quand je le rencontrais chez Castel, il n'était plus le même. Et puis, on avait une différence d'âge. Même si on était vraiment amis sur le film, il y avait toujours chez lui une petite réserve. J'étais un peu comme un père. Il avait envie de se révolter quand je le forçais à faire quelque chose, et surtout quand je l'empêchais de faire quelque chose. « Oh, mais tu m'emmerdes à la fin ! » Avec Lino, on était amis, et de la même génération. Avec Patrick, il y avait de la tendresse, et c'est ça que j'aimais.

Il était exceptionnellement doué, se servait de tout, pigeait tout très vite, c'est fou ! Et il restait en même temps très naturel. C'était même énervant quelquefois. C'est le mystère des grands comédiens : je ne comprends pas comment ils font. On sent un bagage d'expériences accumulées, un métier... Et en même temps, quoi qu'ils fassent ou disent, ils restent totalement naturels...

Patrick, en plus, ajoutait toujours quelque chose, un geste, une façon de prononcer la phrase, de la casser, de remplacer le mot, c'était fantastique ! Je vous assure que c'est très rare. Vous connaissez le cinéma : on donne des marques, des endroits où la lumière est bonne, on impose une place au comédien. Avec lui, c'est comme s'il n'y en avait pas... Il faisait un geste inattendu, je me disais : « Il va sortir du champ ! » Non, il s'arrêtait juste, puis repartait. Il avait cet instinct extraordinaire de professionnel, et en même temps une liberté totale, du moins en apparence. Il faisait toujours ce qu'il voulait, malgré ce qu'on lui avait dit, mais c'était toujours dans les limites du cadre, de la lumière, des places que je lui avais indiquées.

Et puis, il avait un physique formidable, un regard magnifique, un sourire superbe... Un rire... Beaucoup de choses...

Mais la vie l'a cassé. Certains rôles, c'est vrai, peuvent y avoir contribué. Mais ça prouve la sensibilité qu'il avait derrière ce côté hâbleur. Sa fragilité était difficile à percer, parce qu'il ne donnait pas souvent prise à ça. Si, dans la vie, il était malheureux, son seul recours était les rôles. Il faut absolument que les comédiens aient une autre vie aussi forte derrière l'écran que sur l'écran. Patrick n'avait pas eu le temps encore d'acquérir ça, il avait besoin d'aide.

Mado : Quand il était malheureux, il ne voulait pas que ça se sache. Il était discret et secret. Même tout petit, quand nous sortions ensemble, il me disait souvent : « Maman, parle plus doucement, tu te fais remarquer. » Je lui faisais un peu peur par mon exubérance. Il était terriblement pudique et timide.

P. G.-D. : Oui, sûrement. Je me rappelle son premier contact avec Lino. Une catastrophe ! Vous connaissez les productions françaises : il y avait une seule voiture pour les comédiens. Lino, toujours prêt avant l'heure, a attendu Patrick vingt minutes dans la voiture. Arrivé sur le plateau, il me dit : « Dis donc, ton mec... il va falloir qu'il s'arrange. Lui et moi, ça va pas coller. » Le soir même, ils étaient bras dessus bras dessous. Il a suffi d'une journée de tournage. Patrick avait dû s'excuser, et d'une façon drôle, sûrement. Et puis, il faisait rire Lino. Trois jours après, Lino me dit : « On est bien d'accord, hein ? Les rôles sont à égalité, et même si tu peux être un peu plus sur lui, ça sera encore meilleur pour moi. Je ne veux pas qu'on pense que la star, c'est moi ! »

Comme je les aimais autant l'un que l'autre, je les ai filmés à égalité. Au départ, ce n'était pas un film pour moi : je ne sais pas bien faire les films policiers. Dès que je mets un revolver dans les mains de quelqu'un, c'est ridicule. Je suis plus proche des films d'amour, de relations entre femmes et hommes. Mais grâce à eux deux, ce film est devenu un plaisir. Ils m'ont sauvé la vie, m'ont rendu heureux dans ce film que je faisais un peu à contrecœur. Le jour où Lino devait lui casser la figure, on a beaucoup ri. Patrick disait : « Tu peux taper, hein, tu peux taper, vas-y, Lino... Mais mollo, quand même... » Et le matin, il arrivait en disant : « Il est là, l'vieux ? » Et Lino faisait : « J't'entends, hein... »

Mado : Maurice Dugowson me disait que Patrick n'aimait pas faire deux fois la même scène.

P. G.-D. : Non, il ne les refaisait jamais de la même manière. Mais dans *Adieu poulet*, on a fait très peu de prises. On allait très vite, et c'était bon tout de suite. Il m'avait fait un truc... Il arrivait, il avait une canette de bière à la main, et il voulait marquer qu'il était joyeux. Alors il posait la canette, il se tapait le genou, il se tapait la tête, et il retapait par terre. Il m'a fait ça en première prise, et je me suis dit : « Mais c'est ça, la joie ! » Je lui ai demandé de me le refaire, et il a réussi, quand même !

Mado : Vous savez, son suicide, je crois que ça a été comme un accident. Parce qu'il avait peur de la mort... comme Lino Ventura, d'ailleurs.

P. G.-D. : Comme moi... Comme tout le monde. Quand ça arrivera, je vais paniquer ! Mais c'est celle des autres qui me fait mal... Patrick, Lino, Simone Signoret, d'autres encore... Je me dis : « Encore un... » Et de plus en plus, ça me met en colère, la mort des autres. Pas seulement la mort de ceux qui vivent ou ont vécu avec nous. On est content de lire : « Tiens, il tourne ça, Patrick, ce con... » Ils sont vivants, ils font partie de votre patrimoine, même s'ils sont loin. Et ça me met surtout en colère quand ce sont des jeunes qui s'en vont.

Mado : On me dit parfois : « Tu crois encore en Dieu, après ce qui est arrivé à ton fils ? » Mais ce n'est pas Dieu qui l'a tué, il s'est tué tout seul.

P. G.-D. : C'est l'éternel problème des gens qui croient que Dieu n'est là que pour assurer votre bonheur, pour que vous soyez tranquille et peinard. Mais Dieu n'est pas là pour ça.

Mado : Vous croyez qu'ils continuent d'exister, ceux qu'on a perdus ?

P. G.-D. : Pour moi, ils ne sont pas morts... Ils sont là !

Yves Robert

Cinéaste, partenaire de Patrick dans Un mauvais fils

« Sur Un mauvais fils, *peut-être à cause de mes cheveux blancs, il y avait hors plateau un prolongement de la paternité du film. »*

Yves Robert : J'ai connu Patrick grâce à Romain Bouteille, pour qui j'ai beaucoup d'admiration. J'avais participé aux débuts de Saint-Germain-des-Prés, tout de suite après la guerre. Et Bouteille a perpétué cette espèce de moquerie des choses, avec Coluche, Miou-Miou, Patrick, etc.

Par ailleurs, Paul Claudon, le producteur des *Valseuses*, était un ami intime. Il venait de lire comme moi le livre de Bertrand Blier et il m'avait demandé mon avis sur Dewaere, pour faire couple avec Depardieu. Je les avais trouvés formidables.

À cette époque, j'étais embarrassé par la convention du théâtre, j'avais un peu honte de la manière dont on jouait. Il me semblait qu'il fallait trouver autre chose, un nouveau comportement. Une nouvelle manière d'être, non seulement sur une scène, mais dans la vie. Et ces jeunes-là m'ont donné raison.

Et puis, j'ai été le père de Patrick, dans *Un mauvais fils*, de Claude Sautet. Moi, je suis metteur en scène, pas comédien, mais Sautet, c'est comme mon frère : je ne peux rien lui refuser. Et quand j'ai su que j'allais jouer avec Patrick, j'ai dit deux fois oui ! Je me suis souvenu de ce nouveau chemin que j'avais découvert grâce à eux tous, qui était : « Comment pourrait-on jouer autrement ? Comment pourrait-on "non jouer", "être" ? » Là, il m'a soufflé, Patrick. Il existait, rien que par son regard. Ses yeux se levaient vers vous, et clac ! il était le personnage. Sautet avait toujours un mouchoir sur lui, parce que Patrick nous bouleversait... Pas parce qu'il était vrai, mais en raison de sa disponibilité constante. La prise finie, le phénomène s'arrêtait.

J'ai reçu une leçon d'humilité de cet homme, Dewaere, quand j'ai joué avec lui. Je me souviens du premier plan : il frappait à la porte, j'ouvrais, mon fils était devant moi. Et les larmes me sont montées aux yeux. J'ai entendu : « Coupez ! Non, non, ton personnage ne pleure pas... » Et j'ai répondu à Claude : « Mais c'est moi qui pleure, c'est pas le bonhomme que je joue ! » Après, j'ai résisté, parce que mon personnage avait de la corne, il était enfermé dans sa volonté et dans son amour caché des autres, de sa femme, de son fils...

Mais l'autre provocateur, votre fils, c'était merveilleux de jouer avec lui : tout était simple, complètement vrai, émouvant. S'il élevait la voix, la note était juste, pas trop forte, totalement réinventée. C'est ce que j'appelle le non-jeu. Mais pour arriver à cela, il faut une très longue expérience humaine. Alors, ces petits salauds-là – je parle aussi de Depardieu, de Miou –, ils ont bénéficié d'une sorte de miracle. Comment ont-ils appris à être artistes ? Parce que c'étaient déjà de vrais artistes, pas des gens qui font du réalisme !

Patrick m'a énormément touché. Et puis, peut-être était-ce à cause de mes cheveux blancs, mais il y avait dans la loge un prolongement de la paternité du film. Il me demandait : « Qu'est-ce que tu penses de ça, toi ? » Mais comme un homme. C'était toujours un homme. Parfois désemparé, mais c'est le fait de cette génération. Pour s'y retrouver, il faut déjà avoir fait du chemin.

Ce qui m'avait soufflé aussi, c'est qu'il était extrêmement précis. Il prenait ses marques, repositionnait ses pieds aux mêmes endroits... C'était un professionnel, voilà !

Claude Sautet l'adorait, et il fallait un homme comme Dewaere pour comprendre sa démarche. Il avait imaginé ce jeune homme qui revenait d'ailleurs et ne retrouvait personne, à peine son père, et qui trouvait une voie dans la drogue, dans l'amour... Et, à la fin, il trouvait la vraie vie, le véritable amour : son père !

Sautet se projetait complètement sur Dewaere, il était sidéré. Même pendant une scène gaie, il était ému par la présence de cet homme.

Vous savez, votre fils, c'était un être humain, un vrai. On en rencontre rarement. Je ne l'ai jamais vu se prendre au sérieux. Il était *une espèce* de star. Je ne dis pas *une star* parce que je crois qu'il n'aurait pas aimé ça. Il aurait pu exiger des fleurs, des tapis rouges... Non ! Il venait du peuple et il voulait y rester. Moi aussi, je viens du peuple, et je crois que les prolétaires ont de profondes qualités humaines.

Mado : Maintenant, je comprends qu'il avait une soif d'absolu. Et l'absolu, on ne le trouve presque jamais... Cette recherche de mon fils, c'est merveilleux, mais cela réveille en moi certains remords. Je me dis que j'ai été dure avec lui, que je ne l'ai pas toujours compris. Je vis cela comme une sorte de psychanalyse, et ce n'est pas toujours facile.

Y. R. : Je me dis souvent la même chose, mais je pense que c'est injuste. Moi aussi, j'ai des enfants. Les parents ne font pas le mal qu'ils croient à leurs enfants, je vous assure !

Pour Patrick, c'est vrai, il y a ce geste terrible qui nous accuse tous. Mais je crois qu'on n'a pas bien vu sa solitude. Il n'était pas heureux, peut-être parce que les autres étaient méchants. Seulement, il ne le disait pas. Il aurait fallu quelqu'un à ce moment-là. Quand vous glissez dans un ravin, il faut une main pour vous retenir.

Mado : Quand je regarde la fin de *Un mauvais fils*, que je vous vois tous les deux, que je vois son regard, je ne peux pas m'empêcher de pleurer. J'ai l'impression que son regard est pour moi !

Y. R. : Vous savez, on n'est pas impunément acteur ou homme de spectacle, on est désigné. Ce sont les gens dans la rue qui vous disent : « Raconte-moi une histoire. » Alors, quand des êtres généreux, intéressants, intelligents comme lui, dont on a besoin, partent, le trou est plus grand. Le manque est immense.

Quand il a fait ce geste, on s'est sentis comme coupables... pas forcément coupables, mais *comme* coupables...

Christine Pascal

Cinéaste, scénariste, actrice, partenaire de Patrick dans La Meilleure Façon de marcher

« Sa famille comptait beaucoup pour lui.
Il parlait de ses frères, de sa sœur, de toi... »

Christine Pascal : Je garde un souvenir très fort de ma première rencontre avec Patrick. J'allais tourner *La Meilleure Façon de marcher* et Claude Miller voulait qu'on fasse connaissance. Nous sommes tous allés chez lui, rue Saint-Martin. C'était un endroit très tortueux, avec un escalier, des poutres... Au bout de ce labyrinthe, Patrick nous a ouvert la porte avec sa petite fille sur le bras. J'ai été très étonnée, compte tenu de l'image que j'avais de lui au cinéma. Il avait un débardeur rouge, il était très baraqué. Il dégageait une très forte impression de santé. Je ne l'avais pas remarqué dans ses films. Ce n'est qu'en le revoyant dans *Les Valseuses* que je me suis rendu compte qu'il était au moins aussi costaud que Depardieu. Puis, je l'ai mieux connu sur le tournage. Je crois que ça commençait à aller mal dans son couple.

Mado : Comment était-il à ce moment-là ?

C. P. : Il était dragueur ! *(Rires.)* Il n'y a pas de doute ! Je venais de m'installer avec un garçon qu'il connaissait bien. J'étais très amoureuse. N'empêche que Patrick avait du charme... Et pourtant, j'étais avec son copain !

C'est très caractéristique des acteurs, je pense : un besoin de plaire, au sens premier... Je crois qu'il était très amoureux

Photo de famille en 1976. De gauche à droite et de haut en bas : Jean-François, Georges, l'époux de Mado (disparu en 2006), Yves-Marie, Dominique, Patrick, Mado et Jean-Pierre (disparu en 1996). En bas : Marie, entourée d'Emmanuel et David, les fils de Jean-Pierre. Georges est le père de Dominique, Jean-François et Marie.

de Miou-Miou. Je ne pense pas qu'il songeait à la quitter. Il voulait simplement se rassurer, vérifier que son charme agissait. Et puis, cette énergie masculine, ça faisait partie de son incroyable vitalité. Ça me rappelle une scène où il était complètement nu. Il avait réclamé un seau à glace pour durcir ses « valseuses » ! Ce n'était pas du tout une coquetterie : il disait que c'était mieux pour sa santé. *(Rires.)* Il était encore très bien à l'époque, il était parfait. Il fumait bien un joint par-ci par-là, comme nous tous, mais c'est tout.

Mado : Tu l'as revu ensuite ?

C. P. : Souvent. Et là, en vrais copains. Une fois, il m'avait prêté son appartement pour un tournage. À l'époque, ça m'avait semblé naturel, mais ce n'est pas si évident, surtout quand on sait, comme lui, ce que représente un tournage. On est quand même restés deux trois jours, on a modifié le living, on l'a peint en blanc, puis en rouge. Il a été formidable, car il nous a laissés libres de bouger les meubles, de tout désosser. Il nous a même aidés à la peinture, et préparait la cuisine pour tout le monde. Il était très vivant, très solide.

Alors, cette part de faiblesse ou de fragilité en lui ? Je ne l'ai jamais sentie au début. De la violence, oui. Peut-être de l'agressivité, de la provocation. Mais c'était juste pour tester la réaction des autres : ce n'était jamais méchant. Je n'ai jamais vu Patrick méchant.

Mado : Il était quand même un peu dur parfois. Moi, il me donnait souvent un affreux sentiment d'infériorité.

C. P. : C'est parce que tu étais sa mère. Mais il t'aimait, il n'y a pas de doute... La famille était très présente pour lui. Il parlait de ses frères, de sa sœur, de toi... Parfois, il disait : « Faut que j'aille bouffer chez mes parents dimanche ! » Un peu comme on parle de ses parents entre copains, on fait comme si c'était une corvée, mais en même temps, on y va parce qu'on en a vachement envie. On a envie de garder le lien.

Mado : Tu l'as vu peu de temps avant sa mort, je crois ?

C. P. : Un mois avant. Par hasard, dans une boîte. Je suis allée vers lui, je l'ai embrassé, je lui ai parlé. Et je l'ai trouvé lointain, très lointain. Ailleurs. Comme s'il ne me reconnaissait plus, alors qu'on avait toujours été de vieux copains. J'avais l'impression qu'il ne me voyait pas. *(Silence.)*

C'est l'un des meilleurs partenaires que j'aie eus, avec Piccoli et Noiret. Il t'entraînait. Ça me rend malade de ne pas avoir tourné avec lui plus souvent. Et je ne suis pas la seule à le regretter. Le nombre de fois, entre metteurs en scène, où on se dit : « Ça, c'était un rôle pour Patrick... » Ah, l'enfoiré ! Le nombre de fois où je l'insulte, où je lui dis : « Crétin, connard, qu'est-ce que t'as fait ? » Partir, et de cette façon ! C'est horrible ! *(Silence.)*

Je voudrais te demander quelque chose. Est-ce que c'est vrai que petit, il avait blessé quelqu'un par accident avec une carabine ?

Mado : Il t'a raconté cette histoire ? C'est incroyable, je m'en souvenais à peine... mais c'est vrai. Il devait avoir sept ans. Son frère aîné Jean-Pierre l'avait emmené à la foire de Gouvernes. Il y avait un stand de tir à la carabine. Patrick avait envie d'essayer, mais il n'arrivait pas à tirer. Puis, juste au moment où le patron du stand est passé devant lui, le coup est parti. Le pauvre a reçu les plombs dans un poumon, il est parti en ambulance. Il s'en est bien sorti, mais on n'a jamais pu lui extraire les plombs. Patrick en a été malade. Ça a dû le marquer, pour qu'il te le raconte...

C. P. : Oui, je crois qu'il était vraiment sensible. En tout cas, je garde de lui l'image de quelqu'un de très généreux, et fidèle en amitié. Mes souvenirs, ce n'est pas grand-chose, finalement. Mais son départ m'a marquée. C'est la première personne que je connaissais bien et qui est partie. Et Patrick est lié à tellement de moments magiques, solaires...

Patrick Bouchitey

Cinéaste, scénariste, acteur, partenaire de Patrick dans La Meilleure Façon de marcher

« On aurait dit un orphelin, un enfant abandonné qui cherchait sa voie dans la vie, dans son métier... »

Patrick Bouchitey : J'ai rencontré Patrick sur des essais pour *Les Caïds*, de Robert Enrico. Nous étions plusieurs jeunes comédiens candidats. C'est Juliet Berto qui nous donnait la réplique. C'est moi qu'on a pris pour le rôle et j'avais demandé à Serge Rousseau de me laisser les rushes.

Au moment de *La Meilleure Façon de marcher*, Claude Miller est venu chez moi. Il avait choisi son deuxième comédien, mais il n'était pas sûr. C'est quelqu'un qui doute beaucoup, Claude. Je lui ai projeté les essais des *Caïds* et, en voyant Patrick, il s'est écrié : « Mais c'est mon personnage ! »

C'est sur le tournage que j'ai vraiment découvert Patrick. Du jour au lendemain, on s'est retrouvés pris dans cette histoire. Au début, on a eu des rapports assez tendus : on se jaugeait, on s'observait... En plus, la première scène qu'on a jouée était assez dure. Je pleurais, et je lui disais : « T'es un salaud, tu veux que je... c'est ça que tu veux ? » *(Rires.)* C'est comme ça que je l'ai connu.

On rentrait ensemble à Paris, en train. Il avait une Range Rover et un jour, Miou-Miou était passée sur le tournage. J'avais dit à Patrick : « On va jouer devant tout le monde, sur la table ! » Et je lui avais fait le coup des assiettes, avec de la suie de bougie sous l'assiette. Il s'était enduit le visage de suie devant tout le monde. Alors, le lendemain, pour se venger, il m'avait pissé dessus en plein tournage. On était devenus copains. On ne s'est pas beaucoup quittés par la suite.

Patrick souffrait beaucoup, à l'époque. Miou-Miou était partie. Mais professionnellement, ça commençait à briller pour lui. *Adieu poulet* l'avait bien mis sur orbite. Il avait pris un duplex boulevard Saint-Germain, il avait acheté une télé, un piano... Pourtant, il était tout seul, il se faisait chier. Alors on sortait, on draguait un peu... Il restait malheureux. À l'époque, je vivais chez une copine. Quand ils se sont rencontrés, j'ai tout de suite vu que Patrick s'intéressait à elle. Il m'a pas fait de cadeau, d'ailleurs : il l'a invitée à danser, il l'a draguée ouvertement, cet enfoiré ! Et elle, elle l'aimait bien, d'autant que c'était Patrick Dewaere... À l'époque, on fumait tous des pétards, mais c'était tout. Par contre, elle, elle était déjà au dur. Et ça n'a pas loupé : il s'y est mis.

Puis, on est parti passer quelques jours tous les trois chez vous, dans votre maison de Royan. Moi, je pensais déjà à un sujet de film, ça s'appelait : *On est pas des héros.* On s'amusait beaucoup. Et une fois rentrés à Paris, cette copine s'est arrangée pour m'éloigner. Je devais la déranger... Patrick tournait beaucoup, et ils ont changé d'appartement.

Mado : Il me semble me souvenir que tu avais eu un accident avant leur déménagement. Je te revois chez lui avec des béquilles.

P. B. : Oui, et j'étais mal, à l'époque... Lui, il travaillait beaucoup, il tournait film sur film. Moi, rien. J'ai mis dix ans à repartir après *La Meilleure Façon de marcher.* Je faisais des trucs pour la télé, mais c'était dur... J'étais content pour Patrick, mais j'avais quand même envie de montrer le bout de mon nez... Un soir où je n'avais pas le moral, il m'avait dit quelque chose d'important : « Quand ça ne va pas, il faut le cacher. Tu ne dois montrer que ce qui va bien. » Je lui avais répondu : « Méfie-toi ! » Mais il s'est fermé à ses problèmes personnels. *(Soupir.)* Enfin, nous étions complices, lui et moi, le courant passait entre nous.

Pourtant, je crois qu'il n'a pas toujours eu les rapports qu'il souhaitait avec les gens. Avec cette copine de l'époque, par exemple : il lui montrait un amour débordant, il projetait plein de choses. Mais au bout d'un moment, il a été déçu. Et c'était toujours comme ça. Et puis, il aimait être maltraité. Ce n'est peut-être pas juste de dire ça, mais il était masochiste avec les femmes, du moins il l'est devenu. Et ça n'a fait qu'empirer.

Il avait aussi été très marqué par sa rencontre avec Depardieu. Il aimait beaucoup Gérard, sa personnalité le fascinait. Mais Gérard était beaucoup plus structuré, beaucoup plus fort physiquement, et je crois qu'il ne lui rendait pas vraiment son amitié comme il l'aurait souhaité... Patrick en a souffert, j'en suis persuadé.

Ses amis, à l'époque, c'était l'équipe du Café de la Gare. Il y retournait toujours, il en était nostalgique. Pour lui, ça a été une révélation : c'est là qu'il s'est aperçu qu'il pouvait prendre du plaisir à jouer la comédie, à exacerber sa personnalité. Il y avait Sotha, Miou-Miou... Leur rupture a été déchirante. Il ne s'en est jamais remis...

Je pense qu'il était déconnecté, affectivement. À Royan, dans cette maison où il avait passé son enfance, j'avais senti qu'il avait un problème par rapport à sa famille. Une douleur...

Lorsqu'il a acheté sa maison, impasse du Moulin-Vert dans le XIVe arrondissement de Paris, son frère Dominique, le plus proche, venait faire de la musique avec lui. Et je sentais quelque chose qu'il ne m'a jamais expliqué. Quelque chose comme une rupture, une cassure. Je dirais qu'il avait un côté un peu orphelin. Il avait l'air d'un enfant abandonné qui cherchait sa voie dans la vie, dans son métier... Et il a conjuré ses problèmes par la dérision. Quoi que tu lui dises, il te faisait un pied de nez. Il était déconnecté. Il tenait grâce aux tournages. Il s'investissait totalement dans chaque rôle. Et après *Série noire, Un mauvais fils*, etc., il s'est rendu compte que ça ne l'équilibrait pas, que ça ne l'aidait pas. Patrick, il avait envie de jouer des héros. C'est pour ça qu'il a fait *Mille milliards de dollars*, de Verneuil. Il me disait : « Je vais peut-être enfin jouer quelque chose de positif. » Car ces rôles sombres commençaient à lui coller à la peau, malgré son humour... et ce côté enfantin, malicieux qu'il avait, ce côté petites moustaches... Ce n'était pas un hasard, ses moustaches. Et la boxe ! Il aimait ça. Physiquement, il était fort. L'autre jour, je regardais *Coup de tête* : il avait un

Le côté facétieux et rieur de Patrick Dewaere (ici en 1959) n'est pas le plus connu. Il avait cependant un humour ravageur et un grand sens de la dérision.

humour et une santé d'enfer ! Il était costaud, Patrick ! Je me souviens de bagarres dans des hôtels, on rigolait ! Je l'ai connu tellement joyeux...

Plus qu'un clown, Patrick était un Arlequin. Il aurait fait un sublime Sganarelle. C'était un gosse, un adolescent. Il n'a jamais été adulte, il n'a jamais eu un comportement d'adulte. Il était joueur, il avait toujours envie de jouer. Seulement, parfois, il jouait trop. Il jouait avec sa vie.

Mado : C'est dur, pour moi, d'évoquer la drogue à son sujet...

P. B. : On ne peut pas l'occulter. Il la revendiquait complètement, il n'a jamais culpabilisé. Mais il aurait pu vivre ça autrement... Il s'est mal entouré.

Par exemple, il était très généreux : quand j'avais pas un rond, il m'invitait à manger, sans jamais me le faire sentir. D'autres en ont profité, des parasites pour qui il laissait filer tout son blé. Ce qui est étonnant, c'est qu'il est mort pauvre, endetté. Comme Coluche. *(Soupir.)*

Moi, je pense que j'aurais pu devenir un de ses amis de longue date. Mais il m'a éloigné. Je l'invitais, et au bout d'un moment, il ne répondait plus. C'était une vedette, il était invité partout, il partait en vacances... Il avait sa vie. Moi, j'avais mes problèmes à résoudre, et Patrick n'avait plus le temps d'être là... C'est la vie !

Il ne parlait jamais de lui, il ne sortait ce qu'il avait au fond de lui qu'à travers ses personnages. Si seulement il m'avait dit un jour : « Il faut que je te voie, je voudrais te dire quelque chose... » Mais il ne pouvait pas. Alors, ce qui s'est passé dans sa tête, ce qui l'a emporté, ça reste un mystère pour nous.

Luc Béraud

Cinéaste, scénariste, réalisateur de Plein Sud

« Il me disait tout le temps : "Je suis un enfant de l'amour." »

Luc Béraud : J'ai eu trois rencontres professionnelles avec Patrick. La première, par Claude Miller, avec qui j'avais écrit *La Meilleure Façon de marcher*, et dont j'étais l'assistant. Au début, Patrick ne m'aimait pas trop : je suis un peu gueulard, alors il me traitait de facho ! Puis, il a beaucoup aimé le film, et ça s'est arrangé.

Ensuite, quand Yves Boisset a lancé *Le Juge Fayard*, ils n'étaient pas contents de la dernière mouture du scénario et Patrick leur a proposé de faire appel à moi. J'ai donc tout retravaillé avec Boisset. La production nous avait loué une maison à Aix-en-Provence. Patrick était là : j'écrivais le matin, on faisait les cons l'après-midi.

La troisième fois, je l'ai dirigé dans *Plein Sud.* Ce film s'est fait d'une drôle de façon : les producteurs avaient dans l'idée de faire un remake de *Fanfan la Tulipe* avec Patrick. Claude Miller devait le réaliser, et moi, j'étais son coscénariste. Je me suis donc mis en rapport avec eux, et j'en ai profité pour leur parler d'un autre scénario dans lequel je voyais également Patrick. Ils ont trouvé ça bien. J'ai appelé Patrick, je lui ai déposé le script le soir même, et dès le lendemain, il m'a dit : « Je le fais. »

Son enthousiasme a été décisif, il a enclenché la production. On l'a entouré d'une belle distribution : Jeanne Moreau,

Pierre Dux, Guy Marchand, Nicole Jamet et un acteur espagnol sublime, José Luis Lopez Velasquez. Il y avait aussi Clio Goldsmith. Mais avec elle, ça s'est très mal passé : il ne pouvait pas la supporter. Au début, il était sous le charme de sa beauté. Mais comme toujours très professionnel, il s'était énormément investi dans le film. Il se concentrait, essayait de trouver des choses... Et de voir cette fille qui prenait tout à la légère, pour un résultat finalement décevant, ça l'exaspérait.

En plus, il avait des jugements expéditifs. À la première projection de *La Meilleure Façon de marcher*, il a gueulé comme un âne. Pour *Plein Sud*, ça a été pareil. Il était furieux. Il m'a dit : « T'es peut-être un bon scénariste, mais t'es un metteur en scène de merde ! » Ça fait mal. Et puis, il s'est calmé.

Il était entier, mais il avait une extraordinaire générosité d'acteur, une incroyable volonté de bien faire. Il te stimulait, pour te rendre meilleur. Il ne laissait rien passer, parfois de façon si cassante que tu avais envie d'éclater en sanglots. Dès la première répétition, on savait qu'il avait pensé et travaillé. Il savait son texte au rasoir. En général, les beaux mecs sont des têtes à claques, et les marrants, des mochetés. Lui, il faisait penser à des acteurs américains, comme Errol Flynn ou Douglas Fairbanks.

Mado : Je garde un superbe souvenir de la toute petite scène que j'ai tournée avec lui, au début du film. Tu voulais que j'aie un mégot dans la bouche, et il t'a dit : « Enlève-lui son mégot à ma mère, elle sait pas fumer ! Elle s'en sortira jamais ! » *(Rires.)* Puis, il m'a bien réconfortée au déjeuner, j'avais eu une telle trouille : « Ma pauvre vieille, c'est comme ça : c'est bien plus difficile d'avoir trois répliques que de jouer un rôle complet. » Il m'a donné une joie merveilleuse. Nous avions déjà tourné ensemble dans *Un mauvais fils*, mais c'est tout. Il n'aimait pas trop jouer avec sa famille.

L. B. : Non, c'est surtout qu'il ne voulait pas qu'on croie qu'il imposait les siens. À une époque, on parlait tout le temps des « enfants Maurin », et ça l'embêtait un peu d'en faire partie, il en souffrait. Il n'aimait pas qu'on lui rappelle qu'il avait été un enfant acteur.

Mado : Aucun de mes enfants n'aime ça.

L. B. : Il me disait tout le temps : « Je suis un enfant de l'amour. » Et il en était très fier. Il racontait : « Ma mère était en saison, en Bretagne, elle a connu un chef d'orchestre. Et je suis un enfant de l'amour... »

Mado : Tu es le premier qui me raconte ça de Patrick !

L. B. : En tout cas, j'ignore si c'était dû au fait qu'il avait été enfant acteur, mais il avait une maîtrise étonnante. Certains acteurs donnent plein de choses, puis c'est à toi de faire le tri. Lui, ce qu'il donnait était vachement élaboré. Il était génial, car il savait mélanger une force instinctive à ses pulsions. Il avait un métier d'enfer ! Je me souviens d'une anecdote qu'il m'avait racontée. Il avait rencontré Belmondo dans *Les Mariés de l'an II*, de Jean-Paul Rappeneau. Il avait un tout petit rôle dedans, mais il avait quand même dit à Belmondo : « Fais gaffe à tes fesses ! Nous, on est derrière, on va te faire tomber ! » Trois ans avant *Les Valseuses*, il préparait déjà la relève. *(Soupir.)* Sa relève à lui, on se demande si elle arrivera. Il nous manque. On se dit ça aussi de Coluche, qui nous manque pour faire le con dans des moments pénibles. Patrick, il nous manque pour jouer des rôles importants.

Ici âgé de deux ans, Patrick est né Bourdeaux, nom de famille du premier mari de Mado. Maurin fut un temps son pseudonyme de scène, mais pour se démarquer de sa famille, il choisit en 1967 le nom de Dewaere, emprunté à une arrière-grand-mère remariée à un Flamand.

III

Mon nouvel enfant de la balle

En 1947, je fus nommée directrice du théâtre de Calais. J'y formai une troupe importante car la saison d'hiver devait durer six mois. Dès les premières répétitions, les membres la troupe que j'avais engagée, ceux que j'appelais mes enfants de théâtre, s'aperçurent que je regardais avec sympathie Georges Pierson, le ténor de la troupe. Nous avions tous deux signé un contrat qui, croyait-il, le liait pour une saison à un théâtre. En réalité, il s'engageait pour toute une vie.

« Madame, je m'excuse, vous avez un bébé qui pleure ? s'enquit-il un beau jour. Me permettriez-vous de le consoler un peu ? Vous savez, j'ai l'habitude des enfants, je suis d'une famille nombreuse. » J'acceptai avec joie.

Il m'épousa à la fin de la saison.

Tu avais sept mois. Georges ignorait qu'il allait réellement devenir ton père. Et que, très vite, cette fibre paternelle qui n'avait encore jamais vibré en lui allait se développer. La vie continuait. Tu avais enfin trouvé la chaleur d'un foyer et d'une famille nombreuse : deux frères, puis deux autres à venir, et pour finir une petite sœur.

Mais notre plus grand remords, c'est ce mensonge inventé avec la meilleure intention du monde, par amour pour toi. Je sais maintenant qu'on ne doit jamais mentir à un enfant.

En 1955, dans leur maison de campagne de Gouvernes (Seine-et-Marne), Mado, quatre de ses fils (de gauche à droite : Dominique, Yves-Marie, Jean-Pierre et Patrick) et son mari Georges, qu'elle avait épousé en 1947. En plus de Dominique, Georges lui fera deux autres enfants : Jean-François et Marie.

Nous t'avons pourtant menti, et tu as grandi dans ce mensonge. Comment excuser notre faute ? Georges voulait être ton vrai papa. Il voulait que tu le croies. Nous avons bâti toute cette histoire autour de ta naissance. C'était plausible, même la famille de Georges le croyait. Tout le monde. Sauf toi, justement. Ton instinct t'avait averti. Tu disais, pour rire : « Moi, on m'a trouvé dans une poubelle ! » Pour rire seulement ?

Avec ton frère Dominique, qui avait deux ans de moins que toi, vous vous amusiez à fouiller dans mon passé auprès de nos amis. Georges et moi ne le savions pas. Le doute en vous a commencé à germer. Un jour, alors que Dominique et moi évoquions des souvenirs, je me suis « coupée » sous l'avalanche de ses questions. « Maman, papa n'est pas le vrai père de Patrick ? » me dit-il en me prenant la main. J'ai avoué. Sa peine fut terrible : « Il ne va plus m'aimer, ce n'est plus mon frère ! » Je protestai : « Mais vous êtes mes enfants ! – Maman, je t'en prie, laisse-moi le lui dire moi-même... »

Pouvais-je refuser ? Vous aviez dix-sept et quinze ans. Un jour, plus tard, tu es venu me demander : « Comment il était, ce mec ? Gros ou maigre ? Il faisait quoi dans la vie ? Pourquoi il t'a plaquée ? Tu sais, c'est juste pour savoir ! Mon vrai père, c'est Georges. » Alors je t'ai raconté : « C'était un musicien, un chef d'orchestre. Il ne t'a pas abandonné, simplement, il n'a jamais voulu croire à ma parole. Je l'ai aimé énormément, tu sais. Et lui aussi, je crois. Tu as été ce qu'on appelle un enfant de l'amour. »

Mado et Patrick à Montmartre en 1959, le jour de sa communion solennelle.

Patrick (à droite) et ses demi-frères en 1958 : Jean-François dans les bras de Jean-Pierre, l'aîné, décédé en 1996. En bas à gauche, Yves-Marie. Au centre, Dominique. Marie n'est pas encore née.

Mado et ses enfants en 1962. Dans ses bras, Marie et Jean-François. Debout, Yves-Marie. À gauche, Jean-Pierre derrière Patrick chahutant avec Dominique. Patrick ignore encore qui est son vrai père.

Tu as semblé indifférent à tout ce que je disais, mais je sais maintenant, mon cher enfant, combien tu ne voulais jamais laisser paraître tes émotions, tes peines. Par fierté, par pudeur.

Ce mensonge-là, comme il a dû peser sur toi, sur ta vie ! Je crois que c'est surtout à moi que tu en voulais. Pas à Georges.

Tes frères ont écrit au fil des années quelques mots sur toi et le souvenir que tu leur as laissé. Je les livre ici. Seule, ta petite sœur Marie a choisi de garder un silence pudique à ton sujet.

JEAN-PIERRE MAURIN

Comédien, frère de Patrick

Voici l'aventure qui m'est arrivée le 16 juillet 1983 : J'étais en vacances à Royan et, comme d'habitude, j'allais à la Côte sauvage. J'adore cet endroit désert : les dunes, la mer, le silence. On respire, on rêve, c'est la vie, la nature. J'étais avec mes fils Emmanuel et David et leurs jeunes copines.

Ma petite 104 venait d'être révisée : elle roulait parfaitement, c'était le début des vacances. L'ambiance n'était pas très bonne : les jeunes manquent souvent de patience. Au bout d'un moment, je leur ai dit : « Arrêtez de ronchonner, vous me fatiguez. » Puis, je regarde ma montre : il était juste quinze heures. Je m'arrête et leur dis : « Il faut que j'aille me recueillir. – Pourquoi ? – Parce qu'il y a un an, à quinze heures... Souvenez-vous. »

Je tourne et me gare sur le premier chemin que nous trouvons. Je pars seul dans les champs. Pendant un long moment, je me recueille. Je pense à mon frère, j'évoque sa présence, son départ... Puis, je reviens vers les enfants.

David me dit : « Dis donc papa, tu as vu où tu t'es garé ? » Je lève la tête et je remarque un petit panneau, de ceux que fabriquent les paysans pour indiquer la direction d'un lieu-dit : une naïve planchette de bois en forme de flèche, des lettres blanches peintes à la main sur un fond bleu. Il était écrit : PARADIS.

J'étais ému par cette coïncidence. Tout le monde a gardé le silence. Au moment de repartir, la voiture refuse de démarrer. J'insiste. Rien à faire. Un silence total, incompréhensible. Nous descendons pour la pousser et atteindre la route, trois cents mètres plus loin. Une fois sur place, je remonte à tout hasard, je tourne la clé de contact et, comme si de rien n'était, la voiture démarre...

Nous avions parcouru trois cents mètres, quitté le chemin et ce PARADIS sur sa petite flèche de bois.

Depuis ce jour-là, nous avons toujours pensé que ce chemin-là était baigné de mystère. Un signe, peut-être ? Mais aujourd'hui, quand je passe devant, je suis toujours ému. La flèche pointant vers le champ est toujours là. David, qui ne croit à rien, semble avoir été touché par cette aventure.

Mais toi, maman, qui vois des signes partout, tu es persuadée que Patrick nous a envoyé ce clin d'œil pour le premier anniversaire de sa naissance en paradis...

Yves-Marie Maurin

Comédien, frère de Patrick

Patrick ! On aurait pu, on aurait dû... C'est avec ce genre d'hypothèses, de suppositions malvenues, que je me suis longtemps torturé à ton égard. Jusqu'au moment où, traversant de longues nuits d'interrogation, nous nous sommes retrouvés dans les entrelacs d'un rêve, et que, d'un mot, d'une phrase, tu m'as enfin libéré de ma coupable confusion.

Oui, nous avons attendu l'au-delà pour, enfin, nous rencontrer, nous comprendre, nous aimer.

Auparavant, nous n'avions fait que nous croiser. Nous étions des demi-frères déchiquetés, dépecés, jaloux. Nous nous étions manqués presque partout, au lieu de nous colleter, d'échanger quelques baffes et plein de sourires. Nous n'avions pas su nous découvrir, alors que, dans la cruelle arène de la vie, rien n'est aussi important que la connivence et la fraternité, que l'humour et la générosité.

Depuis, le demi-frère est devenu un frère à part entière qui rarement quitte mon esprit. Et souvent, nous nous causons, entre ombre et lumière...

Jean-François Vlérick

Comédien, metteur en scène de théâtre, frère de Patrick

Mon frère, ce héros...

Il y a trois Patrick présents en moi. Mon grand frère, qui, après avoir violemment manqué de respect à ma mère, quitta la maison quand je n'étais encore qu'un enfant. Le

Patrick à la plage de Royan avec son jeune frère Jean-François, durant l'été 1959.

frère complice, que je retrouvai dix-sept ans plus tard pour un temps trop court, avant que nous soyons séparés par une femme, un amour commun... Enfin, le Patrick Dewaere universel qui, lui aussi, nous quitta trop tôt.

Celui-ci ne m'appartient pas. Il appartient à ceux qu'il a fait rêver et qui, parfois, le pleurent sur mon épaule quand ils découvrent notre parenté. Une parenté qui m'a quelquefois valu d'être protégé, en mémoire de ce shérif qui leur avait apporté la fierté. Ils sont en effet nombreux ces acteurs dont il a favorisé la carrière en leur permettant souvent de mieux la négocier. Et, en secret, je recueille les confidences de ces hommes et de ces femmes que je lui reprochais d'avoir abandonnés...

Il y a bien encore un autre Dewaere, éternellement présent celui-là, dans le paysage audiovisuel d'aujourd'hui tellement fadasse. C'est l'acteur dont le génie me paraît plus évident, année après année, tandis que je vieillis et continue d'enseigner la comédie. Un acteur d'exception, capable d'être à l'écran ce qu'il était profondément, mais sans jamais se satisfaire de n'être que cela. Ce comédien qui, parce qu'il s'interprétait *lui-même* avec toute la puissance dont il était capable, se projetait, se jetait à la face du public. Ce comédien qui utilisait sa faiblesse, sa fragilité et sa lâcheté comme des lames de rasoir pour mieux nous ouvrir le cœur... Ce comédien, capable d'en faire des tonnes... sans jamais rien ajouter de superflu à la vérité, ce comédien-là n'est pas près d'abandonner la place, de fuir.

Dominique Maurin

Comédien, frère de Patrick

Dans le Panthéon de ma mère, règnent confusément les dieux des hommes et ceux du cinéma. Je ne veux pas de ce culte de la personnalité où brillent les médailles exemplaires des idoles martyrisées. Là-bas, rien ne peut servir

Patrick et son demi-frère Dominique étaient inséparables durant leur jeunesse. C'est Dominique qui révélera à Patrick l'identité de son père en 1964.

l'ici. La mort tue les vivants qui rêvent d'éternité. À ces phrases bibliques : « Aimez-vous les uns les autres », « Vous serez assis à la droite du Père », j'aurais envie de répondre : vivons ensemble, ne courons plus ainsi vers la mort, comme pour y être le plus fort dans la mémoire des vivants. La mémoire est-elle éternelle ? Autant que les drames fondateurs. Caïn le sédentaire contre Abel le nomade : drame de famille, d'où jaillit la *culpa*, et qui nous pousse toujours les uns contre les autres avec la même chiennerie pour le droit à la vie. Que nous veut cette mémoire des origines ? Nous garder de la bête ? Elle nous pousse vers elle !

Vouloir vivre ! Vers quel raffinement ?

« Heureux, les doux : ils recevront la terre en héritage » et bon voyage aux autres ! Être « plus que soi » ici, sans devenir objet de culte, étendard de roi, marchandise de luxe, est devenu impossible.

Celui qui monte, lucide, sur les sommets de l'illusion n'en veut pas redescendre, il a compris. Sa seule issue : le ciel.

Je dois parler ici de mon aîné, mon aimé, mais je ne parle que de moi, emprunté que je suis de ma vie qui reste à faire, ma forme qui reste à dire. Parler de l'autre pour ne parler que de soi, c'est ainsi que l'on fait, à cette époque où l'on « s'autofilme », « s'automobilise », où l'on confond la vie avec le spectacle, l'image avec le réel, l'industrie cinématographique avec l'art qui immortalise.

Que dire de plus que ces amis qui ont si bien su inscrire leur cœur dans celui de Patrick ?

Témoigner dans un procès où la victime et l'assassin sont déjà loin ? Que dire de plus que mes frères et sœur, coincés par une histoire qui n'aurait dû être qu'un secret de famille, comme tant d'autres ? C'est du spectacle, et nous en sommes les acteurs.

Patrick, j'ai longtemps attendu l'occasion de te retrouver pour rire avec toi, rire de ce monde déglingué où nous étions tombés, rire comme quand nous étions jeunes, un soir de grande chaleur, au ministère des Finances, à poil dans la salle de bains royale, sous le regard émoustillé des copines de la fille du ministre, dont c'était l'anniversaire. Rire quand s'écroulaient l'écran et la cabane sur la tête du directeur du plateau de doublage. Cela n'était pas sérieux : la vie était un jeu et tous ceux qui s'y croyaient et s'y emmêlaient, nous les expulsions du monde par des torrents de rire. Ce qui déconcertait, ce qui révoltait, c'étaient ces mômes qui ne respectaient rien et qui, pourtant, faisaient correctement ce qu'on leur demandait. Cette attitude à l'égard de ce métier, Patrick l'a toujours gardée. Il n'était pas question de se prendre au sérieux.

L'acteur joue la vie, il accepte d'endosser l'âme névrosée de l'homme, pour qu'il se voie tel qu'il est. Le drame, c'est que l'acteur se joue lui-même. Derrière le masque, il ne se protège plus, il est ce qu'il reflète. Patrick ne voulait que jouer.

Dans cette course tragique à l'existence, il n'était pas aussi sérieux qu'il le fallait. Il ne croyait qu'au rire, pourfendeur d'illusion. Puis, il y a eu l'image... Au milieu de cette profusion d'images où le réel se confond avec la fiction, je ne vois que confusion. L'acteur n'est pas un saint. Il ne doit pas porter sur lui le signe de la damnation. Faire de l'homme de spectacle une idole, quand il n'est que son dramatique reflet, voilà la preuve de cette totale confusion.

Patrick s'est trouvé piégé dans cette comédie. À cause, d'abord, de sa propre crise existentielle ; à cause, aussi, de ce pseudo-art qu'est le cinéma, qui ne rend pas à l'homme l'image abstraite de son existence. Qui donne, par absence de distance, le sentiment d'une réalité sans profondeur et sans relief.

Comme la littérature, le cinéma s'inscrit sur une surface plane. À l'inverse de l'écriture, l'image s'ajoute au texte et dirige l'imaginaire du public. En face de ce public, l'acteur de théâtre est seul. Il n'y a plus d'intermédiaire, et il y a la distance. Le spectateur, comme tout observateur, influence la chose observée. S'opère alors une interaction dont les lois demeurent mystérieuses. Au cinéma, on dit souvent d'un bon acteur qu'il accroche bien la lumière : c'est son âme qui brille à fleur de peau. Elle reflète, sans masque, comme un écorché, les fantasmes du réalisateur, de l'opérateur, de toute l'équipe derrière la caméra. Tel un microscope, l'œil unique d'un cyclope scrute la névrose dont s'imprègne l'acteur, tout joyeux d'être le dindon de la ronde. « Ça tourne ! » Oui, ça tourne en rond, quand la réalité se confond avec la fiction, quand les enfants confondent guerre du Golfe et jeu vidéo. Dans ce monde industriel, l'art de l'hypocrisie fait loi et la part de sacré s'y dilue. Nous ne sommes pas loin de la catastrophe écologique.

Patrick, qui était de deux ans mon aîné, s'amusait de ma jeunesse, et moi, pour lui plaire, j'en rajoutais toujours. Un jour, au Poste parisien (studio d'enregistrement), nous avions subtilisé les cartes de présence du personnel. Une à une, nous les avions compostées. Et c'est moi que les gros bras avaient saisi. Patrick ne sortait de sa cachette que si cela tournait mal.

Une autre fois, lors d'une bagarre générale que j'avais plus ou moins déclenchée, Patrick avait fait beaucoup d'effet aux jeunes filles du quartier des Halles : un vrai moulin à pruneaux, formidable !

Parfois, je perdais mon compagnon, mon *alter ego*, mon jumeau, et quand il acceptait de jouer de nouveau avec moi,

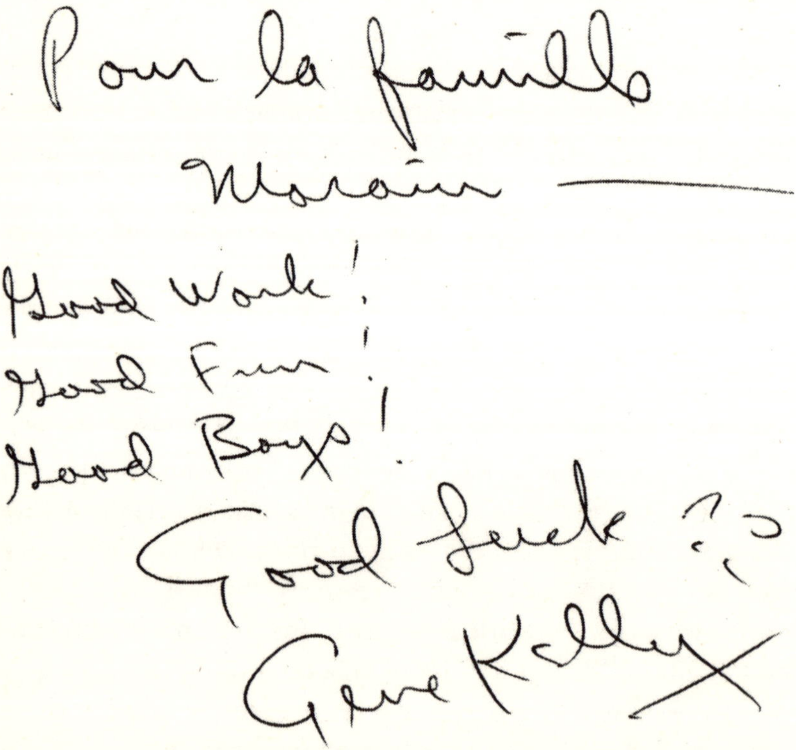

« Pour la famille Maurin. Good work ! Good fun ! Good boys ! Good luck ! »
Dédicace de Gene Kelly aux enfants Maurin qui jouèrent à ses côtés dans le film *La Route joyeuse* (1957).

c'était la joie, le délire. Chaque travail que nous partagions était l'occasion d'une partie de franche rigolade.

Je me souviens du tournage d'un film de Gene Kelly, à Semur-en-Auxois. En jouant à faire des ricochets, Yves-Marie venait de flanquer une pierre dans la gueule de la starlette. Rien de grave, si ce n'est un œil au beurre noir, que même une tranche de bœuf cru ne pouvait faire disparaître. Dans une ambiance assez tendue de serpents glissant sous les culottes et de bols de chocolat renversés sur le décor, on nous avait consignés, Patrick et moi, enfermés à double tour dans la chambre d'hôtel. On s'y ennuyait ferme. Aussi avons-nous décidé une partie de cache-cache. C'est Patrick qui s'y colle. Je cherche la meilleure planque : sous le lit ? Non, dans l'armoire, la grande armoire à glace. Je me faufile vite dans le noir, sous les étagères. « Ça y est ! » Patrick me cherche, ou fait semblant, et nous pouffons. Coincé dans les affaires, je gigote, ça rigole de plus en plus, ça rigole d'autant plus que la porte se bloque, la grosse armoire bourbonnaise bascule sur le montant du lit et coince définitivement la porte. Tandis que Patrick s'esclaffe, moi, je ne ris plus : je gueule comme un putois.

À l'étage du dessous, c'est la salle à manger, dont le lustre penche furieusement et risque à tout moment de s'écrouler. Après un instant de stupeur, les convives se précipitent dans l'escalier. La porte est fermée à clé. Des cris ! Tant pis, il faut enfoncer la porte : une dame l'a suggéré. Un homme fait sauter les verrous et découvre le carnage. Nous ne sommes pas restés longtemps à Semur-en-Auxois...

Quelle vitalité dans la fraternité ! Parfois, nous regardions dans la glace nos faces d'énergumènes, en criant : « C'est pas possible, on n'est pas frères ! » On regardait la couleur de nos cheveux, de nos yeux, la forme de nos visages... Je désirais secrètement que nous ne soyons pas si différents ; pourtant, le jour où la vérité fut dite, j'avais le sourire aux lèvres.

On riait, Patrick et moi, quand on entrevoyait la mort.

J'avais trop confiance en ce qu'il y avait au-delà de cette demi-fraternité : une demi-amitié.

Toujours est-il qu'après cette révélation, Patrick s'est coupé de cette famille de dingues, de ce sac de peau où tout était inversé comme sous une loupe. J'avais peut-être sous-estimé sa douleur de ne pas être le fils de papa et, surtout, de ne pas savoir qui était son vrai père.

Très tôt, il a affirmé sa différence. Il n'acceptait pas la foi de sa mère. Elle qui, pour nous réunir, gardait au fond d'elle la vérité, et nous obligeait au mensonge. J'ai compris plus tard cette phobie du mensonge qui régnait à la maison. Jusqu'au thème d'une chanson où je me proclamais « chercheur de vérité ».

Sans doute pour combler le vide de son origine – encore elle –, Patrick a-t-il voulu porter le nom flamand d'une grand-mère. Dewaere signifie en français : le vrai.

Pour moi, Patrick était quelqu'un de très bien, qui méritait autre chose que le vedettariat. J'avoue que je n'ai pas très bien compris ce mur infranchissable qui s'est érigé entre nous après son démarrage. Les amis proches ont-ils aidé à la construction de l'édifice ? Était-ce le mur qui protège l'intelligence de son contraire ? C'est vrai qu'il existait entre nous une jalousie réciproque qui, quand nous étions jeunes, nous poussait au dépassement. Dans ce métier, on ne peut devenir que le roi des cabots. Se prendre au sérieux dans cette joute, voilà le danger.

Rire de soi avec l'autre ou par l'autre sauve des chimères. Tout pourfendeur de moulins doit garder auprès de lui son *alter ego.* Ce valet fruste au regard lucide ne préserve pas le héros de la colère de Dieu. Il le protège seulement de lui-même.

Lorsque j'allais le voir, au début, au Café de la Gare, j'avais la gueule de quelqu'un qu'on a déjà vu quelque part. J'avais envie de faire partie de l'équipe, surtout pour y retrouver Patrick. Mais au Café de la Gare, les stars n'étaient pas admises. Je sortais de 1968. Je me suis dit : « Ils ont raison. Faisons table rase, comme dans la chanson. »

Pourtant, les rebelles de l'époque se sont pris dans le miel de cette forêt. Ils sont devenus les stars d'aujourd'hui et leurs discours sont devenus caducs. Notre génération est une génération de touche-à-tout, de charlatans. Elle a reçu en héritage le don de nier le monde. Mais il semble qu'il faille beaucoup de force de caractère pour réaliser une humanité qui ne serait plus coincée entre la bête et le divin. Il semble qu'il faille beaucoup de sagesse pour accepter l'autre.

De cette vérité-là, Patrick était proche. Peut-être trop : il était précoce. Sa souffrance personnelle et l'alchimie de sa naissance l'avaient sans doute forcé à entrevoir le palais céleste où se terminent les illusions du monde, où toutes les origines se confondent dans le passé et se révèlent dans le présent où le Dieu est enfin mort au ciel et vivant partout. Il n'aimait pas toutes ces bondieuseries, ces drapeaux, ces étendards, ces béquilles, ces mensonges qui confortent l'homme dans l'illusion.

Qu'est-ce qui a manqué à Patrick pour se maintenir en vie ? Le goût de l'existence intime et tendre, où la terre nous ravit à notre désespoir et nous roule dans sa fourrure avant de nous engloutir définitivement.

Je l'aimais de toute ma force.

IV

Graine de violence

Comme tu étais violent, mon Patrick ! Tout petit, tu avais déjà des colères terribles, tu te roulais par terre. Tu tenais cela de ton grand-père, mon papa. Tes crises étaient si subites que tu les oubliais instantanément. À présent, te souviens-tu de ce jour de tes dix-sept ans où, fou de rage, tu m'avais battue, jetée par terre, tirée par les cheveux ? Ta petite sœur était là, muette de frayeur. Tout cela pour une futilité, une idiotie dont j'étais un peu responsable. Une histoire de téléphone. Tu voulais téléphoner avant moi, et moi avant toi ! Drapée dans mes prérogatives maternelles, j'ai refusé de céder. Alors, tout s'est déclenché. Quand Georges est rentré, il a bien fallu sévir. Nous t'avons mis à la porte. Oh, tu n'en as pas souffert, car tu avais la chambre du cinquième étage et tes frères t'apportaient tes repas. C'était pour le principe ! Plus cocasse que dramatique, cette affaire a tout de même duré deux mois. Nous attendions de nous croiser dans l'escalier pour nous saluer. De nous deux, j'étais sans doute la plus malheureuse. Les vacances de Pâques approchaient. Tu avais demandé à papa : « Crois-tu que maman accepterait que j'aille à Royan avec un copain ? » J'ai sauté sur l'occasion : nous allions enfin nous retrouver !

Vous aviez décidé, ton ami Jean-Jacques et toi, de partir en stop. J'ai quitté Paris dans la 4L le matin du vendredi

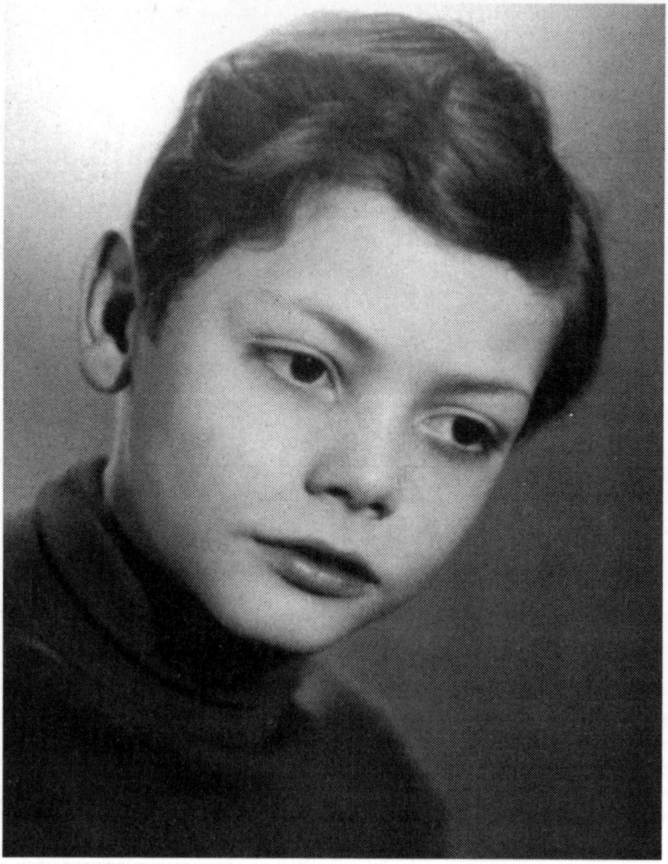

Patrick, ici en 1954, a toujours été un garçon pudique et réservé, malgré des colères souvent soudaines et violentes.

saint. Vers le soir, je traversais Châtellerault, lorsque, de loin, j'aperçois mes deux grands gars, pouces levés, qui faisaient du stop. Je m'arrête : « Montez ! – Non, non, on continue en stop. – Mes enfants, c'est la veille de Pâques, vous n'allez plus trouver de bagnole. »

On parlemente un peu, pour la forme et, le cœur battant de bonheur, j'embarque enfin mes deux phénomènes. On s'est embrassés : quelles joyeuses retrouvailles ! Naturellement, personne n'a soufflé mot de notre petit drame. Tout était oublié. L'honneur était sauf.

Quelques jours plus tard, Jean-Jacques devait rejoindre Paris. Je l'ai conduit jusqu'à Saintes avec toi. Je ne devais plus jamais le revoir.

Jean-Jacques, Patrick, vous êtes morts tous les deux maintenant. Jean-Jacques Ruysdaël a été tué dans un accident de voiture peu après, à vingt ans, alors qu'il tournait son premier film dans les Landes. Et toi, des années plus tard, tu l'as rejoint. Je te revois encore à l'enterrement de ton copain, tout pâle dans ton grand manteau de cuir noir. La terrible coïncidence, c'est que ce manteau, c'était le petit Stephan Reggiani, le fils de Serge, qui te l'avait prêté ce jour-là. Lui aussi est mort. Il s'est suicidé comme toi, deux ans avant toi. Quand je passe à Châtellerault, je crois toujours apercevoir au loin vos deux silhouettes qui me font signe, dans la nuit qui tombe. Et j'ai envie de pleurer.

Tu fais toujours irruption en moi à l'instant le plus inattendu... Je me souviens de ce grand chagrin de tes dix ans. Tu avais été opéré de l'appendicite et nous rentrions de la clinique. Tu t'étais blotti dans un coin de l'appartement comme un oiseau blessé. Tout malheureux, tu m'avais avoué la raison de ta peine : « Quand je pense, maman, que je ne reverrai plus jamais mes infirmières... » Tu étais presque inconsolable.

Une vingtaine d'années plus tard, je jouais au théâtre de la Commune d'Aubervilliers. Cédant à mes prières, tu étais venu assister à la pièce *Histoires de la forêt viennoise*. Je te revois, après le spectacle, dans le couloir des loges, t'écriant, tout goguenard : « Alors, la vieille, tu te défonces ! » C'est seulement bien plus tard, après ton départ, que le comédien Pierre Malet, avec qui je jouais *L'Ordre* d'Étienne Périer, m'a dit : « Je t'avais vue dans cette pièce. J'y étais le même jour que Patrick, il était à côté de moi. Et à l'entracte, en prenant un pot, il m'avait dit : "Elle est bien, ma mère, hein ?" » Cher Pierre, merci ! Quel beau cadeau vous m'avez fait ce jour-là ! Un compliment de mon fils, par la voix d'un autre : tu en étais si avare, mon chéri. Un ami me confiait un jour : « Il était très souvent agressif envers ceux qu'il aimait. » Alors, tu devais m'aimer bien fort. Mais tu me faisais si peur, quelquefois.

Tu n'as pas toujours été tendre. Tu as même souvent été très fou, très violent. Et ce mystère qui couvait dans ton inconscient t'a conduit vers un départ prématuré, un refus de poursuivre ta lutte, de te battre pour trouver ce que nous étions tous incapables de te donner, cher insatisfait, cher révolté ! Ce mystère-là, le voilà transfiguré par celui qui t'a pris contre lui, en lui. Aide-moi à transmettre ce message, mon petit prophète, mon enfant mort qui continue d'exister dans nos cœurs par la grâce de notre souvenir et de notre témoignage.

Dans une exposition, je m'arrête devant une sculpture : *Caïn et Abel*. Caïn enlace Abel mort de sa main. Je médite devant ce visage de Caïn étreignant tendrement le frère qu'il vient de tuer. Nous portons tous en nous les germes d'amour et de haine, du bien et du mal, de la vie et de la mort. En toi, mon fils, le violent était Caïn, et Abel, le fragile, le vulnérable. Tu sais à présent pourquoi, en ce jour de juillet, Caïn a tué Abel. L'un est dans la Lumière. Mais l'autre, qu'est-il devenu ?

Myriam Boyer

Actrice, cinéaste, scénariste, partenaire de Patrick dans Série noire

« Dans une scène de Série noire, *il me frappe dans une baignoire... Juste après la prise, il m'a dit : "Un jour, j'ai fait ça à ma mère... Je me revois en train de la battre, et ça me fait mal." »*

Myriam Boyer : C'est peut-être dû au fait qu'on avait le même âge, mais je suis sûre que Patrick, bizarrement, aujourd'hui, il ne se suiciderait plus. Je ne sais pas si c'est le recul du temps qui fait qu'on peut parler comme ça, mais quand on voit notre malaise de cette époque-là ! Moi, j'ai fait un enfant. Nous, les femmes, on a des points de repère, on arrive à se débrouiller beaucoup mieux par rapport à tout ce qui nous fait mal dans la vie. Patrick, aujourd'hui, il me semble qu'il verrait les choses d'une manière différente. Mais il ne pouvait pas aller plus loin à ce moment-là. Il faudrait des moments où l'on puisse suspendre notre vie, en disant « Pouce ! », et puis la reprendre après. Ç'aurait été formidable s'il avait pu dire « Pouce ! » pendant un an, deux ans...

Chaque génération engendre des êtres qui ont du mal à passer certains caps, mais la nôtre, avec 1968, c'était encore plus compliqué. C'est difficile d'avoir quarante ans quand on a eu vingt ans en 1968 ! On en a laissé pas mal en route. Patrick à plus forte raison !

Mado : Tu as fait sa connaissance pendant le tournage de *Série noire* ?

M. B. : Je l'avais rencontré avant, grâce à John Berry [1]. On était invités aux mêmes dîners, mais je n'appelle pas ça connaître. En revanche, ça a été très fort quand on a tourné *Série noire.* Le budget était maigre. On était là tous les deux, tout seuls. Pas de maquilleur, pas d'habilleuse. On avait une pièce minuscule dans un pavillon de Créteil, où on passait des heures ensemble à se préparer, à s'arranger, à se coiffer... Il me demandait si son début de calvitie ne se voyait pas trop.

Vois-tu... on partageait un truc rare d'acteurs. Et c'est allé au-delà de ce qui se vivait sur le plateau, ça a créé un truc dingue ! Et en plus, le film était très spécial. Ajoute à ça l'ambiance du plateau, avec Alain Corneau... C'était quelque chose d'unique. On se parlait de tout, de nos vies, à un point ! Ce n'était pas seulement une relation de partenaires. On allait jusqu'à se raconter des choses très intimes. Par exemple, il y avait une séquence du film où il me frappait dans la baignoire... Eh bien, juste après la prise, il m'a dit qu'il avait l'impression que c'était toi qu'il battait !

Mado : Non, ce n'est pas possible !

M. B. : Si. Et c'est comme ça que j'ai compris qu'il n'avait pas dû être tout le temps gentil avec toi. On en a parlé. Il m'a dit : « Un jour, j'ai fait ça à ma mère, et maintenant, je me revois en train de la battre... Tu as la même réaction, alors j'ai l'impression d'être avec elle, et ça me fait mal... » Tu sais, je ne l'ai jamais dit à personne, tu es la première à qui je le raconte. Tu vois jusqu'où on est allé dans les confidences... C'était si violent, cette scène, que j'avais dû avoir ta réaction.

Mado : Je découvre peu à peu son amour. J'en doutais quelquefois. Un jour, à l'âge de douze ou treize ans, en colère, il m'avait dit : « Je ne t'ai jamais aimée. » J'en ai été

1. Metteur en scène américain devenu l'époux de Myriam Boyer.

malade. Alors, ce que tu me dis là, ça me coupe le souffle. Il était tellement violent, même tout petit... Mais dans *Série noire*, il y a des moments effrayants. Quand il t'étrangle, on sent que le meurtre est en lui.

M. B. : C'était fou, mais en même temps, très drôle. J'étais en confiance avec lui. D'ailleurs, pour qu'on en arrive à se raconter des choses pareilles... je n'ai jamais vécu de tels rapports avec quiconque depuis... *(Elle pleure.)* Excuse-moi. Avec Patrick, c'était comme si on se connaissait vraiment.

Mado : Il était superbe, à cette époque !

M. B. : C'était un partenaire comme on n'en rencontre jamais. Et drôle, aussi ! C'est tellement fort et rare de pouvoir à la fois amuser, surprendre... Il était surprenant, à la fois par son physique et par son humour. Il parlait de la manière d'aborder ses personnages, il se demandait ce qu'il ferait s'il était comme ça. Il travaillait beaucoup, il allait très loin. C'est pour ça qu'il se faisait mal. Il vivait chaque situation, il s'amusait à jouer vrai.

Mado : Michel Piccoli m'a dit la même chose un jour. Il était comme les enfants qui jouent à la guerre, qui se racontent des histoires. Vous vous êtes revus ensuite ?

M. B. : Oui, à l'autre bout du monde, quand il est allé à Los Angeles. Mais il était moins bien déjà. Et on a repris nos conversations pendant des heures... Il était venu se balader, peut-être avec l'espoir de faire quelque chose. Il rêvait de l'Amérique, comme un gamin. Quand il a visité Disneyland, c'était un vrai môme, tout ravi, tout heureux de vivre ces trucs-là.

Mado : J'ai su qu'il avait vu là-bas une pièce de théâtre, *Les Enfants du silence.* Il l'avait tellement adorée qu'il avait entrepris des démarches à la William Morris pour en acheter les droits. Il voulait la jouer en France, mais il s'est vite rendu compte qu'il allait devoir s'arrêter pendant un an pour apprendre le langage des sourds, alors il a abandonné. Il avait peur.

M. B. : Il se sentait toujours très en danger par rapport au métier, il était toujours poursuivi par l'idée que ça allait s'arrêter, qu'il allait « être dans la merde ». C'est fou, cette obsession, quand on pense combien le métier lui a souri, quand même. Il croyait que les metteurs en scène intéressants allaient vers Depardieu et qu'ils ne l'appelaient que si Depardieu refusait, ce qui est faux ! Je me souviens aussi, à Los Angeles, quand on parlait, c'était étrange, parce que nous, on avait des discussions passionnées. Et sa compagne était à côté, elle se taisait. Elle avait l'air un peu dépassée. Il était content qu'elle soit là, on avait l'impression qu'il essayait de croire à nouveau à des choses, à l'amour, et il s'accrochait comme un dingue. Mais il était inquiet. Il disait : « Si jamais ça ne marche pas cette fois-ci, je ne tiendrai pas. » Pourquoi est-ce qu'il disait ça ? Il aurait peut-être eu besoin de quelqu'un de beaucoup plus fort, comme Élisabeth l'a été pour Depardieu. Cela dit, lui, il n'en aurait pas voulu !

Mado : Non ! Il n'aurait pas voulu d'une bonne femme qui lui aurait rappelé sa mère...

M. B. : Non. Il avait un problème. Alors il a essayé : une femme nouvelle, un nouvel enfant, et puis ça se bousillait automatiquement... Et avec sa carrière qui ne lui apportait pas non plus ce qu'il espérait, il était incapable de supporter une autre rupture. Il avait rarement un rapport de confiance avec les femmes. Moi, il m'aimait bien, je me sentais très privilégiée. Mais il avait des relations plus faciles avec les hommes. Il avait un côté un peu macho. Et il était loin d'aimer toutes ses partenaires. Un jour, il m'a dit : « Il n'y a que Miou et toi avec qui j'ai beaucoup de plaisir à tourner. »

Mado : Tu crois que s'il avait fait un peu moins de cinéma et un peu plus de théâtre, ça l'aurait aidé ?

M. B. : Bien sûr. Il fallait le voir, le soir, quand il foutait le camp au Café de la Gare ! Il partait tout d'un coup, après le tournage, c'était drôle. On sentait qu'il était heureux, vraiment. Il voulait qu'on vienne, il aimait ça. De toute façon, à mon avis, pour n'importe quel acteur, c'est stabilisant, le théâtre. En général, les premiers plaisirs de comédien qu'on a, c'est sur une scène... même si c'est l'estrade de l'école ! Avoir des gens qui nous regardent, c'est ça, notre vrai métier. Le problème, c'est que Patrick ne pouvait plus faire de théâtre à cause des films... Il avait peur d'être oublié !

Et par rapport à Gérard Depardieu... il se posait des questions en permanence ! Je lui disais : « Mais arrête ! Vous n'êtes pas pareils ! » Alors, il me répondait qu'en même temps, ça donnait du piquant au métier, que c'était comme Delon et Belmondo, et qu'en fait, c'était très motivant... Mais c'était quand même une obsession. *(Silence.)*

Aujourd'hui, il serait là, et bien là ! D'accord, il avait accumulé un tas de films qui ne l'avaient pas passionné, mais c'était passager, surtout pour un talent comme lui ! Et puis, cette espèce d'incapacité à comprendre qu'il représentait sa génération, aussi. Il ne se rendait pas compte qu'il représentait ça, à l'écran. Et aujourd'hui, on s'en rend encore mieux compte.

Mado : Tu sais, c'est comme les grands musiciens ou les grands peintres : c'est après leur mort qu'on les apprécie.

M. B. : Oui... C'est un peu comme s'il avait su qu'il allait partir. Je crois aussi qu'il aimait bien ce trip d'artiste maudit. Il y avait quelque chose qui lui convenait là-dedans, cette manière de se briser lui-même, de se faire mal. Si tu vas jusqu'au bout, il n'y a pas trente-six sorties. Lui est allé loin, très loin... Patrick, il n'avait peur de rien. C'est en ça qu'il était admirable, à côté de tous ces trouillards.

Mado : Ça me rappelle une histoire dont j'ai encore honte. Il avait treize, quatorze ans. Je le trouvais dur avec moi, macho, comme tu dis. Et à côté de ça, il était tout humble devant ceux qui étaient plus forts que lui. J'étais fâchée, et je lui ai dit : « Tu sais que tu es lâche ? »

M. B. : C'est pas possible que tu lui aies dit ça, parce que ça faisait partie de ses lois, de ses bases, justement, de ne pas être lâche.

Mado : Je sais bien... J'en garde un profond remords... Quand il a fait le Gala de l'Union des artistes au Cirque d'Hiver, il a grimpé à trente-trois mètres sur une perche souple. J'étais venu le voir répéter. Plus tard, on a pris un pot ensemble dans le petit café d'en face. Il était déjà Patrick Dewaere. Et il m'a dit : « Alors, comment tu as trouvé ? » J'ai avoué que j'avais eu très peur. Il m'a regardée longtemps dans les yeux et il m'a lancé : « Tu vois, je ne suis pas un lâche ! » Tu te rends compte ? Après tout ce temps...

M. B. : Ça l'avait marqué. Je crois qu'il avait un certain sens de la justice. Je me souviens, à Cannes, avec la journaliste France Roche. Elle avait dû être désagréable avec quelqu'un, ou un truc dans le genre... La vache ! Comment il l'a interpellée ! Il lui a sorti : « Tu sais, je suis au courant de ce que tu as fait à Untel ! » Il était furieux. C'est fou. Il n'avait pas peur d'utiliser son statut pour défendre quelqu'un. Pour remettre les pendules à l'heure.

Marie Trintignant

Actrice, partenaire de Patrick dans Série noire

« Il a profondément marqué sa génération. Sa révolte était celle des jeunes. Patrick, c'était Don Quichotte ! »

Mado : Ma petite Marie, la première fois que je t'ai rencontrée, tu étais au Café de la Gare, et je me souviens que tu as pleuré lorsque je t'ai dit qui j'étais. Et puis, nous nous sommes retrouvées dans *La Garçonne*, d'Étienne Périer. Nous avions toutes deux une scène face à face, et j'étais bouleversée en plongeant mes yeux dans les tiens. J'avais l'impression que Patrick se substituait à moi, que c'était lui en moi qui fixait ton regard, comme dans *Série noire*. Tu connaissais Patrick avant de tourner avec lui ?

Marie Trintignant : Non. Je l'avais vu une fois chez Alain Corneau, mais je ne le connaissais pas. Pourtant, je l'avais vu une première fois quand j'avais treize ans. C'est très joli, cette histoire. J'étais avec ma mère dans l'ascenseur de l'agence Artmédia, avenue George-V. Et ma mère a un petit problème : quand elle voit les gens au cinéma, elle a l'impression de les connaître dans la vie. Patrick était dans l'ascenseur. Elle est marseillaise, et donc très chaleureuse. Elle l'a embrassé en lui disant : « Comment ça va ? » Tout d'un coup, elle s'est aperçue que c'était Patrick Dewaere et s'est écriée : « Oh ! Je suis désolée, je ne vous connais pas, pardonnez-moi ! » Alors il lui a répondu : « Oh, de toute façon, on va pas se faire la gueule ! C'est bien de s'embrasser. »

Même s'il ne connaissait pas les gens, c'était quelqu'un de très communicatif, qui parlait beaucoup. C'est formidable pour moi d'avoir fait *Série noire* avec lui, parce que c'est un très beau film, et qu'il est incroyable dedans. Moi, c'est un des films que je préfère.

Mado : C'était ton premier film ?

M. T. : Oui. Il faut dire que Patrick a fait 70 % de mon travail. Moi, j'avais quasiment plus rien à faire, il me faisait tout. Quand tu as un grand acteur en face de toi, que tu n'as jamais rien fait, il n'y a qu'à se laisser aller, et puis suivre. C'est quelqu'un qui donnait beaucoup... qui donnait tout. Il avait une telle générosité qu'on ne pouvait qu'essayer d'être aussi généreux.

Mado : Corneau m'a dit que Patrick était très tendre avec toi, qu'il t'avait prise « sous son aile » !

M. T. : C'est vrai. Il faisait attention à moi. J'avais quinze ans. Il était... non pas paternel – je n'étais quand même plus un bébé – mais protecteur. Il me protégeait. Il me donnait beaucoup, sans arrêt. Avant les scènes qui me faisaient peur, on répétait. Et après, il me faisait réagir par rapport à la scène, même si ça l'obligeait à se déplacer, lui. On tournait à plusieurs caméras, donc ça allait plutôt vite. Mais en même temps, ça a été un tournage très douloureux. Pour Patrick, pour Myriam, pour Alain, pour nous tous. Nous étions très touchés par le film. C'était très rude.

Mado : Tu étais là quand il s'est tapé la tête contre la voiture ?

M. T. : Oui. Pour ça, je me rappelle, il avait une technique : il se tapait la tête avec le haut du front, il disait qu'il y avait un endroit du crâne où ça ne faisait pas mal...

Mado : Et cette fin de film où vous tournez tous les deux, c'est terrible, cette fin. Tu t'en souviens ?

M. T. : Je m'en souviens. Je ne sais pas combien de temps ça a duré, mais il y avait comme une espèce d'urgence à jouer. Il y a une scène aussi, une fois qu'ils sont tous morts, dans l'escalier, Patrick et moi, on se battait. Je ne me rendais pas compte que je lui donnais de vrais coups de pied ! Et lui, il me serrait les bras très fort.

Je crois que sur ce film, il s'est fait beaucoup de mal physiquement et moralement, parce qu'il était très entier. Il y allait très fortement, très violemment... On se battait, mais on ne se rendait pas du tout compte qu'on se faisait mal. On ne s'en est aperçu qu'après... Ça nous a fait rire, mais c'est vrai que sur le moment, on était un peu... anesthésiés !

Mado : Son personnage était terrible, et en même temps drôle, par moments !

M. T. : Drôle, mais désespéré. C'était très célinien. Il l'a joué comme ça. On rit en le voyant, et après on se dit : « Mais c'est tragique ! »

Mado : Tu sais, Marie, quand je te vois jouer... je ne sais pas comment t'expliquer... tu me fais penser à lui. Tu as dû recevoir quelque chose de lui.

M. T. : C'est possible. On est tous sensible aux gens qu'on admire. On doit absorber un peu de leur substance. Mais j'ai l'impression qu'il était le seul à jouer de cette manière. Il n'y en a plus maintenant, il n'y en aura plus après. Chaque acteur a sa façon de jouer. Lui, c'était vraiment très spécial, très personnel.

Un acteur ne peut pas faire que de beaux films, mais il en a fait quand même beaucoup qui sont magnifiques. Un film que j'ai adoré, c'est *Beau-père.* Il était sublime dedans. Et aussi dans *Un mauvais fils* de Sautet. Ses yeux, on aurait dit deux soucoupes volantes. C'est comme ça qu'il les appelait. Et on ne voyait plus qu'eux. Une espèce de présence incontournable... Un regard qui demandait, qui appelait...

Mado : Votre première scène, où tu te dépouilles de ton vêtement, il te recouvre avec une telle tendresse, un tel respect...

M. T. : J'étais très gênée dans cette scène. Et il m'a beaucoup aidée. Mais je ne m'en suis même pas aperçue. C'était mon premier film, je pensais que c'était toujours comme ça, que les acteurs s'entraidaient. Plus tard, je me suis rendu compte que ce n'était pas si courant ! C'était peut-être aussi parce que j'étais une gamine. Il m'aimait bien. Mais c'est rare d'avoir des partenaires aussi présents, aussi attentifs.

Mado : Combien de temps a duré le tournage de *Série noire* ?

M. T. : Cinq semaines. À la fin, on était tous épuisés. C'est un des films les plus durs que j'aie faits. Je me souviens d'une scène où Patrick arrivait en voiture, et je l'arrêtais en me jetant sur le capot... et il me criait : « T'es folle, t'es folle ! » Dans ce film, j'ai l'impression qu'on se jetait tous dans les scènes, dans les éléments, comme des animaux. Il semblait difficile de faire autrement, parce qu'il y avait trop d'urgence. C'était un film violent. Tout était violent !

Mado : Tu l'as revu ensuite ?

M. T. : Je l'ai revu souvent. Il était content, il s'entendait bien avec moi. Quand il est parti, ça faisait six mois que je ne l'avais pas vu. J'étais dans le Midi. Ce qui est étrange avec les gens qui disparaissent, c'est une sorte d'instinct, qui fait que le jour même, on pense à la personne. Et j'avais pensé à Patrick le matin même. C'est vrai aussi que lorsque quelqu'un qu'on aime disparaît, on se remémore ce à quoi on a pensé ce jour-là. Parce que ça devient une journée plus importante que les autres. Patrick ne laissait personne indifférent. Même des gens qui ne l'avaient vu que cinq minutes.

Mado : On m'a raconté une anecdote : un jour, dans les couloirs d'une production de cinéma, Orson Welles, de passage à Paris, avait vu Patrick et avait été attiré par son regard : « Qui est ce garçon ? – Patrick Dewaere, un jeune acteur. – Prenez ses coordonnées, j'aimerais le rencontrer... »

M. T. : Pour Patrick, le jeu c'était la vie, c'était l'essentiel. Alain Corneau adorait Patrick. Tu sais, c'était vraiment un bol de tendresse, Patrick. Il touchait les gens... Il avait besoin de beaucoup de tendresse. C'est dur de parler des gens pour qui on a autant de tendresse. C'est toujours un peu douloureux... mais je sais que toi, sa mère, tu aimes bien entendre parler de lui. Lui aussi, il parlait de ses enfants. Il m'a dit : « Un jour, j'en aurai plein ! »

Patrick, c'est quelqu'un qui a profondément marqué sa génération. Il avait une sorte de révolte dont les jeunes se sentent proches, il y avait des choses qu'il n'acceptait pas. Il était très... Don Quichotte ! Il cherchait la pureté, passionnément. Profondément.

Claude Miller

Cinéaste, scénariste, producteur, réalisateur de La Meilleure Façon de marcher

> *« Il faisait partie de cette catégorie de gens à qui il faut toujours dire ce qu'on pense. Ce qu'il détestait par-dessus tout, c'étaient les faux-semblants. »*

Claude Miller : Je n'ai connu Patrick qu'un an ou deux avant *La Meilleure Façon de marcher.* J'avais eu du mal à mettre ce film sur pied. Je l'avais contacté bien avant qu'on le tourne, en 1973, je crois. Le film s'est tourné en 1975, il venait de finir *Adieu poulet.* C'était l'époque où il perçait vraiment, il commençait à être un premier rôle. Et je crois qu'il était très heureux avec Miou-Miou. C'est grâce à lui que j'ai fait *La Meilleure Façon de marcher.* On était sans un sou. Je n'arrivais pas à le monter, personne ne voulait le produire. Et Patrick, qui avait déjà fait *Les Valseuses, Adieu poulet*, et qui était connu, l'a fait pour rien.

Mado : C'est pendant votre film qu'est survenue sa séparation d'avec Miou-Miou ?

C. M. : Oui, je crois qu'ils étaient séparés au moment de sa sortie en mars 1976... On a tourné pendant l'été 1975. J'ai d'abord connu Patrick comme spectateur. J'étais assistant sur un film de Gérard Pirès, *Elle court, elle court, la banlieue.* Patrick n'était pas encore très connu. Il était au Café de la Gare et je l'avais reçu comme acteur venant faire un casting. Je ne me souviens plus – j'en ai un peu honte – s'il avait

Patrick Dewaere, Miou-Miou et leur fille Angèle en 1975,
peu avant leur séparation, que Patrick vivra très mal.

obtenu un rôle là-dedans. Il y avait Coluche, Miou-Miou, dans des petits rôles. Mais j'étais fan du Café de la Gare. Je trouvais Patrick génial, une révélation. Notamment en tigre, dans *Les Semelles de la nuit* !

Mais au moment où j'ai écrit *La Meilleure Façon de marcher*, je ne pensais à personne. Je ne voyais pas de visage précis. Une fois le scénario écrit, je me souviens que j'avais choisi Patrick en le voyant dans des essais qu'il avait faits avec Robert Enrico, pour le film *Les Caïds*, avec Juliet Berto. Patrick ne l'a pas fait mais, dans ces essais, il y avait Bouchitey et Dewaere. Je me suis dit : « C'est Patrick Dewaere qu'il me faut. » J'ai décroché mon téléphone – assez intimidé car il commençait à être connu, et moi, j'étais rien. Et ça avait l'air d'un film tellement fauché, un film d'auteur... vous savez.

Vingt-quatre heures plus tard, il m'avait rappelé, enthousiaste : « Je ne vous connais pas, mais ce scénario est formidable ! » Alors, on s'est rencontrés un après-midi, à la Coupole. Puis, il s'est passé un temps infini, presque un an et demi, car je n'arrivais pas à monter le film. Entre-temps, on était devenus amis. À l'époque, j'étais beaucoup plus timide et sauvage qu'aujourd'hui... Patrick m'intimidait beaucoup. Il intimidait d'ailleurs beaucoup de gens. C'était peut-être une façon pour lui de faciliter son rapport aux autres. Mais il a toujours été très gentil avec moi. En même temps, nous avions des caractères très différents. Il avait un côté un peu provocateur, à l'image des gens de l'école café-théâtre qui ont la parole très facile.

Mado : Vous le trouviez un peu agressif ?

C. M. : Pas forcément agressif. Il l'était avec les gens qu'il n'aimait pas. Il était très entier. Il connaissait le plus court chemin pour aller d'un endroit à un autre dans la conversation. C'était vraiment le contraire d'un faux-jeton, Patrick. Il valait mieux qu'il vous aime plutôt que le contraire. Et c'est ce que j'appréciais chez lui.

Pendant tout le tournage, on a eu des rapports excellents. Au fur et à mesure, je me rendais compte qu'il était content de moi, de ce que je lui faisais faire. Le film ressemblait à ce qu'il avait lu, et je crois que c'est ça qui lui plaisait ! Le tournage a été rapide : cinq semaines. Il était très coopératif et adorait cette ambiance de tournage un peu fauché. Après le film, on est devenus très amis. Du temps où il était encore avec Miou-Miou, on allait souvent manger chez eux, rue Saint-Martin. Il me tenait au courant de ses projets, de ce qu'il voulait faire... Je m'étais lancé dans l'adaptation d'un roman de Patricia Highsmith : *Dites-lui que je l'aime.* Je n'y voyais pas Patrick, puisque j'ai choisi Gérard. Nous étions intimes au point que je lui ai donné le bouquin à lire en lui disant : « Je pense le faire avec Gérard. » C'était un peu inconscient de ma part et, avec le recul, je me dis que c'était même cruel. Après l'avoir lu, il m'avait dit : « C'est magnifique, mais pourquoi tu me le proposes pas à moi ? » Et c'est lui qui m'a conseillé de prendre Miou-Miou pour le rôle féminin. « Elle sera formidable, tu verras. » Je n'avais même pas pensé à elle.

À l'époque, on se suivait de près. Et puis, *La Meilleure Façon de marcher* a fait un succès, ce qui a renforcé notre affection mutuelle. Il aimait le travail de cinéma, le principe de l'équipe, il s'entendait bien avec tout le monde sur le plateau. Et ce qui était très bien pour moi, c'est qu'il était devenu très copain avec Patrick Bouchitey. Ces deux-là, qui passaient leur temps à s'affronter devant la caméra, étaient incroyablement complices et blagueurs dès qu'il avaient quitté le plateau. Avec Christine Pascal, aussi.

Patrick était très positif, très battant, très meneur d'équipe ! Il aimait bien cette atmosphère d'enfants, de colonie de vacances. Ça a été un tournage heureux ! Même si son personnage avait un côté sombre, lui était complètement épanoui, costaud, pétant de santé ! Il avait emporté son punching-ball, il était plein d'énergie et de vitalité.

Mado : Aucun mauvais souvenir de lui ?

C. M. : Ah non ! Aucun ! Les mauvais souvenirs que j'ai de lui, c'est quand, beaucoup plus tard, je le revoyais de loin en loin, et que je le trouvais malheureux, ou esquinté. Et puis, ma pudeur et la sienne ont fait que je n'ai jamais voulu savoir ce qui lui arrivait, pourquoi il avait l'air si anxieux, si mal dans sa peau.

Mado : Il ne s'est jamais consolé du départ de Miou.

C. M. : C'est bien possible. Mais moi, je n'ai jamais eu le moindre affrontement avec Patrick. Quand on se voyait, il était toujours chaleureux et tendre. Quand *La Meilleure Façon de marcher* est passé à la télé pour la première fois, il m'a appelé le lendemain pour me dire qu'il avait adoré le film. Avec l'espoir qu'on en refasse un, « un de ces quatre ».

Je n'ai pas refait de film avec Patrick. Mais vous savez, je n'ai pas fait beaucoup de films. Dans *Garde à vue*, il n'avait pas sa place. Dans *Mortelle randonnée* non plus. Il devait y avoir un film qui s'appelait *La Java*, où il y aurait eu Gérard, Miou-Miou et Patrick.

Mado : L'équipe des *Valseuses*...

C. M. : Sauf qu'il y avait plein de rôles en plus. C'était un film d'époque 1900. Rien à voir avec *Les Valseuses*. Ils étaient d'accord tous les trois. Et puis, on n'a pas pu le monter. Trop cher. Mais il est certain que s'il n'était pas arrivé ce malheur à Patrick, on aurait à nouveau tourné ensemble. Je ne demandais que ça.

Mado : Vous étiez venu sur le tournage d'un film avec Patrick, *Plein Sud*, où j'avais un tout petit rôle.

C. M. : C'était le film de Luc Béraud, mon meilleur ami. J'avais écrit le script avec lui. À ce moment-là, il était bien, Patrick. Il aimait bien le film de Luc.

Il y avait une différence quand je le voyais sur un tournage, et quand je le croisais comme ça, dans un bistrot. Je me disais : « Il n'est pas heureux, il y a quelque chose qui ne va pas... » Mais Patrick, ce n'était pas le genre de type à qui on pouvait dire : « Dis donc, toi, ça n'a pas l'air d'aller. » Ça ne lui plaisait pas du tout qu'on lui dise ça. Ça le piquait au vif, sûrement. Alors, je ne lui faisais pas sentir que je devinais son malaise. Mais ça se voyait, et il s'amenuisait, physiquement...

Mado : Comparer son visage dans *La Meilleure Façon de marcher* et dans *Hôtel des Amériques*, par exemple, c'est effrayant !

C. M. : Oui, c'est exactement ça... Mais ça n'enlevait rien à l'acteur. L'homme était amoindri, pas l'acteur. En tant qu'acteur, il s'investissait totalement. À l'époque de *La Meilleure Façon de marcher*, il passait insensiblement du Patrick d'avant le moteur au personnage d'après le moteur. Après, il avait du mal à s'en détacher. Je l'ai vu, c'est le principe de tous les grands. Depardieu est comme ça aussi. Les rôles les bouffent, c'est sûr. Mais je ne crois pas que ce soit ça qui ait fait son malheur, à Patrick. C'est sa vie. Il n'était jamais aussi bien que lorsqu'il tournait. Même si c'était un rôle pénible, ou cruel. C'est vrai, ce type de rôle lui collait à la peau. Mais on ne meurt pas de ça.

Mado : De quoi pensez-vous qu'il est mort ?

C. M. : Je ne sais pas, je ne veux pas dire des choses qui risquent de vous blesser...

Mado : Oh, rien ne peut me blesser. Je suis à sa recherche : une mère peut et doit tout entendre.

C. M. : J'ai des espèces de convictions... mais qui ne s'appuient sur aucune certitude. Je pense, sans y mettre la moindre connotation morale, que Patrick a touché à des choses auxquelles il n'aurait jamais dû toucher. Mais les gens mènent leur vie comme ils l'entendent. Il a lutté contre ces choses, bien sûr. Et au moment du film de Lelouch, par rapport à ce rôle de Cerdan, où il avait une énergie physique à dépenser, il a voulu stopper tout ça pour être à la hauteur. Enfin, je dis ça, c'est peut-être des conneries, hein, Mado ! Mais c'est ce que je crois : il y a des phénomènes terribles, des pulsions suicidaires dans ces cas-là.

Mado : Je ne voulais pas admettre ces histoires de drogue... Mais je lui en ai parlé au moment où il tournait *Beau-père*. Il m'a dit : « Je suis en train de m'en sortir, t'inquiète pas, maman. » On a exagéré avec ça après sa mort. Moi, je crois qu'au moment où c'est arrivé, il n'avait pas envie de se donner la mort. Je crois que c'était un coup de colère. Vous avez remarqué qu'il était violent ?

C. M. : Bien sûr que je l'ai remarqué ! Terriblement violent, même. Et impulsif. Il se mettait en pétard pour un rien, comme ça. Un copain lui avait dit quelque chose qui ne lui plaisait pas, et il l'avait pris en grippe. Il l'a assaisonné verbalement, avec une violence incroyable ! Le pauvre gars était effondré. Parce que vous, vous liez son suicide à sa violence ?

Mado : Oui, pour moi, c'est une espèce d'accident, un coup de colère, de rage. S'il n'avait pas eu sous la main cette carabine 22 long rifle, ce ne serait pas arrivé, ce jour-là, du moins. Cette arme, c'était Coluche qui la lui avait donnée pour qu'il « se marre » à faire des cartons dans sa cave !

Vous me disiez tout à l'heure qu'il vous intimidait. Moi aussi, il m'intimidait. Sauf quand nous étions tous les deux. Là, il était adorable et tendre.

C. M. : C'est vrai qu'il était beaucoup plus praticable entre « quat'z-yeux » qu'en société. Une fois qu'on l'avait compris, c'était quelqu'un qui vous facilitait la vie. Mais il faisait partie de cette catégorie de gens à qui il faut toujours dire ce qu'on pense. Et il sentait tout de suite ce qui était

Patrick Dewaere et Coluche sont restés très proches après leur rencontre au Café de la Gare. Ils ont passé plusieurs vacances ensemble en Guadeloupe, où Coluche lui avait fait construire un bungalow.
C'est avec la carabine 22 long rifle qu'il lui avait offerte que Patrick se suicidera.

parole de convention. Moi, ça m'allait très bien, parce que j'aime les rapports simples avec les gens. Ce n'est pas parce qu'on fait du cinéma et qu'on est artiste, qu'il faut emberlificoter les choses. Quand on ne savait pas, il fallait lui dire : « Je ne sais pas. » Et quand on savait, lui dire : « Je sais. » Mais c'est valable aussi dans la vie. Patrick ne supportait pas l'hypocrisie. C'est vrai qu'il a dû être parfois injuste. Quand on est trop entier, trop intransigeant, et avec cette violence de caractère...

Pourtant, il était indulgent envers ce que j'appelle les faiblesses humaines : les défauts des gens, leurs vices... Ce qu'il n'aimait pas, c'étaient les faux-semblants, les conventions, les gens qui se prennent au sérieux. Et puis, il avait mauvais caractère, il était soupe au lait, cabochard...

Comme beaucoup d'acteurs, il était féminin au mauvais sens du terme, c'est-à-dire qu'il avait une espèce de sensibilité féminine... Il aimait plaire à son metteur en scène, sans connotation sexuelle, bien sûr. Quand il avait compris qu'il l'avait séduit, il était très heureux. Et il savait comment faire. Il avait ce sourire tellement adorable...

Mado : Il avait aimé la fin de *La Meilleure Façon de marcher* ?

C. M. : Je n'en suis pas sûr. En plus, on l'avait tournée au début, le premier jour. Elle avait été transformée quelques jours plus tôt, à la demande des producteurs qui n'aimaient pas trop celle que j'avais écrite. Je sais qu'elle est un peu raide, sèche, mais elle veut bien dire ce que je voulais dire. Je sais que Patrick s'inquiétait un peu de cette scène, il la trouvait trop amère. Mais lorsqu'il a revu le film plus tard, il n'était plus gêné par la fin.

Mado : C'est un personnage dur, je ne l'ai pas aimé tout de suite. Il me choquait.

C. M. : Mais il n'est pas aimable. Si vous aviez lu le scénario, il était pire. Antipathique, fascisant, intolérant, vénéneux. Patrick l'avait très bien compris, et l'acceptait. Il lui a ajouté sa santé physique, il lui a donné beaucoup plus d'ambiguïté qu'il n'y en avait sur le papier, où c'était un personnage négatif. Par son incarnation, Patrick lui a apporté une marge trouble, qui a conféré au personnage qu'il incarnait une espèce d'incertitude par rapport au problème que lui posait celui joué par Bouchitey. D'ailleurs, ma sympathie allait beaucoup plus au personnage de Bouchitey qu'à celui de Patrick. Et celui-ci en était conscient. Un type qui, dans la vie, aurait eu cette attitude d'intolérance à l'égard de l'homosexualité, lui non plus ne l'aurait pas aimé. Mais il l'avait accepté parce qu'il avait tendance à dire que les rôles de salauds étaient bien plus intéressants que les rôles ultrapositifs.

Mais c'était une sorte de salaud magnifique, et Patrick l'a enrichi de choses moins tranchées que dans le scénario, et c'était bien meilleur pour le personnage. Parce que la vie n'est jamais ni blanche ni noire. C'est ce qu'il aimait dans *La Meilleure Façon de marcher*, qui a été l'une des plus belles étapes de sa carrière. De la mienne, aussi. Pour moi, c'était le démarrage.

Mado : Ce que je trouve triste, c'est qu'il n'ait jamais été récompensé. Il disait : « Je m'en fous », mais ce n'était pas vrai.

C. M. : Non, parce qu'il avait un grand orgueil professionnel. On est tous orgueilleux. Sinon, on ne ferait pas ce métier. On aime bien entendre : « C'est bien, ce que vous faites. » C'est vrai qu'il n'a pas été gratifié à sa juste valeur.

Mado : C'est bon de vous entendre. Vous m'aidez à le comprendre. Vous le connaissiez mieux que sa propre mère, hélas !

C. M. : Je n'en ai qu'une partie, la partie émergée de l'iceberg, comme on dit. C'était une relation d'amitié, mais en même temps, il y a eu ce tournant de sa vie. L'amitié était toujours là, seulement, il était parti sur d'autres voies, et là, il devenait lointain. Il ne voyait plus grand monde.

Yves Boisset

Cinéaste, scénariste, réalisateur du Juge Fayard, dit « le shérif » *et de* La Clé sur la porte

« Pour ceux qui lui avaient craché à la figure pendant un bon moment, il est devenu saint Patrick Dewaere. Ils auraient mieux fait de le dire avant ! »

Yves Boisset : Patrick était tellement attachant, même dans ses excès, ses outrances, qu'il marquait réellement les moments qu'on passait avec lui. Quand je vais dans un endroit où l'on avait l'habitude d'aller ensemble, chaque table, chaque chaise est liée à un souvenir de lui... Je vais de temps en temps au Sénégal. On y était allés ensemble une dizaine de jours, vers 1980. C'était à une période agréable de sa vie, on était coupés de toutes les pressions. Il était seul, moi aussi. On allait se promener en brousse, on nageait. Quand j'y retourne, Patrick est partout. C'est un peu paradoxal, mais pour moi, le Sénégal, c'est Patrick.

On s'est beaucoup baladés, et on avait eu deux jolies histoires d'amour avec des filles en vacances. J'ai vécu avec l'une d'elles pendant quatre ans. Patrick était persuadé que c'était une fille pour moi, alors il avait joué les Cupidon, pour nous rapprocher...

Mado : Comment l'avez-vous connu ?

Y. B. : Je l'ai connu bien avant 1968 : il s'appelait encore Patrick Maurin. J'étais assistant sur *Paris brûle-t-il ?*. Je m'occupais du casting. Il jouait l'un des garçons qui étaient fusillés dans le bois de Boulogne. Il devait avoir seize ou dix-sept ans.

Mado : À l'époque, il ne voulait pas devenir comédien, mais médecin.

Y. B. : Absolument. On avait sympathisé. Son rôle était aux frontières de la figuration. Mais je me souviens d'une chose : les Allemands les faisaient descendre des camions et les poursuivaient à coups de mitraillette, comme cela s'est passé dans la réalité. Il y avait vingt-cinq ou trente garçons dans trois camions qui jouaient leur truc avec plus ou moins de fougue. Ce qui m'avait frappé, c'est que Patrick le jouait comme si sa propre vie en dépendait. Il s'accrochait aux ridelles du camion, comme si on allait vraiment le fusiller dans l'instant d'après.

Mado : C'était déjà sa conception du métier. La première fois que je m'en suis rendu compte, c'est dans une scène du *Juge Fayard*. Il traverse un couloir, fou de rage. Ses joues sont creusées, il est verdâtre. Ce jour-là, j'ai compris qu'il ne jouait pas, mais qu'il vivait la scène, et je me suis dit : « Mon Dieu, il est en danger... »

Y. B. : On a eu des moments difficiles sur ce film. Les autorisations de tournage au palais de justice d'Aix-en-Provence avaient été dures à obtenir. Le premier procureur nous avait prévenus : « Au moindre incident, je vous vire. » On tournait toute la journée. Il y avait à l'extérieur une sorte de cantine. Le premier jour, les techniciens apportent des sandwiches et des canettes de bière à l'intérieur du palais. Le procureur me convoque : « Je vous avais demandé un peu de correction. On ne mange pas dans un palais de justice. – Excusez-moi, je vais le dire à tout le monde. »

Patrick, qui n'avait ni faim ni soif, revient alors avec un énorme sandwich, une canette et s'assoit, par pure provocation, sur le grand escalier d'honneur ! Je vais le voir : « Écoute, arrête, on va se faire virer ! – J't'emmerde ! Je m'en fous, moi ! – Enfin, merde, tu risques de bousiller le

Au début des années 1960, Patrick songeait à exercer une profession médicale.

film ! – J'en ai rien à branler. » À ce moment, passe une jeune femme en robe d'avocat. Il prend sa bouteille, et pour m'emmerder moi, il lui dit : « Alors, on n'a pas le droit de boire dans votre taule ? » Très BCBG, la fille lui sort une réflexion désagréable, à laquelle il rétorque : « Ah bon... Eh ben, si j'ai pas le droit de boire ma canette, je te la fous dans le cul ! » Et il lui met littéralement la bière entre les fesses !

Mado : Oh, c'est pas vrai !

Y. B. : On interrompt le tournage... Je dis à Patrick : « Mais t'es complètement cinglé, qu'est-ce que tu cherches ? – Je cherche à t'emmerder. D'ailleurs, ça fait un moment que j'ai envie de te casser la gueule ! »

Tout ça devant toute l'équipe. C'était dramatique. Mon autorité contestée devant quarante personnes, etc. Alors, il dit : « Sors, on va régler ça. » Personne n'osait suivre. On va derrière les camions. Il commence à me donner un coup de poing ; je le lui rends. À ce moment-là, il éclate de rire, m'embrasse sur la bouche et me lance : « Au moins, maintenant, on est copains ! »

C'était une provocation, pour voir jusqu'où je pouvais aller, dans quelle mesure on était de la même famille. Par la suite, je n'ai plus jamais eu le moindre incident. J'aurais pu lui demander n'importe quoi, il l'aurait fait. Mais il était très particulier sur ce genre de choses. Il avait des gestes extrêmement touchants, bouleversants même, mais qu'il s'ingéniait toujours à rendre odieux... Parce que même pour un empire, il n'aurait pas pu être tout simplement gentil.

Par exemple, nous étions passés un jour devant une librairie, et j'avais évoqué distraitement un livre américain sur le cinéma qui était introuvable. Un mois plus tard, il débarque chez moi à onze heures du soir, sans s'être annoncé, et, sur le palier, il me dit d'un ton agressif : « Tiens, j'ai trouvé ça. Je me suis dit que je connaissais un seul type assez con que ça puisse intéresser... » Il m'a laissé le paquet dans les mains et il est parti. C'était le livre dont je lui avais parlé. Il avait dû passer des heures dans des librairies spécialisées, je ne l'avais même pas trouvé à Londres ! Ç'aurait été trop simple de dire : « Tiens, pour te faire plaisir ! »

Mado : C'est merveilleux ce que vous me dites, car il était pareil avec moi...

Y. B. : Avec les gens qu'il aimait, oui. C'était ça, Patrick : une grande tendresse dissimulée derrière cette agressivité, et une grande pudeur. Par exemple, il disait qu'étaler ses sentiments, c'était vulgaire. Il pouvait mettre la main aux fesses d'une fille qui passait, mais embrasser une fille qu'il aimait devant des gens, jamais il ne l'aurait fait.

Le tournage du *Juge Fayard* a été formidable, mais il souffrait beaucoup à ce moment-là.

Mado : Oui, c'était juste après *F... comme Fairbanks*, au moment où Miou et lui se quittaient. Elle avait rencontré

Julien Clerc sur le tournage du film *D'amour et d'eau fraîche.* J'ai eu tant de peine. Je les adorais, tous les deux.

Y. B. : Un soir, à Saint-Étienne, j'avais été obligé d'aller dîner chez le maire, et j'avais jugé préférable de ne pas emmener Patrick. C'était Durafour, ministre de l'Industrie à l'époque. Ce repas était vraiment important, car le film était assez compliqué sur le plan diplomatique. Je rentre vers minuit. J'avais demandé aux autres de me laisser un mot à la réception s'ils voulaient que l'on se retrouve pour boire un verre après. On m'indique où ils sont allés. Sur la route, j'aperçois le long d'un mur une ombre qui arrachait des affiches. Julien Clerc venait chanter à Saint-Étienne huit jours après notre départ, et il y avait des affiches de lui partout dans la ville. Je regarde ce type perché sur une borne qui les mettait toutes en lambeaux, et je me dis : « C'est un fou ! » Puis, en m'approchant avec la voiture, je m'aperçois que c'est Patrick ! J'ai hésité, puis je suis parti, me disant qu'il n'aurait pas aimé que je le surprenne en train de faire ça. Il devait être terriblement malheureux...

J'ai fait le tour du pâté de maisons, je me suis caché au coin d'une rue d'où je le voyais sans qu'il puisse me voir, et quand il a eu fini de déchirer les affiches, il est reparti à pied. Peut-être en chercher d'autres, je ne sais pas... À ce moment-là, je me suis montré et j'ai dit : « Tiens, qu'est-ce que tu fais là ? – Rien, je me balade... » Je ne lui ai jamais dit que j'avais tout vu.

Mado : J'ai un souvenir de vous au Café de la Gare avec Patrick. Vous deviez partir tourner en Italie huit jours plus tard.

Y. B. : Oui, on devait tourner un film qui ne s'est jamais fait : *L'Assassinat du pape.* On avait fêté l'anniversaire de Patrick au Café de la Gare, et j'étais arrivé très tard. Je n'avais pas faim du tout, il a insisté et m'a forcé à manger un morceau de gâteau glacé. Quand je suis rentré vers trois heures du matin, j'ai été pris de douleurs épouvantables au ventre. Le lendemain, on m'a transporté à la clinique :

j'avais une péritonite, il a fallu m'opérer tout de suite. Patrick ayant téléphoné le soir chez moi, ma femme lui a expliqué. Il s'est écrié : « C'est pas la glace, quand même ! » Il est venu me voir dès le lendemain, persuadé qu'il était responsable de ma péritonite. Je lui ai dit : « Écoute, ne nous emmerde pas avec ta glace ! » Il en faisait une maladie. Il m'a carrément empoisonné la vie avec cette histoire, en soutenant mordicus qu'il avait failli me tuer !

Mado : Vous êtes l'un des plus vieux amis de Patrick, vous l'avez connu à dix-sept ans.

Y. B. : On s'est perdus de vue pendant longtemps. À partir du *Juge Fayard*, on ne s'est plus guère quittés.

Il y a une chose que je voudrais dire aussi. Comme je connaissais bien Patrick, je savais à quel point ses rôles pouvaient influencer sa vie. Alors, je m'étais juré de ne lui faire jouer que des rôles positifs. Lui faire jouer un loser, c'était pour moi presque une mauvaise action. Il s'identifiait tellement au personnage.

Tous ceux qui ont travaillé avec nous pourront vous le dire : il a toujours fini les films qu'on a faits ensemble dans une forme éblouissante. Parce que s'il jouait un personnage positif et gagnant, il devenait positif et gagnant. S'il jouait un personnage négatif et perdant, il devenait négatif et perdant. Je lui avais dit qu'il était complètement fou de s'enfermer dans ces personnages-là. Il se perdait lui-même.

Mado : Je l'ai beaucoup aimé dans *La Clé sur la porte.*

Y. B. : Ah, oui ! C'était un romantique. Finalement, Patrick était passionnément romantique. Dans ce film, il jouait un personnage très sain, complètement positif, et ça s'était passé à merveille. À la fin, on est tous partis à la mer chez Annie Girardot. Il nageait pendant des heures. Il était bronzé, il était beau comme un dieu.

Mado : Vous l'avez vu jusqu'au bout ?

Y. B. : Je l'ai revu une huitaine de jours avant sa mort.

Mado : Est-ce qu'il vous a donné l'impression d'avoir envie de... partir ?

Y. B. : Qu'il ait eu envie de mourir, je ne crois pas. Une fatigue et une exaspération de vivre, ça oui, j'en suis sûr. Il avait une accumulation de problèmes : histoires d'impôts, dettes énormes, ennuis de santé, sans compter certains aspects de sa vie privée, qui lui étaient devenus insupportables.

Le problème de Patrick, c'est peut-être qu'il n'a pas su s'entourer... Je le voyais suffisamment pour comprendre qu'il n'avait pas énormément de vrais copains, à qui il pouvait dire : « Je vais pas bien » ou « Je peux venir ? ». C'est dommage.

Mado : Sotha est la seule femme dans la vie de Patrick qui ne l'a jamais fait souffrir. Elle est demeurée jusqu'au bout son amie la plus fidèle.

Y. B. : Ah, oui ! Sotha, absolument. Mais enfin, la femme de sa vie, c'était Miou ! Et c'est vrai aussi de Miou : Patrick restera jusqu'à la fin des temps l'homme de sa vie. Pendant les quatre années qui ont suivi la mort de Patrick, elle m'appelait. Et j'ai passé deux nuits anniversaires avec Miou sanglotant dans mes bras.

Mado : Miou ! Je l'aime comme ma fille ! Elle est la maman d'Angèle. Elle est un peu ma fille... *(Silence.)*

Y. B. : Patrick, c'est probablement le plus grand acteur de sa génération. Et comme toujours dans ces cas-là, pour ceux qui lui avaient craché à la figure pendant un bon moment, il est devenu saint Patrick Dewaere. Ils auraient mieux fait de le dire avant !

Avec lui, il y a un morceau de ma vie qui est parti.

Patrick à l'âge de neuf ans.

V

Sur les planches

Ce théâtre, qui aura été le grand amour de toute ma vie, ce théâtre qui t'aurait sauvé, j'en suis sûre, je continue à le vivre depuis ton départ.

C'est vrai que vous tous, mes enfants, vous avez été des enfants du spectacle. Quels que soient les jugements qu'on ait pu porter sur moi, sur ma responsabilité à cet égard, je n'en ai vraiment aucun remords. Je sais bien qu'en vous donnant la vie, je ne pouvais que vous la transmettre, cette passion.

Ma vocation aurait peut-être pu me rendre idolâtre de ce dieu théâtre envahissant, mais j'ai eu la chance d'être protégée par une autre passion : la foi en ce Dieu qui m'a créée ainsi, et qui m'accompagne de sa tendresse et de son amour. Alors, si mes enfants m'ont parfois reproché de les avoir conduits sur ce chemin, je les trouve un peu injustes, car ils en étaient heureux. Les enfants sont des acteurs nés, ils « jouent à jouer », et je crois bien que les acteurs, les vrais, restent toujours un peu des enfants qui gardent jusqu'au bout de leur vie une étonnante et mystérieuse jeunesse.

Les « petits Maurin » : on vous appelait ainsi, et moi, je n'étais plus que « la mère des Maurin ». Oui, moi, Mado Maurin, pendant de longues années, j'ai cessé d'exister, malgré ce feu qui continuait à couver au fond de moi,

De gauche à droite, Jean-Pierre, Yves-Marie, Patrick et Dominique, fin des années 1950. Les « petits Maurin », enfants de la balle, tous devenus comédiens à l'instar de leur mère.

comme une blessure inguérissable. Cette douleur-là, cette sorte d'injustice, personne ne l'avait jamais soupçonnée.

Alors, ma consolation, mon émerveillement, c'était de voir chacun de vous sur ces bouts de planches, de vous admirer l'un ou l'autre, tour à tour, d'être fière de vous. Je vous enviais aussi, mes chéris, en ramassant les miettes de votre festin.

Les souvenirs de Patrick débutant me reviennent par centaines. Je le revois, si petit dans *Primerose*, avec moi à Chaillot. Sa première réplique : « J'ai froid ! » Puis, presque en même temps, dans le film *Monsieur Fabre*, avec ses frères Jean-Pierre et Yves-Marie, aux côtés de Pierre Fresnay. Un merveilleux petit bonhomme de quatre ans aux doux cheveux bouclés, aux immenses yeux noirs, toisant le grand comédien du haut de sa taille minuscule, et déclarant avec assurance : « Trop petit pour être *son* papa ! » Tu étais si drôle, mon chéri !

En 1952, avec ton frère Yves-Marie, vous étiez les deux petits garçons de Danièle Delorme dans *Maison de poupée* à la Comédie Caumartin, et un an plus tard, vous vous retrouviez tous les deux aux Mathurins dans *L'Homme qui a perdu son ombre.* En janvier 1956, une pièce bouleversante : *Procès de famille*, de Diego Fabri, au Théâtre de l'Œuvre. L'histoire d'un petit garçon déchiré entre trois couples qui se le disputent, avec Judith Magre, Bernard Noël, Jean-Marie Amato, Danièle Condamin. François Darbon et Lila Kedrova incarnaient tes parents adoptifs. Au paroxysme de ce drame, celle-ci te giflait. Fou de douleur, tu te précipitais dans la cage de l'ascenseur.

Je songe avec tristesse aux tragiques destins de quelques-uns des interprètes : Bernard Noël, mort trop tôt, Jean-Marie Amato, suicidé. Quant à Danièle Condamin, elle a quitté le monde en entrant au couvent.

Enfin, au mois de novembre de la même année, commence la belle aventure de *Misère et Noblesse*, d'Eduardo Scarpetta, montée par Jacques Fabbri et sa compagnie pour l'inauguration du Théâtre d'aujourd'hui à l'Alliance française, avec Arlette Gilbert, Gabriel Jabbour, Jacqueline Rouillard, André Gilles, André Weber, Rosy Varte, Paulette Frantz, Julien Guiomar, Jacques Fabbri... Puis, Claude Piéplu, engagé le même jour que toi !

Tu avais neuf ans, et tu jouais Pepeniello, un petit garçon tiraillé entre deux familles. Encore une fois, quel destin étrange ! Quels signes, ces histoires qui ressemblaient un peu à la tienne.

Tu étais si beau dans tes haillons de misère, sous ton grand chapeau de paille, avec ce lumineux visage d'enfant, fixé pour toujours en photo par le regard de Liliane de Kermadec. Cher petit Pepeniello, il y a si longtemps, et pourtant j'entends encore ta jolie voix criant à tue-tête :

En 1951, Patrick (à droite) a quatre ans. Il tourne *Monsieur Fabre*, son premier film, avec Pierre Fresnay.

« Vincienzo, c'est mon père à moi ! » Pendant que nous tournions ensemble un épisode de la série *Maguy*, Rosy Varte évoqua ce souvenir : « Cette pièce a obtenu un succès énorme. C'est loin, mais je me souviens bien de Patrick. Il était habillé comme un clochard, qu'il était mignon ! Et si gentil ! On l'adorait tous, y compris Fabbri, même s'il l'avait un peu bousculé aux répétitions, en lui lâchant : "Tu ne vas pas bafouiller, dis donc !" Alors, le pauvre, ça l'avait bloqué. Il avait un trac fou. En entrant en scène, il avait une phrase assez compliquée, une histoire de pizza, alors il butait à chaque fois sur un mot, il bégayait, et tous les soirs, Fabbri le menaçait : "Attention, hein ? Si jamais tu bafouilles encore une fois, tu reçois mon pied au cul !" Ça le terrifiait encore plus ! Il bredouillait de plus belle, et en sortant, il se jetait dans mes bras. Je l'arrachais vite du regard effrayant

En 1952, Patrick (à droite) et son frère Yves-Marie incarnent les enfants de Danièle Delorme (à gauche) dans *Maison de poupée* à la Comédie Caumartin.

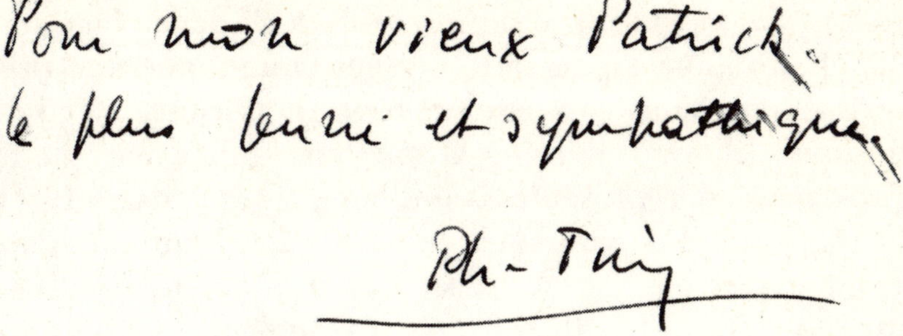

« Pour mon vieux Patrick, le plus jeune et sympathique. » Clin d'œil de Jacques Fabbri (à droite sur la photo ci-contre) qui le dirigea et fut son partenaire dans la pièce *Misère et Noblesse* en 1956.

de Fabbri et je le rassurais : “Tu as été formidable. Tu sais, c'est pas grave, je t'assure. Moi, je n'ai pas entendu que tu bafouillais. Je te jure : tu as été très bien.” Et je le consolais, je le berçais... Il était tellement adorable. »

En 1958, une autre expérience théâtrale, que tu as encore partagée avec Yves-Marie, mais en alternance cette fois, au Cirque d'Hiver : *Jimmy Boy et Davy Crockett.* Vous montiez à cheval, et jouiez « pour de vrai » aux cow-boys et aux Indiens. Dans ce décor, tu avais l'air minuscule sur ton destrier !

En 1959, à la Madeleine, tu jouas *Mon père avait raison*, de Sacha Guitry, aux côtés d'André Luguet. Et pendant les grandes vacances de 1960, tu fis un beau voyage dont tu allais garder un joyeux souvenir : le tournage d'un feuilleton de Robert Guez et Bernard Hecht, *La Déesse d'or*, dans un ravissant village des Alpes-Maritimes, Saint-Cézaire-sur-Siagne. Je sais que ses habitants ne t'ont pas oublié.

Aujourd'hui, retrouver sur une vieille cassette le petit garçon que tu étais, avec cette voix d'enfant presque féminine, combien c'est émouvant pour moi... Tu avais regagné Royan pour la fin des vacances. Je te revois sur la plage de Pontaillac, descendant l'escalier en tenant la main d'une gracieuse fillette brune, Martine. Ton premier flirt, peut-être. On vous avait surnommés « les fiancés de la plage ».

Quelques années plus tard, il y eut Dominique, ton premier amour... Vous vous étiez connus adolescents, au cours Hattemer. Elle m'a livré voilà quelques années ce que tu représentais, et représenteras toujours, à ses yeux : « Il y a des mots qui me viennent comme ça, instantanément, lorsque je pense à Patrick : réservé, pur, honnête, droit... et entier. À l'époque, galvanisé par sa puissante volonté de réussir, il parlait surtout de théâtre. Pour lui, le plus beau des arts dramatiques, c'était le théâtre. Il voulait absolument faire ce métier, mais il ne savait pas comment. Il changeait et il avait l'impression de ne pas pouvoir m'en parler, que c'était quelque chose que je ne pourrais pas admettre. Alors, il voulait le cacher à n'importe quel prix. Il refusait obstinément la compromission. Il y avait une vraie réserve chez Patrick, un autre langage... Mais je crois qu'il se laissait emporter par ses sentiments. Aussi bien des sentiments d'amour que des sentiments de douleur... »

Un dernier mot de Dominique m'a beaucoup émue. Je lui ai demandé en partant : « Alors, tu vis toujours seule ? – Oui. Mais ce n'est pas grave, c'est bien comme ça. Parce que pendant ces deux années où j'ai vécu aux côtés de Patrick, j'ai connu un tel bonheur, une telle lumière, une telle plénitude, que, finalement, cela doit me suffire pour toute ma vie... »

Je crois, mon Patrick, que tu as laissé dans le cœur de toutes celles qui ont traversé ta vie une immense fidélité d'amour.

VI

De Patrick Maurin à Patrick Dewaere

En 1961, tu reprends au Châtelet le rôle de Piccolo dans *L'Auberge du Cheval Blanc.* Mais je laisse au comédien et ami Bernard Lavalette le soin d'en raconter l'histoire :

« Pour cette reprise au Châtelet, Maurice Lehmann m'avait confié le rôle de Léopold, le maître d'hôtel amoureux, sorte de Figaro en habit d'opérette moderne. On se souvient peut-être que le livret flanque Léopold d'un jeune partenaire enfant, Piccolo, en habit lui aussi, diablotin insolent et affectueux. Dans ce rôle, Dominique, le frère de Patrick : il a douze ans, et le couple comique et attendri qu'il forme avec Léopold fonctionne à merveille.

« Et voilà qu'à la centième représentation, Jean Le Poulain met en scène *De doux dingues* au Théâtre Édouard-VII, avec Suzanne Flon. Il a besoin de la jeune personnalité de Dominique. Maurice Lehmann accepte son départ et, pour le remplacer, engage Patrick, son aîné. Patrick Maurin a quatorze ans. Il est grand, fin, joli garçon. Une ombre – pas plus – de moustache indique sa jeune maturité.

« D'autres rapports scéniques s'établissent entre le nouveau Piccolo et Léopold. Une complicité de théâtre entre deux hommes : un adulte et un petit "jeune premier". Le tandem en habit perd un peu de comique, mais gagne largement en charme. Car Patrick, en Piccolo II, est simplement délicieux. D'emblée, il plaît au public... et aux filles !

À l'âge de quinze ans, Patrick connaît ses premiers émois amoureux.

« Avec le recul, je me rappelle cette très jeune danseuse du ballet qui me déclare tout à trac : “Il me plaît bien, votre Piccolo !” Hilare, j'informe aussitôt Patrick de cette fraîche déclaration. Il rougit, mon Patrick tout neuf ! Avouerais-je mon rôle fraternel dans l'éveil de Patrick à la virilité ? J'ai fait les présentations... le destin a fait le reste. Quand arriva la 450e et dernière représentation, on se dit au revoir, et à bientôt.

« Patrick Maurin se transforma peu à peu en Patrick Dewaere et, sans le revoir jamais, hélas, je n'eus plus qu'à suivre de loin la fulgurante carrière de celui qui avait été, des mois durant, mon charmant et charmeur Piccolo II au théâtre du Châtelet. »

En 1962, Louis Ducreux t'engage à l'Opéra de Marseille, pour être le petit Innocent de *L'Arlésienne*, avec Fernand Sardou, Balpêtré, Madeleine Sylvain, Pierre Michaël. Nous étions tous les deux là-bas, et ce souvenir tient une bien grande place dans mon cœur. Cette pièce et ce rôle, tu les retrouves au côté de Joséphine Baker, dans son château des Milandes et à l'Olympia de Paris. De façon assez inattendue, elle avait voulu interpréter le rôle de Rose Mamaï.

Les années passent, tu deviens un beau jeune homme. Bientôt seize ans. Par deux fois, au cours de l'année 1963, Mme Harry Baur t'engage pour deux spectacles au Théâtre des Mathurins. Le premier, en l'honneur de Jean Schlumberger, compagnon de Louis Jouvet, Jacques Copeau, etc. Trois pièces, trois rôles, dont, avec Armand Mestral, *Les Yeux de dix-huit ans*.

« J'étais, raconte Armand Mestral, un industriel qui n'avait plus que quelques minutes à vivre. La barque de Caron attendait mon passage et je voyais défiler tous les événements de ma vie. Patrick incarnait mon personnage dans sa pleine jeunesse. Un immense cadre, figurant un miroir, nous séparait. En lui parlant, je me parlais, et lui me faisait de gros reproches, expliquant combien j'avais trahi les

En 1961, Patrick remplace son frère Dominique au pied levé et devient Piccolo dans *L'Auberge du Cheval Blanc*, au théâtre du Châtelet.

rêves et les espoirs de mes dix-huit ans. Il était magnifiquement beau et vrai. La pièce, qui durait une trentaine de minutes, était très émouvante... »

Le second spectacle était consacré à Henry de Montherlant. Une reprise du *Fils de personne,* dans lequel jouait ton frère Dominique, et surtout plus d'une heure de *La Ville dont le prince est un enfant.* Tu interprétais Sevrais, un personnage difficile, qui restera gravé dans ta mémoire. Ton jeu te valut ces lignes manuscrites d'Henry de Montherlant dans le livre d'or de notre famille :

« Mon cher Patrick Maurin, je vous ai déjà fait bien des compliments, parlés, et imprimés. Pour vos dix-sept ans d'aujourd'hui, je vous dis que je ne pourrai jamais évoquer Sevrais sans le voir avec votre visage et votre silhouette. » (Henry de Montherlant, 25 janvier 1964.)

En 1965, au Théâtre Édouard-VII, Jean Le Poulain te fait jouer *Les Filles* de Jean Marsan. Tout en poursuivant tes études, tu étais entré au cours Raymond-Girard avec tes frères Jean-Pierre, Yves-Marie et Dominique. Présentés au Conservatoire, Jean-Pierre et Dominique furent reçus. Yves-Marie et toi, recalés !

Ta rencontre avec Jean-Paul Carrère, en 1964, t'ouvrit grand les portes de la télévision : *Les Hauts de Hurlevent, Jean de la Tour Miracle.* C'est là que, dans un désir d'affranchissement plus complet, tu pris le nom de secondes noces de ma grand-mère paternelle. Tu devins Patrick Dewaere... et mon bel oiseau aux yeux sombres s'envola vers la vie, vers sa vie.

Un jour, en passant devant une vitrine, je vois une chemise de soie blanche... et les souvenirs affluent... Tu avais vingt ans. Debout, devant la glace de ma chambre, tu achevais de t'habiller. Marie et Jean-François t'admiraient, fascinés par leur grand frère. Je fixais le nœud papillon au col de ta chemise de soie blanche. Que tu étais beau dans ton costume de velours bleu nuit ! Tu partais rejoindre la fête du faubourg Saint-Honoré où, dans chaque magasin,

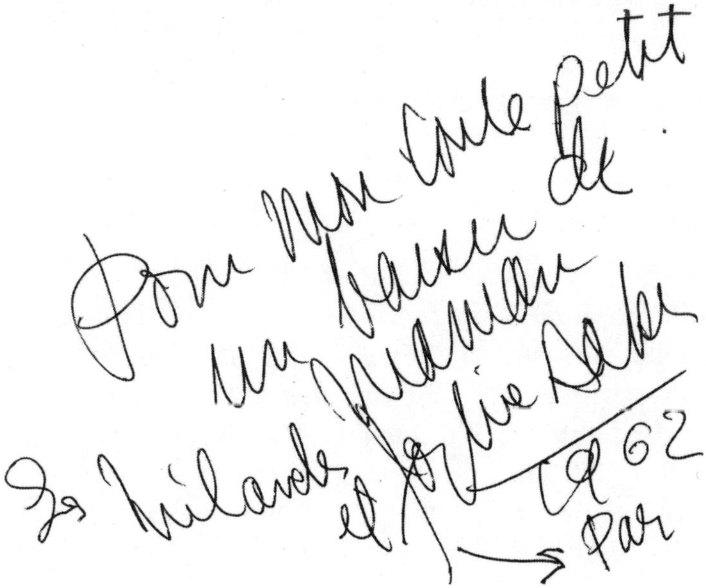

« Pour mon tout petit, un baiser de maman. Les Milandes. Joséphine Baker, 1962. »
En 1962, sur la scène de l'Olympia, Patrick interprète l'Innocent aux côtés de la chanteuse américaine dans *L'Arlésienne.*

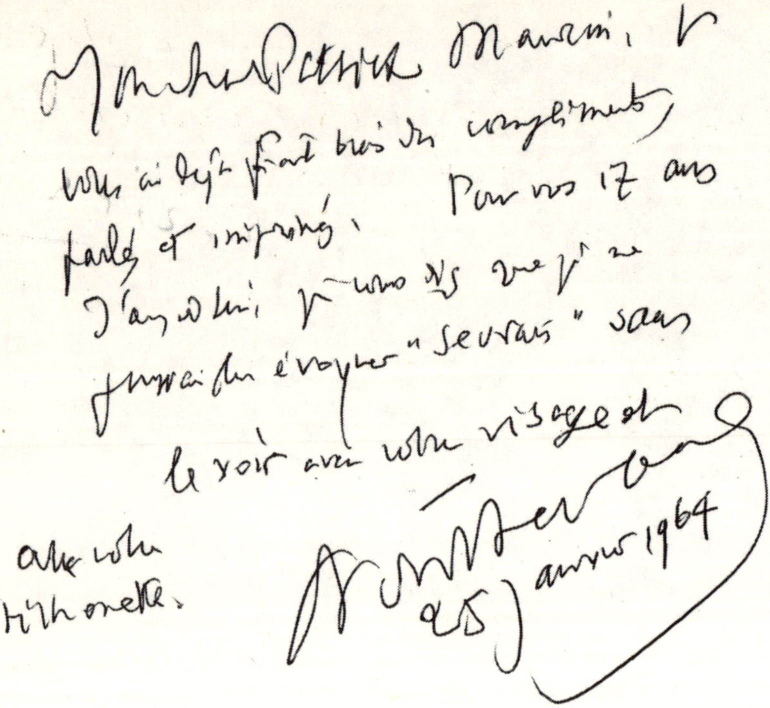

Mon cher Patrick Maurin, je vous ai déjà fait bien des compliments, parlés et imprimés. Pour vos 17 ans d'aujourd'hui je vous dis que je ne pourrai plus évoquer « Sevrais » sans le voir avec votre visage et avec votre silhouette.

Montherlant
25 janvier 1964

Patrick reçut les félicitations de Henry de Montherlant après son interprétation du jeune Sevrais dans *La Ville dont le prince est un enfant* au Théâtre des Mathurins.

une vedette devait accueillir le public toute la nuit durant. Le feuilleton *Jean de la Tour Miracle* de Jean-Paul Carrère venait d'être diffusé à la télévision. On ne parlait que de toi. Les deux petits et moi faisions des allées et venues pour t'apercevoir, entouré d'une foule d'admiratrices. Pour toi, tout se déroulait comme dans un conte de fées. Tu n'avais pas encore expérimenté les premières déceptions, les premiers écueils de notre métier.

Jean-Paul Carrère

Metteur en scène, réalisateur des Hauts de Hurlevent *et du feuilleton* Jean de la Tour Miracle

« Il avait besoin de pousser les horizons. C'était un aventurier, un grand aventurier de sa propre vie. »

Jean-Paul Carrère : Quand j'ai engagé Patrick pour *Les Hauts de Hurlevent*, vous l'aviez accompagné aux Buttes-Chaumont. J'ai un très beau souvenir de lui, dans ces scènes magnifiques que nous avions à faire ensemble. On tournait en 35 mm, on avait une belle image. Il s'appelait encore Patrick Maurin. Il m'avait dit : « J'ai seize ans. » C'était son premier grand film. Là, je l'ai découvert... J'ai senti comme ça certains acteurs, comme Francis Huster. J'étais sûr de Patrick, tout de suite ! Ce qui est très curieux, c'est que je ne l'ai jamais perçu comme un comédien. Je le considérais déjà comme un acteur en puissance... Parce qu'il n'aimait pas les comédiens. Il n'aimait pas les « cabotins ». Il y en avait qu'il admirait beaucoup : Denise Gence, Roger Pigault... mais il était loin d'aimer tout le monde !

Et sur *Jean de la Tour Miracle*, le feuilleton que nous avons fait ensemble, il disait : « Ils sont trop bavards... Ils m'énervent avec leurs histoires de films, ils ne parlent que d'eux... » Il s'était pris d'une amitié folle pour Jean Galta, mon maître de cascades, ils faisaient les quatre cents coups tous les deux ! On tournait dans une région où l'on cultivait des noix, et on avait reçu ordre de ne pas y toucher. Patrick

En 1964, Patrick, ici aux côtés de Geneviève Casile, se voit offrir l'un des rôles-titres de l'adaptation télévisée des *Hauts de Hurlevent.* Il porte encore le nom de Maurin.

lui avait dit : « Bon, tu as une voiture décapotable ? » Et ils partaient tous les deux, cogner les troncs d'arbres. Toutes les noix tombaient dans la voiture, et ils disaient : « Ah ! On n'a pas touché aux noix ! »

Il était très casse-cou, il n'a jamais voulu être doublé. Dans *La Tour Miracle*, j'avais peur. Il devait sauter d'une branche d'arbre sur un cheval au galop, il m'a dit : « Je te le fais ! » Il était d'une force extraordinaire. Il avait besoin de se dépenser, il aimait toutes les choses viriles du sport. Et moi, je tremblais : « Pourvu qu'il ne se casse pas une jambe ! »

Mado : Il montait bien à cheval ?

J.-P. C. : Très bien ! Les cascadeurs disaient : « Mais il est comme nous ! Il va finir par devenir cascadeur ! » Il a même dormi une nuit avec eux dans les mangeoires de l'écurie. Pour ne plus « voir les comédiens ». Il était tout de fraîcheur, d'instinct, mais quand il jouait, il avait déjà une puissance extraordinaire dans le regard. Il était très beau. On sentait qu'il n'allait pas faire une carrière de petit comédien habituel. Tout le prédisposait à devenir une grande vedette. Je l'ai senti, et je le respectais beaucoup pour ça.

Mado : Après *La Tour Miracle,* c'était affolant ! Toutes les filles lui couraient après, lui téléphonaient. Comme il avait dix-huit ans, il avait décidé de quitter la maison. Son copain, le jeune comédien Jean-Jacques Ruysdaël, et lui avaient pris un appartement rue Ordener.

J.-P. C. : C'est pour *Jean de la Tour Miracle* qu'il a décidé de changer de nom.

Mado : Oui, il a pris le nom de ma grand-mère paternelle : Dewaere.

J.-P. C. : Patrick Dewaere... Le réalisateur Michel Deray, qui l'aimait beaucoup, m'avait dit : « On a un rôle formidable pour lui. » Sa partenaire était Ludmila Mikaël, jeune et merveilleuse comédienne. Le personnage de Patrick était cette fois plein de facettes. Là, il fallait qu'il fasse tout : le pitre, le clown, le séducteur... Les combats à l'épée alternaient avec les scènes d'émotion. Il faisait tout avec une facilité déconcertante.

C'était un être à part. Très attachant. Je n'aime pas parler fort quand je donne des indications, et je savais ce qu'il fallait lui dire doucement dans l'oreille. Alors il me disait : « Tu es vraiment mon ami parce que tu ne me donnes pas de leçons de comédie sur un plateau. » Il était terriblement pudique. Il ne montrait son jeu que lorsqu'on disait « Moteur ! » Aux répétitions, il ne montrait rien. Un peu comme Michel Piccoli.

Mado : Et puis, il y a eu 1968. Il a rencontré Romain Bouteille et l'équipe du Café de la Gare.

J.-P. C. : Ensuite, il a fait *Les Valseuses*, et il est devenu une vedette. Mais je le sentais triste dans ses films, je me disais : « Qu'est-ce qui lui arrive ? » Il n'avait plus le même dynamisme, la même force, la même joie de vivre que lorsqu'il tournait avec moi.

Patrick a marqué des générations. Au moins deux. C'était un grand romantique, il avait besoin d'aventures. Il avait une autre dimension, une autre vision du monde. Il lui fallait pousser les horizons. C'était un aventurier... un grand aventurier de sa propre vie.

Ludmila Mikaël

Actrice, partenaire de Patrick dans le feuilleton Jean de la Tour Miracle

« Ce qui était fou, c'était sa gaieté, sa joie de vivre. Son envie de vivre... »

Ludmila Mikaël : *Jean de la Tour Miracle* a été ma première télévision. J'y ai rencontré Patrick, que j'ai trouvé d'abord très beau, très séduisant. Il était extrêmement gai, à la fois insolent et gentil, profondément gentil. Parce que son insolence, c'était plutôt de l'indiscipline. Il avait un tonus incroyable, un rayonnement physique inouï, comme ces grands chevaux de race qu'il faut faire courir pour évacuer leur trop-plein d'énergie. C'était ça, Patrick : un garçon très professionnel, avec en plus une force intérieure, un talent incontrôlable, unique.

Moi, j'avais un trac terrible. Lui devait l'avoir aussi, mais il n'en donnait pas du tout l'impression. Il était à l'aise avec toute l'équipe, très joueur, très rieur. Jean-Paul Carrère l'adorait, et les autres aussi, parce qu'il était irrésistible.

En te parlant, me reviennent des images non pas du résultat final, mais des images du tournage. De lui, de son visage très beau, très pur, très idéal, avec ses cheveux un peu longs, légèrement ondulés, cette peau très lisse. Il était grave. Drôle et grave.

Mado : Jean-Paul Carrère me disait qu'il était un peu sauvage avec les autres comédiens.

En 1967, Patrick Maurin devient Patrick Dewaere, à l'occasion du tournage de *Jean de la Tour Miracle* pour la télévision, aux côtés de Ludmila Mikaël.

L. M. : Pas avec moi. Il a été toujours été adorable. Mais il était sans doute plus proche de l'équipe technique que du monde des acteurs. On n'avait pas le sentiment d'être en face d'un jeune acteur qui débute sa carrière, avec tout ce que ça suppose d'arrivisme, de politique. Il était totalement naturel, pas policé, plutôt spontané et authentique. C'était une présence, une personnalité. Quelqu'un de pur.

Ce que je regrette, c'est qu'on ne se soit pas retrouvés à l'âge adulte. Mais je l'ai toujours suivi dans ses films. Quand on a connu quelqu'un au temps de l'adolescence, que l'on voit que son talent est reconnu, qu'il fait une carrière, on en est vraiment heureux.

Patrick, c'était un peu un écorché. On a vu plus tard à quel point il pouvait aller loin dans l'émotion, dans la douleur...

À l'époque, j'étais très timide et un peu introvertie, et l'on s'entendait à merveille : il était timide, lui aussi, et en même temps très gai, aimant bien taquiner.

Mado : Tu ne l'as jamais vu en colère ?

L. M. : Non. Il n'a jamais fait un caprice. Je ne l'ai jamais vu de mauvaise humeur. Toujours le premier levé, le dernier couché.

Et c'est drôle, je l'ai rencontré des années plus tard à Paris, il était devenu une star. Il s'est arrêté et il est venu tout de suite vers moi, ce qui m'a fait plaisir. Il n'avait pas changé du tout. Il avait toujours la même authenticité, la même chaleur, la même beauté. Mais une beauté plus grave. Ce qui était fou, c'était sa gaieté, sa joie de vivre. Son envie de vivre...

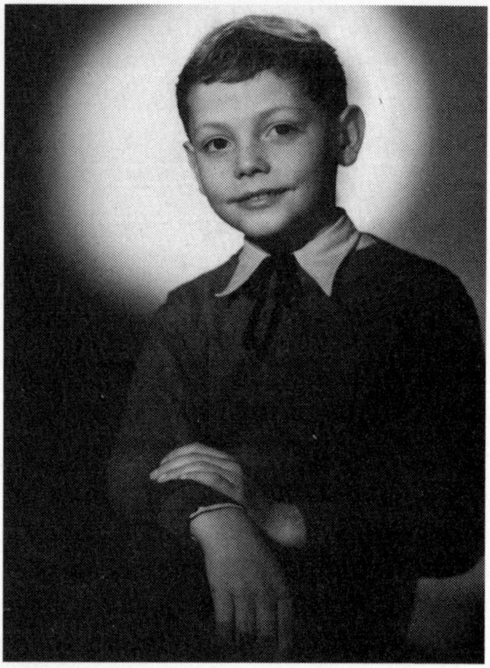

Patrick (ici en 1953) a toujours eu l'ambition de réussir et ne supportait pas l'idée de l'échec.

En 1968, Patrick Dewaere est déjà une star aux yeux de milliers d'admiratrices qui l'ont découvert un an plus tôt à la télévision dans *Jean de la Tour Miracle.*

VII

Le Café de la Gare

Tout te bouleversait, tout te révoltait : bac refusé, permis de conduire manqué par cinq fois, ta première voiture, une jolie Fiat 124, accidentée dès ta première sortie... Tu n'acceptais pas. Tu ne te résignais jamais. Comme ce fameux soir où tu m'avais rejointe au théâtre : tu venais d'apprendre que la télévision avait refusé le projet de *L'Adolescent* de Dostoïevski, ce rôle que tu attendais avec tant de joie, juste après *Jean de la Tour Miracle.* Tu étais livide, ton pauvre visage encore enfantin marqué par ton silencieux dépit. Tu as voulu abandonner le métier.

Ta joie de vivre, tu l'as retrouvée en 1968, lorsque tu as rencontré l'équipe du Café de la Gare. Là, tu as été vraiment heureux. Là, il y avait l'amitié des copains, le rire du public... et l'amour aussi !

Romain Bouteille

Auteur, acteur, cofondateur du Café de la Gare

« Patrick a joué des cafardeux au bord de la folie, alors qu'en réalité, c'était le personnage gagnant typique. »

Romain Bouteille : Au Café de la Gare, je n'ai choisi personne. Je n'ai pas non plus choisi Patrick. Il était avec Sotha, et il s'est retrouvé là. La règle, c'était de ne pas choisir les gens. Le principe, c'était que toute personne traitée avec talent avait du talent. Si elle n'en avait pas, c'est qu'elle n'était pas bien traitée...

Ça a été capital pour Patrick. Il a subi la loi de tout le monde, il a cessé d'être un acteur obéissant à un monsieur qui sait, ou qui est censé savoir, le metteur en scène. Nous, on n'était pas spécialement nés pour être acteurs. Au Café de la Gare, il n'y a pas de hiérarchie, pas de comparaisons, pas de problèmes du genre : « Untel est meilleur qu'Untel. » Mais il y a de l'amitié, de la confiance. Et puis, le fait de faire rigoler les gens... Tu es dans une équipe. Alors, le problème, c'est qu'au bout d'un moment, tu entends que l'équipe fait rire, et tu ne sais pas si toi, tout seul, tu ferais rire... Ça, c'est affreux !

Et c'est la grosse tentation qui vient, énorme, d'essayer, de voir ce qu'on donne seul. S'il y en a parmi nous qui ne se sont pas barrés faire un grand film, c'est qu'on ne leur filait que des rôles minables ! Faut pas rêver... Mais en même temps, tourner dans un grand film voulait dire quitter le bonheur.

Toute l'équipe du Café de la Gare, où Patrick Dewaere (à droite, à côté de Coluche) a toujours aimé retourner malgré un planning de tournages très chargé. On distingue Miou-Miou (à califourchon sur une caisse) et Romain Bouteille (à gauche).

Mado : Tu viens de dire le mot : il a quitté le bonheur. Si Patrick était resté avec l'équipe du Café de la Gare, il serait toujours là.

R. B. : Il y a des chances. Mais il serait peut-être passé sous un autobus... *(Rires.)*

Mado : Quand il est arrivé en 1968 avec Sotha, vous n'aviez pas encore construit rue d'Odessa ?

R. B. : Non, on attendait qu'il y ait du monde qui arrive. Avec Coluche et Guybet, on était seuls. On n'avait pas un rond. On avait trouvé le local et on se disait : « Ceux qui viendront, s'ils restent et font tous les travaux, ils seront pris. »

Mado : Il est resté combien de temps avec vous ?

R. B. : Neuf ou dix ans. Il a fait tous les travaux de 68, puis il y a eu *Des boulons dans mon yaourt, Le Jaune devant, le Marron derrière, Les Semelles de la nuit...*

Mado : Oh... Quand il cassait toutes les assiettes ! J'ai ri ! Mais j'ai ri à en être malade !

R. B. : Ça lui allait comme un gant. Il est revenu longtemps. Des fois, on n'était pas sûrs qu'il allait revenir. Il est revenu encore pour *Pitoyable mascarade*. Superbe ! J'aimais beaucoup le scepticisme de Patrick. Il disait : « Je trouve qu'un homme est un homme si vraiment il peut retourner sa veste tous les jours. Retourner sa veste, c'est pas trahir ! » Il m'a fait rire, Patrick, au début. Avec Sotha, ils jouaient un sketch qui s'appelait *La semaine*, où les gens ne riaient pas beaucoup. Au bout de huit jours, il sort de scène et nous dit : « Je voudrais vous dire une chose : je me rends parfaitement compte que je ne fais pas rire. Mais je voudrais que vous sachiez que je le sais. Je vous dis ça pour que vous ne vous inquiétiez pas... Rassurez-vous, dans une semaine, vous allez voir ! » Une semaine après, ce sketch faisait un malheur !

Ici, on ne sait jamais si l'acteur qui est le pire aujourd'hui ne va pas être le bon Dieu dans trois jours. Tout le monde a été mauvais au Café de la Gare ; Patrick a été à chier... Pendant quinze jours, je n'ai pas aimé sa façon de jouer. Deux semaines après, je le trouvais génial.

Les crises de fou rire qui nous prenaient quand les gens se bousculaient à l'entrée ! Patrick sortait la lance à incendie pour arroser les derniers de la file. Ça devenait un gag, on l'a fait plusieurs fois. Je crois que dès l'instant où l'on sait qu'on fait plaisir, on est heureux. On a besoin de faire plaisir... Tu vois, avec Patrick et les autres, on était tout le temps ensemble dans la pratique, mais on n'avait pas des affections comme les acteurs. Les acteurs, c'est un monde dangereux, où on a peur d'un tas de choses.

Ensuite, il a commencé à faire du cinéma, mais il revenait toujours. Il est revenu longtemps. Quand il est parti faire

Au début des années 1970, Patrick était surtout comédien au Café de la Gare.
En 1974, il allait exploser au cinéma avec *Les Valseuses.*

Les Valseuses, avec Blier, il revenait ici entre deux journées de tournage, il disait : « C'est navrant ! » Avec Depardieu, un jour, ils se sont tirés du plateau, juste pour embêter la production. Dans une scène, ils devaient faire du stop. Et comme c'était sur une vraie route avec de vrais routiers, une fois embarqués, au lieu de dire au camion de s'arrêter à un moment donné, ils ont continué jusqu'à Paris ! *(Rires.)*

Ils étaient furieux parce que lorsqu'ils faisaient un truc qu'ils aimaient bien, ce n'était pas bien pour Blier et, à chaque fois, il fallait la refaire. Ils étaient habitués à ne recevoir d'ordre de personne. Alors là, forcément, ils avaient du mal à obéir à un petit jeune, ce jeune garçon qu'était Bertrand Blier, et qui a son talent à lui, bien sûr. Des fois, il se gourait aussi. Ça n'empêche pas un bon film de se faire. Un bon film n'implique pas nécessairement que le metteur en scène soit un génie, pas du tout... c'est un ensemble, une équipe, où la mayonnaise a pris. Nous non plus, on n'a pas de génie, au Café de la Gare. On sait juste quoi jouer quand on entend la réponse. Au départ, c'est le rire du public qui est notre réponse.

Mado : J'ai un petit bout de cassette que Sotha m'avait prêtée : les gens n'arrêtent pas de rire.

R. B. : Ah oui ! *Roderick, les trois lois de la robotique*, le discours ! Quand Patrick revenait, qu'il était déjà connu au cinéma, on avait toujours envie de lui faire dire un discours au début, mais un discours qu'il ne sache pas. Alors, timide, il disait : « Bon, ils m'ont demandé de le faire, parce que moi, je suis dans l'équipe... » Puis, rien. Il ne disait rien. Et les gens se marraient... En les voyant se marrer, il se marrait à son tour, mais en décalage ! *(Rires.)* Au bout de dix minutes, les gens finissaient par comprendre qu'on lui avait demandé d'expliquer la pièce parce qu'il était le seul à n'avoir rien compris ! *(Rires.)* Les premiers jours, c'était une improvisation. Au bout d'une semaine, il savait le faire. C'était un vrai numéro.

Un soir où il ne jouait pas, il était venu en spectateur. Dans la pièce, on avait prévu un faux incendie dans la loge du haut, avec un feu de Bengale et beaucoup de fumée. Et il a marché, ce plouc ! Il a vu ça, il a foncé... et il s'est fracassé la tête dans une poutre ! Le technicien l'a vu entrer comme un fou dans la régie, la gueule en sang, un extincteur à la main ! *(Rires.)* Dingue ! Le fou rire qu'on s'est payé après ! Mais il a quand même fallu lui mettre des points de suture...

Mado : Il était heureux de vivre avec vous tous. Vous l'avez vu en colère parfois ?

R. B. : Il y a bien Coluche une fois qui l'a mis en colère... Coluche voulait lui casser la figure. *(Rires.)* Patrick faisait : « Non, tu te calmes, arrête ! » Et à ce moment-là, Coluche a cassé une bouteille. Alors Patrick a été obligé de lui cogner dessus pour ne pas être blessé. Mais à part ça, ils s'entendaient bien. Aucun de nous n'avait une nature très affectueuse au quotidien. L'affection, c'est comme le style : on n'a pas à s'en apercevoir. Ensuite, on aurait dû faire un peu plus de psychologie... Mais tu sais, ça isole tellement d'être star. T'as toujours tes copains, mais c'est plus réellement les mêmes, ils ne peuvent plus te parler comme si t'étais... inconnu. C'est très dur. Je me rappelle un soir, au restaurant *Le Trompe-l'œil*. La salle était pleine. Patrick était tout seul à une table, et moi j'étais seul à une autre table à l'autre bout, j'écrivais. Je me suis dit : « S'il est tout seul, c'est qu'il en a envie. Je le laisse tranquille. » Et je me suis replongé dans mes écritures. Quelques instants plus tard, il s'est pointé à ma table, absolument charmant, mais dans un état de tristesse... Angoissé. On a eu une longue discussion. Il était cafardeux, il en avait marre. Il disait : « À chaque fois que je décide de faire un film avec une production plus ou moins fauchée, je me plante. Le film sort, il est pas terrible... Alors je finis par me dire que Rousseau et Compagnie, ils choisissent mieux que moi ! Et je deviens une nullité... »

J'ai alors compris un piège redoutable du cinéma, dont on ne parle jamais : quand les réalisateurs font un film, il leur faut l'engagement d'une vedette pour trouver l'argent. Ça suppose donc que la vedette garantisse sa présence deux ans avant. Naturellement, sans vraiment connaître le scénario. Et quand elle le découvre, ce n'est pas ce qu'on lui avait dit, mais elle est obligée de faire le film.

Moi, j'ai vu Patrick faire des films totalement à contre-pied de son caractère, des cafardeux, au bord de la folie par désespoir, alors qu'en réalité, c'était le personnage gagnant typique. Un personnage tellement heureux qu'il conquiert tout le monde. Faire un petit employé de banque malheureux, c'était pas son truc. Ça l'a tué. J'aurais été dix fois plus angoissé que lui si j'avais fait le même boulot. Ça devait être après 1980, je crois. C'était la mauvaise période, quand il tournait le type qui se suicidait depuis le toit. C'était le toit d'à côté, il devait sauter de nuit, il était sur le rebord de la fenêtre.

Mado : C'est son dernier film, *Paradis pour tous.*

R. B. : C'est pas bon de tourner des choses comme ça. Quand un acteur s'en fout, ça va. Mais ce n'était pas le cas. On est resté à parler jusqu'à cinq heures du matin. Son problème, c'est qu'il ne savait vraiment plus quoi choisir au cinéma. Il faisait semblant de s'intéresser aux rôles parce qu'il n'y en avait pas d'autres. Je ne pouvais pas le conseiller, je pouvais seulement lui dire de laisser tomber, de revenir au théâtre... Mais le piège était dressé. Il se retrouvait avec cent briques à rendre. Il pouvait pas dire : « Je signe plus... » C'est l'engrenage. Pour s'arrêter, il faut trahir tout le monde. On ne peut pas ! Chaque metteur en scène pourrait te dire : « T'aurais pu laisser tomber après mon film, puisque tu m'aimes bien... »

Mado : Il n'allait pas passer des vacances avec vous ?

R. B. : Au Moulin [1] ? Si, il y est venu souvent. Mais c'était quelques années avant sa mort. C'est lui qui a fait les fondations de la maison de Sotha. Avec son frère Jean-François, ils ont creusé la colline, ils ont fait un trou, mais comme deux brutes, ils ont défriché des tonnes de terre en quatre jours. Monstrueux !

Mado : Mais dis-moi, Patrick, tant qu'il a été heureux, tant qu'il a été avec vous, il n'a jamais touché à ces trucs ?

R. B. : Oh non, jamais.

Mado : Il n'est pas mort de ça, de toute façon. Ça m'a foutue en boule qu'on dise qu'il était mort de ça, tu comprends.

R. B. : Les gens disent n'importe quoi : simplification journalistique...

1. Un vieux moulin en Ardèche, où se retrouvent les copains du Café de la Gare, pour le travail et le repos.

Mado : Vous avez été surpris de sa mort ?

R. B. : Ah... On était glacés. Tu vois, glacés... La colère... Chez moi, c'est la colère qui couvre tout. Pas contre lui, hein ! Mais... putain ! Qu'est-ce que c'est que ce monde ? Quel enquiquineur de monde ! Et surtout, refus de parler à qui que ce soit. Aux journalistes. Refus total. Colère... *(Silence.)*

Moi, je l'avais « suicidé » une fois, Patrick... Il ne voulait pas faire son service militaire, et moi, j'étais bien content qu'il veuille pas. Alors, il m'a dit : « Je vais prendre des barbituriques, et vous me téléphonerez toutes les dix minutes pour savoir comment je vais. Et si je pionce, vous rappliquez, vous frappez, vous mettez l'échelle contre le mur. La fenêtre sera entrouverte, et vous appelez les flics. »

Le scénario était bien en place, on avait même prévu l'échelle ! Seulement, les barbituriques ne l'endormaient pas. Alors, il en reprenait, et il savait comme moi que c'était dangereux. Je lui ai dit : « Arrête, tu feras semblant de dormir. Les mecs, ils vont analyser ton sang tout de suite, et ils verront que tu as pris des trucs. » Je me pointe, il me dit : « Je suis en pleine forme, c'est embêtant... » Il veut se lever pour me montrer, mais ses jambes, elles, ne voulaient plus le porter. J'appelle les flics, ils mettent vingt minutes à venir, ils se pressent pas. J'avais envie de les tuer ! « Les papiers du jeune homme ! » Ils ont un mourant, et ils veulent ses papiers avant de savoir s'ils vont le sauver... Heureusement, je savais qu'il avait toute sa tête. En plus, son père s'était pointé, mais on pouvait rien se dire devant les poulets.

Mado : Pauvre Georges... Il était complètement affolé, bien sûr. Mais votre mise en scène a marché. Patrick a été réformé, et le médecin lui a dit : « Écoutez, je ne marche pas dans votre combine, mais des mecs comme vous, je n'en veux pas ! »

R. B. : De toute façon, il n'avait pas le choix : comment savoir si c'était une ruse ou si c'était un vrai suicidaire qui allait recommencer au bout de quinze jours ? Tu as beau être psychiatre, tu n'es pas le bon Dieu ! *(Silence.)*

Mado : Tu l'aimais bien, n'est-ce pas ?

R. B. : Ça, pour l'aimer bien, je l'aimais bien.

Mado : C'est toujours son piano qui est là ?

R. B. : Ouais. C'est son piano.

Henri Guybet

Acteur, cofondateur du Café de la Gare

« Il fait partie des quatre ou cinq acteurs avec qui j'ai pris un tel plaisir à jouer. »

Mado : Tu as tourné au cinéma avec Patrick ?

Henri Guybet : Peu. Nous apparaissons tous les deux dans *Themroc* et dans *Les matous sont romantiques.* Et Patrick a un petit rôle, presque une silhouette, dans *Pas de problème !* de Georges Lautner. À l'époque, il vivait avec Miou-Miou et il était venu sur le plateau pour assister un peu au tournage. Georges lui a d'emblée proposé de faire le barman au début du film, dans une boîte de nuit. Mais à part ça, rien au cinéma, je n'ai joué avec lui qu'au théâtre.

Mado : Au Café de la Gare.

H. G. : Oui. Je me souviens parfaitement de ses débuts là-bas. À la fin des années 1960, Sotha était la petite amie de Romain Bouteille. Un jour, Romain vient me voir chez moi et m'annonce qu'elle vient de le quitter pour quelqu'un d'autre, « une espèce de jeune premier gommeux », me dit-il. Quelque temps plus tard, Romain, Coluche et moi décidons de construire un théâtre. On trouve un local, un ancien atelier à deux pas de la gare Montparnasse. On démolit tout et on se lance dans des travaux d'aménagement. Ça allait devenir le premier Café de la Gare.

Un après-midi, Sotha arrive avec un jeune type et ils se joignent à nous. Romain finit par briser la glace avec lui, et je lui fais remarquer : « Dis donc, il a l'air sympa finalement, le gommeux ! » Et il me répond : « Oui... mais tu vois, il a un gros inconvénient : son physique. » C'était Patrick Dewaere ! *(Rires.)* J'ai su longtemps après qu'il avait épousé Sotha. Lorsque nous avons lancé nos premiers spectacles, Patrick avait déjà un passé d'acteur à la télévision, c'était déjà un pro. Mais il n'était pas sûr de lui, il se demandait s'il allait être à la hauteur pour ce type de théâtre. Je lui ai dit : « Ne t'inquiète pas, laisse-toi aller, je suis sûr que ça va marcher. » On connaît la suite...

J'avais certainement déjà dû le voir dans des feuilletons télévisés, mais je ne l'avais pas spécialement repéré. En les revoyant plus tard, je me suis rendu compte de la présence formidable qu'il avait déjà. Mais quand on est jeune comédien, comme nous l'étions tous à l'époque, on se regarde beaucoup plus soi-même qu'on ne regarde les autres ! Ou alors, on regarde ses aînés. Mes modèles à moi, c'étaient Jean Vilar, Gérard Philipe, Jean-Louis Barrault, Georges Wilson... Mais les jeunes comédiens, je ne les voyais pas.

Mado : Patrick avait aussi une nature comique, mais on ne lui a proposé que des rôles tragiques.

H. G. : Un acteur qui sait faire du comique sait faire du dramatique... Qui peut le plus peut le moins. Patrick, c'est vrai, a beaucoup joué les losers, et il paraît qu'il recherchait ce genre de rôles. Mais quand il a joué dans *Adieu poulet* avec Lino Ventura, son personnage était très positif. Et ce film a été très important dans sa carrière : le public aime les personnages positifs. On peut jouer des personnages négatifs aussi, mais il ne faut pas faire que cela, ça peut être dangereux, et pour le public, et pour soi-même.

Mado : Quel souvenir gardes-tu de lui en tant que partenaire ?

H. G. : Patrick fait partie des quatre ou cinq acteurs avec qui j'ai pris un tel plaisir à jouer. Car il possédait une qualité que j'apprécie énormément chez les comédiens : l'improvisation. Tu entres en scène, tu ne connais que le texte que tu as appris. Tu ne sais pas ce que tu vas en faire. Puis ton partenaire entre à son tour, et on ne sait pas encore comment on va la jouer. Avec un partenaire comme Patrick, c'était du bonheur ! On se disait à chaque fois : « Comment va-t-on faire pour se surprendre ? » C'était une époque de théâtre très créatif, sans contraintes. Et au Café de la Gare, la liberté de jeu était totale, ce qui nous a permis de tenter des choses extraordinaires. Une fois, nous venions de quitter un spectacle où nous avions une très belle scène ensemble, et nous entamions une nouvelle pièce, qui ne nous offrait que trois répliques chacun. Nous en étions un peu contrariés. Mais au bout de trois semaines, les trois répliques étaient devenues deux pages de texte. De jour en jour, on ajoutait une réplique, puis deux, puis dix ! Et comme elles marchaient, elles faisaient rire, on les gardait.

Patrick était un instrument idéal pour ce type d'exercice, il était toujours disponible et ouvert à ça. Tiens, un soir où je jouais un sketch avec Patrice Minet, Patrick débarque sur scène de manière totalement inattendue. Il passe simplement, puis ressort. Je me dis : « Il n'est pas passé pour rien, il va revenir, c'est sûr ! » Et le revoici, déroulant un rouleau de papier toilette, en clin d'œil à la publicité télé de l'époque où un enfant appelle sa mère, et il nous lâche une réplique qui nous a pliés en deux de rire. Impossible de continuer ! Il était inventif, cherchant en permanence l'innovation, l'idée, le petit plus.

Au moment de la construction du centre Pompidou à Beaubourg, nous jouions un pastiche de western. Patrick avait le rôle d'un Indien. Soudain, il s'est écrié : « Moi irai à la grande raffinerie de Beaubourg ! » Cette expression est restée et a été reprise pour décrire le centre et tous ses tuyaux sinueux.

On se stimulait toujours beaucoup mutuellement pour trouver les répliques, les situations qui font mouche. Coluche était déjà bourré de talent, il possédait une présence unique. Mais il avait une manie à l'époque : il aimait bien nous piquer nos trouvailles et les sortir sur scène à son compte. Alors, furieux, Patrick et moi, on allait le trouver dans sa loge à la fin du spectacle pour lui flanquer une rouste. Mais une vraie ! Ça le calmait pendant une quinzaine de jours... puis il remettait ça. Même motif, même punition ! Et ce petit manège a duré un bon bout de temps. Mais ça n'empêche qu'on formait une équipe soudée. On s'adorait tous.

VIII

Un mariage secret

Cette bague, oubliée par toi un jour de juillet 1968, où tu quittais Royan avec Sotha pour un mariage que vous aviez décidé secret, je l'ai retrouvée par hasard, de longues années plus tard. Tu n'étais plus là. Elle est comme un cadeau de toi et ne me quitte jamais. Elle me lie à toi, comme un anneau de fiançailles dans l'attente de nos retrouvailles sur l'autre rive, où ta vie se poursuit.

Je me souviens clairement de votre départ, ce jour-là. Tu m'avais serrée si fort dans tes bras, en une étreinte si profonde que j'avais vaguement pressenti que tu me cachais quelque chose. Tu sais bien que les mères ont un sixième sens... Tu m'avais rarement embrassée ainsi, presque sauvagement. Et je me rends compte que, chaque fois, il y avait une raison que tu voulais partager, mais que ta pudeur me taisait. C'est seulement plus tard, après ton départ, que je l'ai compris...

Sotha

Cinéaste, auteur, scénariste, actrice, première épouse de Patrick

« Patrick n'était vraiment pas fait pour avoir soixante ans un jour... »

Sotha : Patrick et moi, on a eu une première rencontre étonnante... On a décidé de se marier avant de se connaître ! On avait une copine commune, Élisabeth Wiener, qui était venue nous voir avec lui. Je ne le connaissais pas. On est allés au bistrot. Entre autres sujets de discussion, on avait parlé du mariage. J'ai dit en plaisantant : « Moi, ce que je voudrais, ce serait me marier avec n'importe qui. Comme ça, après, ce ne serait plus un souci... » L'idée lui a plu, il a renchéri : « Moi aussi, il y a toujours des petites héritières qui me courent après, je ne veux pas qu'on m'épouse pour l'argent ni me marier pour des conneries... » J'ai dit en rigolant : « Bon, alors on n'a qu'à se marier ! » Il était d'accord, mais ce qui l'embêtait, c'était qu'il fallait faire des prises de sang, et il avait horreur des piqûres... On s'est quittés comme ça. Au moment de partir, je lui avais lancé : « Le jour où t'auras plus peur, tu me le dis ! » Je l'ai retrouvé peu de temps après, en mai 1968, lors d'un congrès à Suresnes. C'étaient les « États généraux du cinéma ». J'ai dit : « Tiens, voilà mon mari ! » Et il répond : « Au fait, c'est vrai, on devait se marier. » On est rentrés ensemble à Paris. Je me souviens, on jouait au ballon dans la rue, avec une boulette de papier. Tout le monde jouait avec nous. Il était très gamin. Et on a passé la nuit à déconner. Le lendemain, on s'est téléphoné, il est venu me voir chez moi, et bon, là... on a commencé à se trouver sympas... Après, on s'est installés ensemble, et au bout d'un mois, on s'est souvenu de cette histoire de mariage. Mais c'était plus tout à fait la blague qu'on avait décidée. Là, ça devenait un vrai mariage, un mariage d'amour... On a hésité, et puis on l'a fait quand même, parce qu'on se disait que notre aventure ne durerait pas. Et ça a quand même duré... On a vécu ensemble près de trois ans et on est restés mariés douze ans. N'étant pas censés avoir fait un mariage d'amour, on n'avait aucune raison de divorcer !

Mado : Te parlait-il parfois de moi ?

S. : Oui, mais rappelle-toi, on est restés en froid pendant presque un an : tu étais fâchée qu'il t'ait caché le mariage.

Mado : J'étais surtout peinée. Je ne voulais pas m'imposer à vous. Mais j'avais deviné qu'il se passait quelque chose. Je me souviens, quand vous étiez venus à Royan : le soir de votre arrivée, il pleuvait à verse. Tu portais une casquette, des lunettes noires, et tes longs cheveux te dissimulaient complètement. Le lendemain matin, j'ai entrouvert le rideau de ma mezzanine pour te voir. Tu étais très belle dans ton collant violet, mais il y avait encore tes cheveux, tes lunettes, et je ne voyais toujours pas ton visage. Par bonheur, quand vous êtes rentrés de la plage, tu avais perdu tes lunettes dans la mer... Enfin, je t'ai vue ! On a été très heureux pendant ce séjour. Mais quand vous êtes partis, vous ne m'avez rien dit de votre projet. Lorsque Patrick m'a embrassée, j'ai senti qu'il ne le faisait pas comme d'habitude. Il avait sûrement une espèce de petit remords. Quelques jours plus tard, dans mon courrier venu de Paris, j'ai commencé à recevoir des tas de prospectus d'orfèvres, de photographes...

S. : Oui. On s'est mariés au retour, le 26 juillet. On s'était inscrits à la mairie du IIe avant de partir pour Royan, et Patrick avait donné votre adresse, rue Sainte-Anne.

Mado : Et moi, tous ces papiers, ces publicités, ça m'a intriguée ! J'ai voulu savoir. En rentrant à Paris, je suis passée par Saint-Brieuc, où Patrick était né. Grâce à une amie de la mairie, j'ai pu voir le registre de l'état civil. Votre mariage y était inscrit. C'est comme ça que je l'ai su.

Ensuite, je suis souvent venue au Café de la Gare, sans oser en parler à Patrick. Et un jour, j'ai craqué, je lui ai dit que je savais. Alors, il m'a demandé de me taire, parce que personne n'était au courant.

S. : Ce que Patrick aimait chez toi, je pense, c'est que tu as su t'adapter à tes enfants en 1968. D'autant plus que, en tant que catholique, tu étais censée être une bonne femme de droite ! C'est ça qu'il aimait bien, il disait : « Tu vois, ma mère, quand même, elle a su écouter, savoir, comprendre. » C'est un avantage que tu avais sur beaucoup de mères.

Mado : Il y avait une vraie connivence entre nous. Je me souviens d'un soir où il était sorti avec des copains. Adolescent, il supportait mal l'alcool. Et il avait un peu trop bu. Ils me l'ont ramené malade, il était vert ! Écroulé dans le fauteuil, il gémissait « Maman... maman... » comme un vrai bébé. Il avait dix-sept ans. Nous étions morts de rire. Et quand il avait repris au Châtelet le rôle de son petit frère dans *L'Auberge du Cheval Blanc*, avec Bernard Lavalette, une idylle était née avec l'une des danseuses. À la fin des représentations, nous sommes rentrés tous les deux après une petite fête d'adieux, et je lui ai dit : « Tu n'as rien laissé au théâtre ? – Ben non... – Tu en es bien sûr ? » Il a compris, et interloqué, il m'a demandé : « Comment tu sais ça ? – Oh, tu sais, mon chéri, les mères ont des antennes... »

Moi, j'étais très heureuse de votre rencontre. Parce que... tu sais combien Patrick était beau. Et j'avais toujours un peu peur des hommes qui lui couraient après... Souvent des hommes très influents dans le métier. Vous deux, vous aviez une relation superbe. Je me souviens, quand vous veniez à Gouvernes...

S. : La deuxième année, on venait tout le temps aux fêtes. En plus, moi, j'aimais bien l'ambiance, j'adore les atmosphères familiales. C'était un peu ça aussi, le Café de la Gare. Au départ, il y avait Romain, Coluche, Guybet, moi, puis Patrick est entré dans la bande. Ça a été un peu difficile pour lui au début. Surtout parce qu'il n'avait pas confiance en lui, il avait des complexes par rapport aux autres... Il disait qu'il ne savait pas jouer, qu'il était nul. Romain, lui, trouvait qu'il avait trop de facilité. En fait, les premiers temps, Romain n'aimait pas tellement Patrick. C'était tout le contraire de ce qu'il aimait : un minet, très beau, très bien habillé, avec une bagnole... Et puis, ils ont appris à se connaître.

Ensuite, il l'a beaucoup aimé. Mais ils avaient des discussions passionnées, des empoignades terribles ! Un jour, au restaurant, ils se sont mis tout à coup à s'engueuler, à monter sur la table ! Romain reprochait à Patrick la pauvreté du cinéma français... comme si Patrick était responsable du cinéma français ! Mais Patrick prenait la défense du cinéma quand même. Il se sentait malgré tout un peu coupable d'en faire partie, mais en même temps, tu ne peux pas toujours cracher dans la soupe. Ils se sont engueulés comme s'ils se haïssaient, et le lendemain, on les retrouvait bras dessus bras dessous, tout heureux de jouer ensemble... Leurs disputes, c'était pour l'amour de la discussion, ça n'entamait en rien leur amitié.

Au tout début du Café de la Gare, Patrick et moi étions allés en vacances à Saint-Jean-du-Gard. Il partait souvent tout seul. Un jour, je le retrouve tout en haut d'un rocher. Il crie une phrase, je lui réponds, et au bout de trois minutes, on avait fait un sketch, qui a très bien marché. Ça s'appelait *La semaine.* Il faisait des chansons marrantes, aussi. Mais il n'était jamais content de lui, donc il ne finissait pas... Il ne finissait jamais une pièce, non plus, parce qu'au bout d'un moment, il disait : « C'est de la connerie, ça marchera jamais. » Et c'était pareil pour tout. Même pour sa vie privée... *(Silence.)*

Tu sais que pendant un moment, il a cherché son père ? On était à Boulogne-sur-Mer, on faisait du porte-à-porte. On cherchait « un musicien âgé d'une cinquantaine d'années » : c'étaient les seules informations qu'on avait. Là encore, à un moment, il a voulu arrêter, simplement parce qu'il s'était mis à pleuvoir. En fait, il voulait savoir si son père était chauve. C'était sa grande inquiétude. Il disait : « Ça doit être parce que mon père était chauve que je perds mes cheveux... »

Mado : Non, son père n'était pas chauve. Il avait des cheveux magnifiques. Et il était très beau ! Quand Angèle, la première fille de Patrick, est née, j'ai voulu le retrouver moi aussi, pour lui dire qu'on avait une petite-fille, lui et moi. On m'a appris qu'il était mort en 1960... Patrick avait les yeux de son père.

S. : Il te ressemblait tellement qu'on a du mal à voir quelqu'un d'autre.

Mado : Comment était-il avec les femmes ?

S. : Comme tous les mecs... Il estimait qu'on était libres, mais que lui était plus libre que moi, quoi... Et quand j'avais le malheur de faire une réflexion, il me lançait : « T'es vraiment aussi conne que les autres. Tu vois bien que ça n'a aucune importance, je peux bien draguer une petite blonde qui passe... » Mais je crois que c'était plus de la curiosité qu'autre chose. C'était un observateur, Patrick. Il regardait tout, tout le temps. Il avait une réelle fascination pour les animaux, par exemple. Je me souviens, une fois, on était partis en vacances aux Baléares. Il y avait la mer, la plage, c'était pas mal comme paysage. Eh bien, lui, il se penchait au-dessus d'une flaque d'eau dans un rocher et il regardait les bestioles qu'il y avait dedans. Il pouvait rester une heure comme ça. Il voulait aussi créer un spectacle pour chiens ! Il aurait été sur scène au Café de la Gare et les gens seraient venus le voir avec leurs chiens. Il voulait que les chiens comprennent, et qu'ils soient contents ! Alors, il les observait, il regardait ce qui les intéressait. Imagine que, sur scène, il se soit mis à pleurnicher : tous les chiens auraient pleuré dans la salle. Je crois que c'est là qu'il piquait ses mimiques, ses attitudes. Il aurait voulu pouvoir dresser les oreilles quand il entendait quelque chose. Il trouvait qu'en tant que comédien, il lui manquait plein de trucs que les animaux ont naturellement. Et je suis sûre que dans ses films, il y a des moments où, dans sa tête, il imagine une expression d'animal. C'est drôle, le mimétisme...

Ça me fait penser à Depardieu qui, dans *Préparez vos mouchoirs*, lui piquait absolument tout. Patrick était obligé de changer de gestes ou d'attitudes au tournage parce qu'aux répétitions, il faisait des choses, puis Gérard les prenait. Alors, Patrick disait : « Ben, qu'est-ce que je fais maintenant ? »

L'autre jour, je regardais un acteur jouer des sketches au Café de la Gare et je me disais : « C'est drôle, il me fait penser à Patrick... Il est noir, pourtant ! » Après le spectacle, je le lui ai dit et il m'a répondu : « C'est fou que tu me dises ça, parce que c'est mon modèle, mon idole. Je ne peux pas trop le dire parce que je suis noir, mais ça me fait plaisir que tu l'aies vu ! »

Mado : Ah, si Patrick était resté avec vous...

S. : Peut-être. Mais on ne peut pas imaginer quel type il serait aujourd'hui. Comme la plupart des acteurs qui sont morts jeunes, comme Gérard Philipe ou James Dean, on se dit qu'ils ont la jeunesse éternelle. Peut-on imaginer que quelqu'un dise un jour : « Patrick aurait soixante ans... » ? Vraiment, il n'était pas fait pour avoir soixante ans... Cela dit, quand on nous a annoncé sa mort, tout le monde, au Café de la Gare, s'est dit : « « Pourquoi il ne nous a rien dit ? » Je suis sûre que si quelqu'un avait pu l'en empêcher, c'était Romain ou moi. D'ailleurs, il m'en avait déjà parlé un mois avant, je ne lui avais pas dit grand-chose, mais il ne l'a pas fait.

Mado : Il t'en avait déjà parlé ?

S. : Il m'avait dit : « Je vais me suicider. » Mais il m'a dit ça cinquante mille fois, tu sais... Dans ses lettres, il en parlait aussi. J'en ai une qu'il m'avait envoyée de Corse, où il raconte comment il pourrait se suicider. La dernière fois, je lui ai dit : « C'est vraiment con, tu ferais mieux de venir au Moulin... » Ce que je ne comprends pas bien, c'est pourquoi il l'a fait cette fois-là et pas les autres.

Un jour, bien avant, il m'avait dit : « Je pense que je ne passerai pas la trentaine... » Ou la quarantaine, je ne sais plus... Mais il voulait que je m'occupe de sa deuxième fille quand il serait mort. Là, il ne parlait pas de suicide, il disait : « Tu sais, avec le métier qu'on fait, la vie qu'on vit... J'ai pas la santé, je pense pas que je vivrai vieux... »

Après, quand il parlait de sa mort, c'était autre chose. Il disait qu'il ne faisait plus les films qu'il voulait, qu'il en avait marre, et que si sa fille n'existait pas, il serait mort depuis longtemps...

Mado : Pourquoi avait-il tellement envie de mourir ?

S. : Je crois que c'était dans ses gènes... Tu sais, la psychologue de Saint-Antoine qui lui a fait son certificat au moment de sa réforme avait écrit sur le dossier médical : « Tendance aux pulsions suicidaires ». On l'avait affiché au-dessus de notre lit quand on habitait ensemble. Ça nous faisait rire parce qu'on savait qu'il avait joué la comédie. N'empêche, il n'avait pas forcément joué, il avait dû trouver en lui les choses qu'il fallait dire.

Mado : Crois-tu que ses tendances suicidaires, on peut les recevoir dans le ventre de sa mère, avant de venir au monde ?

S. : C'est possible. Mais il y a peut-être aussi un côté vindicatif dans le suicide de Patrick. Une façon de dire : « Ah, c'est comme ça ? Vous allez voir quand je ne serai plus là, ce sera encore pire ! »

Je crois que si Patrick s'est tué, c'est aussi, en partie, à cause du cinéma français. Tu vois, il aurait pu avoir la carrière de Depardieu. Tous les films américains que Gérard a faits, cette espèce de liberté de choix qu'il a, Patrick l'aurait eue aussi, s'il avait fait gaffe... mais il se sentait prisonnier. Et puis, il était toujours déçu après un film. Mais déçu par lui-même aussi, pas seulement par les autres. À chaque fois, c'était pareil : il partait enchanté et il revenait terriblement déçu. Dans *Au long de rivière Fango*, un des deux films qu'on a faits ensemble, ça m'avait frappée, il disait : « Quand je tourne, j'entends la pellicule avancer dans la caméra et j'ai toujours l'impression de faire perdre du temps et de l'argent aux gens avec qui je travaille. »

Pourtant, ce film, je l'ai passé dans un cinéma, à la Nuit du court-métrage, tu ne peux pas savoir... Dès que son nom est apparu au générique, les gens hurlaient dans la salle.

On se demande toujours pourquoi il n'a pas eu le réflexe de nous appeler, sachant très bien qu'on était au Moulin. Je l'avais vu un mois avant de partir. J'étais venue lui dire deux choses : « Mon père va mourir » et « Je suis enceinte ». Comme il m'a parlé de suicide d'un bout à l'autre, je ne lui ai rien dit du tout. Rony, mon copain, nous attendait en bas, Patrick lui a dit : « Ça va, toi ? – Ouais, ça va ! – T'as bien de la chance ! »

Ce 16 juillet, s'il nous avait dit : « SOS, ça va mal ! », on y serait allés. Mais nous, on est très pudiques. On ne s'est jamais mêlé des affaires des autres, sauf quand ils nous le demandaient. Avec Patrick, c'était une chose acquise. On n'est restés ensemble que deux ou trois ans, mais finalement, on était quand même mariés. Et on s'est toujours entendus. Au bout de dix ans, il m'écrivait encore pour l'anniversaire de notre mariage. N'importe qui en lisant ses lettres aurait eu l'impression qu'on était encore ensemble. Il me disait : « Toute ma vie, je t'ai considérée comme ma femme. Quand j'aurai besoin de te dire quelque chose, je saurai que tu es là. »

Donc, je n'allais pas le chercher. Et Romain, c'est pareil. En fait, on l'a laissé mourir, quoi ! Parce qu'on n'est pas des bons Samaritains, on n'est pas collants. On a peut-être tort, mais on est comme ça. Moi, je n'arrive pas à être une consolatrice. Ce n'est pas l'envie qui m'en manque, ce n'est pas de l'indifférence. C'est du respect.

En 1982, j'ai pleuré sur le coup. Mais après, j'ai essayé d'effacer sa mort, en me disant qu'après tout, je ne le voyais déjà pas souvent, alors je le verrai encore un peu moins... Puis, parfois, il y a des passages désagréables. Un petit souvenir qui surgit, et je craque. Il aurait pu m'appeler...

Il est mort le 16 juillet, et notre anniversaire, c'était le 26. Il m'appelait chaque année, ou bien il envoyait un télégramme. L'année d'avant, il m'avait téléphoné de Rome, en disant : « J'arrive ! » Je ne me le suis pas rappelé sur le moment, c'est simplement quand il est arrivé que j'ai compris qu'il venait fêter notre anniversaire. Tu vois, ce n'était pas une date comme une autre ! S'il n'était pas mort le 16, il aurait débarqué au Moulin, c'est certain. Il a été enterré le 23.

Pour moi, Patrick reste à part. Et je vois ma fille qui a neuf ans... Elle regarde *Coup de tête* du matin au soir, elle connaît les dialogues par cœur. Elle a l'impression que c'est quelqu'un de mystérieux que j'ai connu. C'est comme un personnage mythique...

IX

« J'aurais voulu être musicien »

« Tu sais, maman, j'ai raté ma vie : j'aurais voulu être musicien. »

La star que tu étais devenue me confiait cela un soir d'hiver devant son piano. Tu l'aimais tant, ce piano ! Tes pensées se fixaient sur le clavier d'ivoire où tes doigts couraient. Tu pouvais y exprimer tes joies et tes souffrances. Il est bien plus qu'un objet : il est ton portrait mystérieux et je rêve souvent de glisser mes doigts dans les tiens pour retrouver ta tendre présence et ce bon baiser que tu m'as donné un jour de janvier : c'était ton anniversaire et tu avais joué pour moi seule le thème que tu avais composé pour le film *F... comme Fairbanks* de Maurice Dugowson. Tu y avais mis tout ton cœur, toute ton énergie. Les désillusions du personnage que tu jouais avaient peut-être un peu à voir avec les tiennes. Et puis, tu y retrouvais Miou-Miou qui, à défaut d'être ta partenaire dans la vie désormais, redevenait ta compagne le temps d'un tournage.

J'entendais un jour Juliette Gréco parler de Brel : « Il nous a tout donné, il nous a trop donné, il ne savait pas ce qu'il donnait. » Toi aussi, mon chéri, tu étais un peu comme lui, ce Brel que j'aimais tant, et que je sens vivant, comme toi... avec toi, peut-être ?

Comment faire passer à ceux qui souffrent de l'absence d'un être ma certitude de tous les signes de ta vie auprès de

Patrick et son frère Dominique étaient passionnés de musique.
Ils ont tous deux écrit et composé des chansons à titre personnel.

moi ? Tiens, ce matin, je commençais ma prière avec toi, quand la voix de Georges Brassens a surgi du réveil-radio. Cette voix que tu aimais tant, qui t'inspirait, chantait ton cœur, me parlait de toi. Vous êtes tous deux vivants, vous êtes ensemble. Comment partager ces joies mystérieuses, s'ouvrir dans la prière à votre présence, écouter vos voix qui m'arrivent d'ailleurs ?

Vous qui pleurez, séchez vos larmes. Nos enfants, nos parents nous regardent, nous sourient. Ils sont dans la lumière, dans la joie. Ne leur faites pas de peine !

J'ai par moments tellement envie que tu vives encore pour te donner ce que tu attendais de ta mère, et que tu n'as pas reçu. Ce sont, je crois bien, les seuls passages de ma vie que je voudrais recommencer. Ces passages qui laissent au cœur l'amertume des remords. Car il y a de tout petits remords que l'on traîne sans pouvoir les effacer...

Un jour, tu t'étais mis en tête de chanter et d'enregistrer un premier album. C'était après ton tournage du *Juge Fayard*. Tu arrives à la maison, tout joyeux, pour nous le faire entendre. Nous étions tous là, la famille, autour de toi, pour l'écouter. Le disque achevé, tu nous as dit : « Voilà... » Et il y eut un grand silence. Terrible. Sans nous concerter, nous n'avons pu articuler un mot. Ce n'était pas ta voix, ce n'était pas toi, nous ne pouvions pas aimer ce disque. D'autres depuis, tes amis, m'ont avoué qu'eux non plus, ils ne l'aimaient pas. Ce soir-là, nous t'avons blessé cruellement, et j'en garde le cœur lourd. Tu attendais une parole des tiens, nous t'en avons privé. Parce que nous t'aimions trop pour te mentir. Cette peine-là, cette petite humiliation, nous n'avons rien fait pour te l'éviter. Pardon, Patrick.

Maurice Dugowson

Cinéaste, scénariste, réalisateur de Lily aime-moi *et de* F... comme Fairbanks

« Un soir de fin de tournage, j'entends des notes jouées au piano dans les coulisses. C'était Patrick. Je lui demande ce qu'il joue, il me dit que ça lui est venu comme ça. C'est devenu la musique de F... comme Fairbanks. *»*

Maurice Dugowson : Je crois que c'est Rufus qui m'a parlé de Patrick pour la première fois. Je cherchais un troisième comédien pour jouer avec lui et Folon dans *Lily aime-moi*. Il m'a dit qu'il l'avait vu dans *Les Valseuses* de Bertrand Blier. À ce moment-là, on les confondait un peu, Depardieu et lui, et je me souviens de lui avoir demandé : « C'est lequel ? Le grand costaud ou l'autre ? – Euh... » Ils étaient tous les deux grands et costauds !

Mado : Ce qui les différenciait à l'époque, c'est que Patrick avait une moustache.

M. D. : Voilà ! On s'est rencontrés. J'avais fait des essais avec d'autres comédiens, mais je n'étais pas satisfait. Avec Patrick, je n'ai pas fait d'essais, ç'a été comme un déclic. C'est un formidable souvenir.

Il y avait plein de choses qui n'étaient pas écrites dans le scénario, alors on finissait par les trouver sur place. Mais ce n'était pas de l'improvisation. Au contraire, Patrick était très attaché au texte. On ne tournait pas au hasard. Mais parfois, on trouvait de nouvelles idées, alors on les essayait, on les répétait, on les fixait. Ce qui était merveilleux avec Patrick, c'est qu'il était prêt à chercher, à faire le tour des possibilités, à ne pas se contenter de ce qui était écrit, à ne pas faire de pléonasmes... Il essayait de jouer différemment : une scène qui devait être dure ou triste, il la jouait gaie, et on se rendait compte que ça la rendait encore plus terrible. On avait un code : on répétait la scène en jouant les mots du texte, ça nous semblait bien. Puis, on se disait : « Et si on essayait le contraire ? », tout en gardant les mêmes mots. Ça marchait ou pas. Mais quand ça marchait, c'était génial.

C'est l'une des choses que je dois à Patrick. Il me poussait à ça, il ouvrait des horizons incroyables. Maintenant, quand je travaille une scène avec des acteurs, je leur dis : « Jouer les mots ne suffit pas, j'aimerais qu'on travaille un peu comme je travaillais avec Patrick Dewaere : en explorant tout ce qu'une scène peut donner, tout ce qu'elle a de caché. Dire le dialogue en exprimant le contraire de ce que disent les mots. Ça donne parfois un poids, une dimension nouvelle... » C'est avec Patrick que je suis allé le plus loin dans cette exploration. Il trouvait des choses qui allaient au-delà de ce que je pouvais espérer d'un comédien.

Mado : Il s'est passé beaucoup de temps entre *Lily aime-moi* et *F... comme Fairbanks* ?

M. D. : Non, pas du tout ! En voyant les rushes de *Lily*, il y avait un plan qui m'avait frappé : c'est le matin, une scène chez Juliette Gréco. Ils sont face à face. Patrick a une chemise de soie bleue, il vient de se réveiller. Il est d'une fantaisie... Il éclate ! Il m'a rappelé Douglas Fairbanks, ce héros des années 1930 que j'adorais et dont je connaissais tous les films. J'ai eu envie de refaire un film avec lui. Il fallait que je trouve une idée. Un film de cape et d'épée ? Aujourd'hui, ça correspondrait à quoi ? Pourtant, il aurait été formidable dans un tel rôle... Je cherchais quelque chose de plus actuel, un film où il pourrait bondir, sauter aux fenêtres, mais il fallait que ce soit contemporain. Et puis, j'ai

Patrick, Miou-Miou et Angèle sur le tournage de *F... comme Fairbanks* en 1975.

pensé à des copains qui étaient au chômage. Je me souviens d'un journal de l'époque qui titrait : « Bientôt un million de chômeurs ». Un de mes amis avait fait des études de chimie, et avait du mal à trouver du boulot malgré son diplôme. On commençait à se dire : « À quoi servent les diplômes ? » Et c'est devenu un scénario. J'ai proposé l'idée de ce deuxième film à mon producteur, Michel Seydoux, alors qu'on en était encore au montage du premier. Je lui ai montré les rushes en lui disant : « Regarde cet éclat ! Avec un acteur comme lui, on pourrait faire un film qui serait le reflet de la vie quotidienne, mais qui ressemblerait à un film d'aventures. » Il m'a dit de foncer. Alors j'ai appelé Patrick : « Je suis en train d'écrire un film pour toi. »

Mado : Il a dû être content !

M. D. : Oui. Mais à mesure que je lui racontais, il me disait : « Tu ne crois pas que c'est un personnage trop négatif ? » Je lui répondais que ce n'était pas le personnage qui était négatif, mais le monde autour de lui. Il disait qu'il ne voulait pas s'installer dans des rôles de losers. D'ailleurs, il avait un dynamisme, une force, une joie de vivre... et en même temps une fragilité qui le rendait émouvant.

J'avais peur, parce que s'il me disait non, je ne faisais pas le film. Je l'avais écrit pour lui. Et il l'a fait. C'était la première fois qu'il avait le seul rôle masculin important dans un film. Jusqu'ici, il avait joué soit en duo, soit en trio, avec Depardieu dans *Les Valseuses*, avec Rufus et Folon dans *Lily*, avec Ventura dans *Adieu poulet*, avec Bouchitey dans *La Meilleure Façon de marcher*... C'est peut-être aussi ça qui l'a décidé, il m'a dit : « J'ai le sentiment d'avoir un film sur mes épaules, c'est formidable et en même temps très angoissant. Il faut qu'on le réussisse ! »

Il prenait des risques, il faisait des choses folles ! Le premier jour du tournage, il devait être sur une grue, à une hauteur de cinquante mètres. J'avais prévu un cascadeur pour le doubler. Patrick, à côté de moi, me lance : « Mais regarde-le ! On dirait qu'il a peur, c'est dingue ! Je ne veux pas qu'on croie que c'est moi, ce type, ça ne correspond pas à ma scène ! » Je me suis éloigné un instant pour effectuer un réglage, et j'ai soudain entendu : « Patrick est en train d'escalader la grue ! » J'ai couru lui demander de descendre, il m'a répondu : « Non, je monte. Mais si j'ai la moindre peur, je redescends, je te jure. » Et je l'ai vu cavaler comme un lapin sur cette flèche de grue. Le cascadeur est descendu, mais comme j'avais prévu de filmer la scène de loin, je n'avais pas d'optique assez longue. Heureusement, on m'a apporté un zoom dans la demi-heure, et j'ai pu faire un gros plan, où l'on voit très bien que c'est Patrick.

Mado : Sur *Lily*, tu l'avais connu en plein bonheur, mais sur *Fairbanks*, ça a été très dur pour lui...

M. D. : Je l'aidais au mieux... Je savais qu'il avait des moments de détresse sur le tournage, alors je restais très présent. On sentait qu'il avait besoin d'être entouré. Mais il avait une pêche incroyable, une inventivité ! Il avait l'intuition de ce qui était juste pour le film. Parfois aussi, il proposait des choses, et je voyais dans son œil, il voyait dans le mien qu'on n'y croyait pas vraiment. Alors il disait : « Je sais, je sais... » Ce qui me touchait énormément, c'était ce mélange, hors tournage, de moments de bonheur, de rires, et à la fois cette gravité qu'il pouvait avoir.

Même dans les instants les plus difficiles pour lui sentimentalement, dans ce film où il était censé jouer une histoire d'amour avec une comédienne avec laquelle il venait de rompre (Miou-Miou), il trouvait en lui une énergie extraordinaire pour surmonter tout ça...

Un soir, on tournait sous un chapiteau, pour quelques séquences de théâtre. À ce moment-là, je cherchais une musique pour le film, et puis j'en ai entendu une, qui venait des coulisses. C'était Patrick au piano. Je lui ai demandé ce qu'il jouait : il m'a dit qu'il ne savait pas, que ça lui était venu ces jours-ci. Ça faisait six semaines qu'on tournait,

1982 : essais pour le rôle de Marcel Cerdan, qui sera finalement joué par son fils Marcel Cerdan junior dans le film *Édith et Marcel*, de Claude Lelouch.

c'était donc une musique qui venait directement du personnage. Je lui ai demandé que ce soit la musique du film et, en plus, que ce soit lui qui la joue. J'ai écrit cette scène, tournée le lendemain, où on le voit jouer au piano ce morceau qui colle si bien à l'histoire...

Mado : Dans *Lily*, un de ses premiers films, il était boxeur. Et dans son dernier film, celui qu'il n'a pas fait, il devait reprendre les gants pour jouer Cerdan.

M. D. : Oui, d'ailleurs, il boxait vraiment. Il s'entraînait avec le coach de Depardieu. Il avait même disputé un match. Je m'étais dit, voilà un tempérament qui n'existe pas dans le cinéma français. Avec ce physique assez exceptionnel, cette beauté qu'il avait, ce mélange de fragilité, de tendresse... J'aurais fait dix films avec lui !

Mado : Tu l'aimais bien.

M. D. : Je l'adorais... Et puis, un film, c'est une aventure intense, entre beaucoup de gens, mais sur une durée très courte, deux mois environ. Deux mois pendant lesquels des liens se tissent, très forts, puis chacun repart de son côté, un peu comme des enfants qui quittent une colonie de vacances. On échange des mots, des adresses, des promesses... et l'on ne se reverra peut-être jamais. Nous, on s'est revus. Après *Lily*, il y a eu *Fairbanks.* On a eu deux aventures. J'aurais aimé qu'il y en ait d'autres... Je lui avais proposé un troisième film, mais il commençait à recevoir beaucoup de propositions. Il hésitait. Le film ne s'est jamais fait. C'est l'un de mes grands regrets.

Ensuite, moi, j'ai pris un autre chemin. Mais j'ai gardé de cette expérience exceptionnelle quelque chose qu'il m'a apporté, que nous nous sommes mutuellement apporté, que j'expérimente tout le temps : cette façon d'essayer le contraire. Il y a encore une scène comme ça dans *Fairbanks*, où il m'avait étonné. On devait le retrouver au lit avec Miou-Miou. Il m'a dit : « Tu te souviens, dans *Lily*, tu avais mis Rufus en haut de l'armoire, c'était bien ! Pourquoi tu veux nous mettre tout bêtement dans un lit ? » On les a placés par terre, ils s'étaient installé une cabane avec des draps... Il était ludique, il jouait avec tout. Il disait : « La vie, c'est formidable ! », il voulait expérimenter tout ce qu'elle pouvait offrir. Et quand il est parti, je me suis dit : « N'est-ce pas une expérience de plus qu'il a voulu tenter ? » Mais celle-là, irréversible...

Raphaël

Chanteur, auteur, compositeur

« Je vois Patrick comme un héros romantique, qui pourrait aussi bien aller faire la fête que se jeter dans la Seine. »

Mado : Votre album *Caravane* vient de sortir. Vous en êtes à combien ?

Raphaël : C'est le troisième.

Mado : Je l'ai écouté. Souvent d'ailleurs. Je trouve que c'est un peu pessimiste, ce que vous chantez. Celui-là, en tout cas.

R. : Les autres sont pires !

Mado : J'ai cherché le rapport avec mon fils dans votre *Chanson pour Patrick Dewaere*, et je n'en ai vu aucun *a priori.* J'aimerais que vous m'expliquiez un peu. Vous avez connu Patrick ?

R. : Pas du tout. Je ne l'ai connu qu'au cinéma, dans les films de Blier surtout : *Les Valseuses, Préparez vos mouchoirs* et *Beau-père.* Également dans *Coup de tête* de Jean-Jacques Annaud. Et puis dans un film très dur, *Série noire* d'Alain Corneau. Mais c'est surtout *Coup de tête* qui m'a inspiré pour la chanson. Il y a un petit thème sifflé qui m'a donné des idées. Plus généralement, son personnage, ce qu'il dégageait dans les films. Je ne connais rien de sa vraie personnalité, mais ce côté fleur de peau, fragile, blessé, c'est ce qu'on retrouve dans la chanson. Mais il n'y a rien de biographique : c'est vraiment sur un personnage que je vois comme un héros romantique, qui pourrait aussi bien aller faire la fête que se jeter dans la Seine.

Mado : C'est tout à fait lui.

R. : Quelqu'un au tempérament très imprévisible. Et comme le personnage de la chanson ressemblait à l'image que je me faisais de Patrick Dewaere, je lui ai donné ce titre-là. Mais quand j'écris une chanson, je ne choisis jamais mon sujet à l'avance. Le résultat m'est étranger jusqu'à ce que ce soit complètement fini. C'est très inconscient.

Mado : Racontez-moi la chanson.

R. : C'est l'histoire d'un garçon qui rencontre une fille dont on suppose qu'elle est sa petite amie. Mais c'est à peine s'il la reconnaît. Dès le départ, il y a quelque chose de trouble. Ça commence comme ça :

Et toi j'te connais pas mais t'es plus ma copine
Et tous les jours et les semaines
Et tu me fais vraiment de la peine, non
Regarde les autres comme ils s'aiment
Et moi je connais un bon coin
Où on pourrait s'embrasser
Et je te veux rien, allez viens

Mado : Ces quelques lignes me font penser à sa relation avec Miou-Miou. Il l'a connue au Café de la Gare. Le courant est tout de suite passé. Ils se sont aimés, ils ont vécu longtemps ensemble et ont eu un enfant. C'est le plus grand amour de sa vie. Et réciproquement, je crois. Et qu'est-ce qu'il vous inspire, en tant que comédien ?

R. : Malheureusement, j'étais trop jeune pour le voir au théâtre, mais je le trouve bouleversant. Même physiquement, il a la grâce. Quelque chose d'indéfinissable émane de lui. Il apparaît comme un homme blessé. Il le porte en lui tout le temps. Mais peut-être qu'il ne l'était pas du tout ! Il y a des gens qui ont l'air, comme ça, mais qui finalement, sont des bons vivants et se marrent à longueur de journée. Il était joyeux lui, dans la vie ?

Mado : Pas tellement. On avait l'impression qu'il cachait sa propre personnalité. Tout au long de sa vie, il n'a cessé de répéter qu'il mourrait jeune, on retrouve cela dans ses chansons et ses tableaux. Il aurait pu faire une carrière énorme au théâtre, face au public. Vous aussi, vos chansons, vous les écrivez pour les interpréter devant le public. Il n'y a rien de tel.

R. : Il faisait de la musique alors ?

Mado : Oh, oui ! Il jouait du piano, de la guitare... Il m'a dit un jour : « J'ai raté ma vie, j'aurais voulu être musicien. » Et dans votre chanson, je retrouve le tempérament de Patrick. En fait, sans le connaître, il vous a inspiré. Il était comme ça, fragile, sensible et violent. Par exemple, comme il n'arrivait pas à obtenir son permis de conduire, au bout de la cinquième fois, hors de lui, il a fini par l'acheter !

R. : En voilà, une bonne méthode ! *(Rires.)* J'aimerais bien écouter ses chansons...

Mado : Je vous passerai le disque.

Françoise Dorner

Actrice, auteur dramatique

« Il y a des gens qui savent, dans leur inconscient, qu'ils ne sont pas là pour longtemps. Je pense que Patrick le savait. »

Mado : En somme, tu étais déjà là au début de la carrière de Patrick ?

Françoise Dorner : On s'est connus au cours Girard, je devais avoir seize ans, lui un peu plus. C'était un jeune homme tout pur. Il ne buvait pas, ne se droguait pas. Il aimait s'amuser, même s'il était aussi très timide, pas sûr de lui. C'était quelqu'un de très beau, il avait quelque chose de touchant. Quand on allait chez lui le soir, il prenait sa guitare et chantait Brassens.

Mado : Il a aussi écrit des chansons.

F. D. : Oui, il adorait ça ! Et il chantait merveilleusement bien, il avait une voix pour ça. Je pense aussi qu'il avait un peu, à cette époque, l'esprit de Brassens, un peu solitaire, un peu sauvage. Il avait déjà un bébé quand le succès est arrivé, mais je crois qu'il avait déjà fait beaucoup de choses avant et que personne ne l'avait jamais remarqué. C'est ce qu'il me disait toujours : « Là, tout d'un coup, on me remarque, on me porte aux nues parce que le film fait un million d'entrées, mais si le prochain ne marche pas, on va dire que je ne suis pas ce qu'ils croient, que je ne suis rien. » C'était ça, son drame. Pour que les autres l'acceptent, il pensait qu'il fallait qu'il soit grand. Il ne pouvait pas se permettre d'être mauvais. Alors, le rythme infernal qu'il a commencé à prendre, c'était peut-être seulement parce qu'il n'était pas sûr de lui. Il avait tellement peur de ne jamais devenir quelqu'un grâce à sa seule personnalité, qu'il a décidé de changer sa vie, d'être quelqu'un d'autre, comme à l'écran... Et c'est là qu'il a commencé à être malheureux, à se détruire. Petit à petit, dans une escalade irréversible.

Mado : Vous vous êtes connus longtemps ?

F. D. : Deux ans. C'est beaucoup quand on est jeune.

Mado : J'ai un amour particulier pour toi à cause de votre ressemblance... D'où vient-elle ?

F. D. : Je ne sais pas, c'est curieux... On nous le disait beaucoup, le regard surtout. Patrick était très secret. Il avait un charme ! Un charme que peu possèdent. Parce qu'il était déjà cassé. Il était fragile, tout en ayant déjà l'aspect d'un homme. Il avait une angoisse dans le regard, et une pureté...

Mado : Un regard d'ailleurs...

F. D. : Oui, complètement. Il pouvait fixer sans voir... C'était un timide aussi. Je ne parle pas d'après, je ne sais pas ce qui lui est arrivé, je n'ai pas compris. Malgré son apparence, il n'était pas costaud, et je pense que ce qu'il vivait était trop fort pour lui. Nous deux, c'était la vraie grande adolescence... Moi, par exemple, j'adorais Marlon Brando, alors je traînais Patrick au cinéma pour aller voir ses films et je lui disais : « Tu vois, s'il y a un acteur vers lequel tu dois te tourner, c'est Brando. Observe comment il joue, comment il se déplace... » C'était beau, c'était formidable. Et puis, l'un de ses amis est mort, un grand blond...

Mado : C'est Jean-Jacques Angebeau, qui s'est ensuite appelé Jean-Jacques Ruysdaël. Il a été tué en voiture sur un tournage. Il avait vingt ans.

F. D. : Ça l'avait beaucoup frappé. Nous étions très copains tous les trois, ils habitaient ensemble rue Ordener. C'était l'opposé de Patrick, un garçon très vif, très charmeur. Patrick avait beaucoup de charme, mais il était un peu renfermé, il se posait plein de questions, il n'osait pas aller vers les filles. Tandis que l'autre... C'était tout ce que Patrick n'était pas, un personnage de Musset, très pétillant. Patrick l'admirait beaucoup.

Mado : Tu as revu Patrick après cette période ?

F. D. : Oui, mais c'était toujours par hasard. Curieusement, j'étais invitée quelque part, et sur qui je tombais ? Patrick ! Plusieurs fois aussi, quand j'entrais dans un restaurant, il m'apercevait de loin, et venait m'embrasser en disant : « Tu te souviens ! » J'étais le symbole d'une époque, d'une enfance, d'une adolescence pure qu'il avait connue. Il me demandait si j'aimais toujours Brando, et je lui répondais : « Oui, bien sûr, je continue à voir tous ses films ! » Et on repartait tout le temps là-dessus. C'est fou les souvenirs qu'il avait gardés de ce temps-là ! Il me demandait : « Tu fumes toujours les mêmes cigarettes ? » et il citait la marque. C'étaient des détails très lointains, très précis, qui le marquaient ainsi. Il pouvait rester vingt minutes à parler, parler... Et la dernière fois que je l'ai vu, peu de temps avant sa mort, c'était encore dans un restaurant. Je me suis dit : « Mon Dieu ! Ce n'est pas lui... Ce n'est plus le même ! » Il s'est assis, il m'a pris la main, il m'a lancé : « Tu sais, je vais toujours revoir les films de Brando... Et toi, tu devrais recommencer à fumer les mêmes cigarettes... » Il avait ce genre d'obsession.

Je pense qu'on est tous là pour faire un bout de chemin, plus ou moins long, et qu'il y a des gens qui savent, dans leur inconscient, qu'ils ne sont pas là pour longtemps. Je pense que Patrick le savait. Moi, j'ai eu la chance de le connaître à une époque privilégiée. Ensuite, quand il est entré au café-théâtre, il a été happé par ces gens formidables, c'est sûr, mais il a commencé à connaître des trucs, les « cigarettes »... Et puis, un jour, il lui a fallu autre chose...

Tu vois, j'ai une photo de lui qu'il m'avait donnée, où il porte un caban. Il avait un peu plus de vingt ans, et je me dis en la regardant : « C'est pas possible que ça lui soit arrivé en si peu de temps, cette drogue. »

Mado : Un jour, je lui ai dit : « Mon chéri, on m'a dit que tu te droguais. » Il m'a répondu : « Tu sais, maman, un comédien, ça doit tout connaître. Mais ne t'en fais pas : quand je tourne, j'arrête, je te jure. » Alors je lui ai souhaité de ne jamais arrêter de tourner !

F. D. : Cela dit, drogue ou pas, il aurait pu se faire renverser en moto au même âge. La mort l'aurait happé de toute façon. Moi, je le ressens comme ça : il était là pour une courte durée.

Mado : Claire Maurier, qui avait joué avec lui dans un feuilleton quand il était adolescent et qui l'avait retrouvé dans *Un mauvais fils*, me confiait qu'un jour, il lui avait dit : « Si je fais pas le con, j'en ai encore pour dix ans. »

F. D. : Oui. On parlait de Brassens tout à l'heure. On sentait bien qu'il aurait pu être comme lui. Il aurait dû, il aurait pu être comme ça : célèbre, mais réfugié dans sa petite tanière.

Mado : Il ne fallait pas qu'il devienne une star.

F. D. : Non. Depardieu est devenu star en même temps que lui, mais il avait une santé de fer, il est prêt à foncer, à bousculer les gens. Patrick n'aurait jamais osé bousculer personne. Il était tellement fragile. C'est pour ça qu'on s'entendait bien. On a eu une amitié qui est restée intacte, à un moment de notre vie où tout était clair. Une jolie histoire.

Mado : Il a composé huit chansons à cette époque-là. Il y en a une qui s'appelle *Soit, petit homme*, elle est bouleversante, comme une prémonition. Elle dit entre autres : « Tu n'as pas eu le temps de vivre pour jouer... » Tu l'as déjà écoutée ?

F. D. : Il me l'a peut-être chantée. Oui, « petit homme »... Titou... c'était un surnom qu'on s'était donné. Quelquefois, quand je pense à lui, je lui demande : « Et toi, ça va ? »

X

Ta vie en éclats

Quand tu es devenu star et qu'on me demandait : « Tu es fière de ton fils ? », je répondais : « Oui, bien sûr ! » Et pourtant, de tous mes enfants, c'est toi qui m'inquiétais le plus. Car tu étais le plus fragile. Peut-être y avait-il au fond de moi un obscur pressentiment. C'est si précaire, la réussite. Et réussir dans la vie, ça ne signifie pas forcément réussir sa vie. Et même de ton métier, de ton talent, tu n'as jamais cessé de douter...

Un jour, au festival de Cannes, tu es apparu en haut des marches aux côtés de Jean Marais, et vous avez été salués par une immense ovation. Tu t'es tourné vers lui et tu lui as dit, plein d'admiration : « C'est formidable comme vous êtes aimé ! » Pas une seconde il ne t'est venu à l'idée que c'était peut-être toi qu'on applaudissait...

Tu sais à présent la valeur de la vie. Tu es dans la vérité, et la lumière qui t'enveloppe, je la reçois comme une onction d'amour. Tu es tellement présent, et en même temps si lointain, comme un souffle léger qui m'accompagne au fil des jours. Par des signes, des bribes, des éclats de toi...

2 octobre 1984. J'ai rêvé de toi cette nuit. C'est, je crois, la première fois que tu me rends visite dans mon sommeil et que j'en garde mémoire. Nous étions dans la salle à manger de mes parents. Tu avais environ quatorze ans. Tu portais un chandail rouge. Nous tournions autour de la table en riant comme des fous. Je n'arrivais pas à te rattraper. Tu riais, j'entendais ton joli rire chaud. Essoufflée, je m'arrête et je te dis : « Mon chéri, enfin ! Viens m'embrasser ! » Alors tu t'es précipité sur moi, tu m'as prise dans tes bras et tu m'as serrée fort, si fort ! Et je me suis soudain réveillée. Je sentais sur les bras la pression de tes mains qui continuaient de m'étreindre. C'était la nuit des Saints Anges gardiens. Crois-tu qu'ils existent ?

28 février 1985. Je suis à Nancy, pour la création de la pièce *Jeff.* Deux mois de solitude à partager avec toi. La fenêtre de ma chambre d'hôtel s'ouvre sur un jardin qui ressemble à un petit cloître. Je plonge mon regard dans tes beaux yeux noirs si vivants sur cette photo prise trois heures avant ta mort, pour les besoins d'*Édith et Marcel*, le film de Claude Lelouch que tu n'as pas pu tourner. Dernier message empreint d'une telle sérénité, d'une sorte de paix retrouvée. Je nous sens si proches, de chaque côté de cette frontière qui nous sépare. On croirait que tu me suis des yeux...

Mars 1985. C'est la première de *Jeff.* Dans ma petite loge improvisée derrière le décor – une station de métro –, la musique de Bach accompagne mes battements de cœur. Un chuchotement survient : le public entre dans la salle. Autour de mon miroir, des photos : tes frères, ta petite sœur, papa. Et toi, qui me regardes, m'encourages. Quelque chose passe, une infinie douceur, une chaleur où je puise une force incroyable. Le bruit du métro déchire le silence. C'est parti ! Je dois y aller.

Avril 1985. C'est la dernière. La fin du voyage. D'abord, la musique, puis le bruit du métro qui s'élance. Dans 1 h 40, les portes de la station se fermeront. Et demain, on cassera le béton qui, pour plus de vérité, en formait le sol. Ce sol sur lequel chaque soir depuis un mois, mon corps gisait interminablement dans l'immobilité de la mort. Et chaque soir, je ne pouvais m'empêcher durant ces longues minutes de songer à cet instant où, toi aussi, tu gisais dans l'immobilité de ta vraie mort. Oh, mon chéri, combien de temps es-tu resté seul ainsi avant qu'on ne te découvre ? Des questions défilaient dans ma tête tandis que les lumières s'éteignaient, que le rideau tombait... Qui pourrait comprendre à quel point tu es présent en moi ? Alors je goûte ces fugitifs instants de presque bonheur qui emplissent ma vieille carcasse. Je me blottis en toi comme un vieux félin épanoui qui ronronne sous la caresse.

Mars 1986. Un dimanche, le premier du mois, je passe devant le 165 du boulevard Saint-Germain. Pincement au cœur... je t'y avais vu bien souvent. C'est là qu'un matin de Noël j'avais déposé pour toi une petite Vierge à l'enfant. Tu m'avais remerciée sur le répondeur d'une voix joyeuse. Ma chère blessure, ma tendre plaie, douleur enfouie au fond de ma joie de vivre, il suffit de si peu pour que quelques gouttes de sang perlent et fassent jaillir l'eau pure des larmes.

24 septembre 1987. Je suis à la campagne. Lorsque je suis sortie de la maison l'autre matin, les hirondelles étaient toutes alignées sur des fils en un joyeux conciliabule. J'ai pensé : « Elles se préparent au départ ! » Aujourd'hui, le ciel est vide de leurs pépiements. Seules, les pies jacassent et apprennent à voler à leurs petits. Comme la nature est parlante, bavarde, riche de messages ! Combien il est important de la regarder, de l'écouter, en communion avec la douce présence de l'absent...

Ce soir, c'est mon anniversaire. En route pour Paris pour rejoindre notre fraternité dominicaine, je souhaitais secrètement un signe de toi. La pluie venait de cesser, le ciel était sombre. Tout à coup, les nuages s'écartant ont dévoilé un coin d'azur bleu, où le soleil est apparu, brillant, chaud, inondant de lumière ma route malgré l'heure tardive. « Bon anniversaire, maman ! »

11 juillet 1988. Dans cinq jours, il y aura six ans. Tu seras présent. Tu l'es déjà. Ce soir, en Avignon, c'est l'ouverture du festival. La demie de neuf heures va bientôt sonner aux clochers de la ville. Tous ces comédiens, ces histrions, ces baladins, ces clowns... Le trac s'empare d'eux. Leur cœur cogne dans leur poitrine. Seigneur, donne ton amour à tous ces enfants qui portent, sans le savoir peut-être, le don que tu as placé en eux à leur naissance. Donne-leur ta joie, Dieu en qui je crois de toutes mes forces. Et tous ceux qui vivent en toi, tous ceux partis trop tôt, les Monroe, les Dean, les Philipe, les Schneider, les Coluche, et toi, mon Patrick, tous, sans exception, qui avez su garder une âme d'enfant. Unissez-vous à nous en une immense communion des enfants de la balle... Et toi, mon enfant, conduis « ta vieille » !

19 janvier 1989. Bientôt sept ans. Quand tu nous as quittés, je me suis tout de suite sentie responsable d'une parole qui me venait de toi pour tous ceux, toutes celles qui traversaient la même épreuve. Parce que tu étais l'acteur dont on parlait – un comédien appartient à tout le monde –, j'ai pu atteindre et consoler d'autres cœurs blessés, désespérés. Simplement parce que tu étais « Patrick Dewaere » et que j'étais ta mère.

Et cela se poursuit, année après année, non seulement auprès des parents, mais aussi, et surtout, auprès de toute cette jeunesse que tu as incarnée, et à laquelle, depuis lors, j'essaie de transmettre en ton nom un message d'espérance et de foi en la vie. Il est écrit : « Si le grain plongé en terre meurt, il porte beaucoup de fruits ! » Toi que j'ai plongé en terre un jour de juillet, le fruit que tu portes, c'est ton message.

Avril 1989. Parce que, dans la rue, est passée une silhouette qui te ressemblait, une douleur vive m'a prise à la gorge, mes yeux se sont embués. Dieu soit loué ! Ma peine est toujours aussi vivace, mon chagrin intact. Car je ressens parfois une angoisse : j'ai peur que mon courage ne se change peu à peu en une sorte d'indifférence. Non, Patrick, je ne veux pas me consoler. Ce chagrin si soudainement ressenti me rassure. Combien je voudrais te retrouver au détour d'une rue ! Cela fait si mal de se persuader que tu n'es pas là, que tu ne seras plus jamais là. Mais ce qui est merveilleux, c'est que tu resteras pour nous tous lumineux et joyeux. Ni rides ni cheveux blancs ne terniront ta jeunesse. Ton rire sonne toujours en moi. Lointain, très lointain, mais distinct. Tu es là, et je t'aime.

Mai 1989. Dans un collège de Marseille à la fin d'une rencontre, un jeune de quinze ans vient vers moi : « Vous savez, Madame, votre Patrick, c'était un adolescent comme nous. Ne croyez-vous pas que son suicide a été son premier geste d'adulte ? » Les larmes me sont montées aux yeux. « Oh, je vous demande pardon, je vous ai fait de la peine. – Non, mon chéri, mais c'est si vrai, si bouleversant ce que tu viens de me dire... »

Lettre reçue en janvier 1986

«J'ai dix-sept ans, je m'appelle Philippe, j'habite un petit village de Provence. Depuis l'âge de dix ans, j'admirais votre fils. Les années passant, ce sentiment grandissait et se changeait en véritable passion. Je voyais tous les films de mon héros. Ce héros si fragile, au cœur trop tendre, tellement représentatif de notre jeunesse. Puis vint ce maudit soir de juillet 1982. La nouvelle tombe, fracassante. Ce n'est pas vrai, pas possible. Je me souviens de n'avoir rien dit. Je suis monté dans ma chambre, j'ai ressorti toute ma collection d'articles, de documents, de photos. C'est le vide, puis les pleurs. Mais à quatorze ans, on est un homme, on ne pleure pas, même si mon James Dean à moi s'en est allé. Il y aura quatre ans dans sept mois. Patrick n'est pas oublié, je lui demeure fidèle, sous le regard indigné de mes parents qui qualifient ma passion d'enfantillage. Ils ne comprennent pas mon admiration envers cet « éternel adolescent » qui, peut-être, pris d'une extrême curiosité envers l'au-delà, a décidé une fois pour toutes d'aller découvrir lui-même ce qui se cachait derrière la vie. Aujourd'hui, il sait, mais il avait sans doute oublié que le voyage était sans retour...

« J'adorais Patrick, et je continue à l'aimer. Il restera pour moi le compagnon fidèle de ma jeunesse bientôt révolue... »

Janvier 1992, lettre du même Philippe pour Patrick

« Ton adolescence regardait la vie de l'autre côté de tes images. Avec cette soif de vivre qui s'estompe au fil des rôles... avec ces yeux qui perdent leur éclat... Tu es venu trop tôt, sans carapace, sans faux-fuyant, sans double jeu. Nous, tes petits frères lointains, tes fidèles des fidèles, nous en idéalisions ta propre dualité : au cœur de la réalité sous cellophane, Dewaere en star cassable, Maurin oppressé par sa condition de vedette, aux yeux des néophytes, Dewaere-Maurin, paumé sous sa fragile image de loubard : liberté, amitié, amour ! Parce que nous étions neufs, parce que tu défrichais la voie, parce que nous aurions aimé t'y suivre jusqu'au bout de tes nuits blanches, tu nous as gardés en mal d'amour.

« Les "aïeux", rongés par leur éducation millénaire, leur carrière, leur ambition, ne te suivaient pas. Toi, trente-cinq années durant, tu n'as rien amalgamé. Tu as simplement tracé la voie. La vie est un jeu qui vaut la peine d'être vécu. Tu l'as joué, trop bien, jusqu'à t'y perdre... et l'on t'y a vu te débattre toujours plus profondément. Alors, dans ta liberté retrouvée, tu t'en es allé, comme la mer, sous le soleil. L'éternité, Patrick, l'éternité ! »

Et, signe parmi les signes que tu n'as jamais cessé de m'envoyer, Patrick : ce jour d'automne 1995, où je fus invitée à Lierneux, près de Liège en Belgique, à l'inauguration d'un centre pour les TSA (Tentatives de suicide avortées). Le premier, le centre Jean-Abadie, avait été créé à Bordeaux par un psychiatre, le professeur Xavier Pommereau.

La direction m'avait demandé si j'acceptais que ce nouveau centre porte le nom de Patrick Dewaere. J'avais apporté mes deux livres précédents : *Parce que c'est vrai* et *Mon fils, cet inconnu.* Une séance de dédicaces était prévue, ainsi que de nombreuses conférences données par des médecins et spécialistes. Une psychologue, s'occupant d'adolescents ayant manqué leur suicide, prit ensuite la parole. J'étais fascinée par ses mots emplis d'espoir, évoquant les moyens de soutenir et sauver les jeunes filles et jeunes gens à la dérive. Si bien que je demandai à la dame qui m'assistait à la dédicace : « Je voudrais prendre des notes, car ce que dit cette femme est merveilleux ! Auriez-vous quelques feuilles de papier à me passer ? »

Elle sortit aussitôt de son sac un grand agenda et en arracha quelques pages périmées. Je commençai à y écrire quelques mots, tout en jetant incidemment un œil en haut de la page où je pus lire : « Lundi de Pentecôte [1] ». Quel choc ! Puis, je saisis une autre feuille au hasard : « 16 juillet [2] »... Je pris ces deux signes pour un véritable miracle.

Un peu plus tard, j'annonçai aux médecins du centre, dont certains accueillirent la remarque avec un sourire amusé : « Patrick vient de me faire savoir qu'il était d'accord pour que je donne son nom à votre établissement. »

1. Le jour de ma rencontre avec son père.
2. La date de son suicide (le 16 juillet 1982).

XI

L'autre, c'est toi

En ce mois de juillet 1989, je me rends chaque soir à notre rendez-vous, rue des Écoles. « Le film de Dewaere n'est pas commencé ? » Cette petite phrase cogne joyeusement à mon cœur et me chauffe l'âme comme une caresse. Le jeune homme qui vient de se précipiter pour prendre son billet n'a pas donné un titre de film : il a seulement dit « le film de Dewaere ». C'est toi, mon chéri, toi seul que l'on vient voir !

Malgré les vacances scolaires, le public est de plus en plus nombreux à cet hommage organisé pendant deux semaines par Marc Esposito. Et moi, chaque soir, je m'émerveille des multiples visages de mon fils. Chaque personnage me fait rire ou pleurer : c'est toi, mais toujours un toi différent. Ce soir, *Un mauvais fils*, la tendresse juvénile de ce Bruno qui regarde son père un peu comme tu pourrais me regarder... Pendant quatorze jours, je fais une merveilleuse cure de mon Patrick. Merci à ceux qui me permettent ce bonheur. J'y redécouvre tes nombreuses facettes : douleur, angoisse, mort, ironie, tendresse, humour... Tu es comme ces clowns qui font rire aux éclats ou pleurer à chaudes larmes. Tu fais peur, tu fais peine, tu émeus avec tes beaux grands yeux noirs, reflet de ce qui brûle en toi. Ton profil d'adolescent, presque enfantin, par instants, me rappelle très fort un autre profil. Je te vois mourir, souffrir, blaguer, rire, pleurer. Je suis heureuse de te voir heureux. Je souffre et me révolte contre ta souffrance. Et si je pleure, c'est de bonheur, parce que tu es présent, non seulement pour moi, mais pour ces innombrables fidélités, jeunes et vieilles, qui se rassemblent autour de toi. Les paroles entendues qui te sont dédiées résonnent en moi comme un écho. Je suis si fière, j'ai envie de leur crier : « C'est mon fils, vous savez ! »

Mon cher ami Patrick Messmer, président de l'association culturelle suisse Evento, me confiait dans cette lettre reçue en mai 2006 : « Patrick était un révolté. Mais il a su utiliser ses dons d'artiste à travers cette souffrance. Tout existe dans cette attitude : la sincérité, la générosité, toujours la vérité. Extraordinaire générosité de l'âme : ne jamais ménager ses efforts, trouver cette force dans ce qu'il prenait pour une injustice, tout donner, sans compter, jusqu'à travailler sans filet...

« Il fait aujourd'hui partie des grands ! Comme de très rares. Villeret faisait rire grâce à son malheur, Bourvil touchait les gens par sa simplicité, de Funès ne se moquait-il pas d'une éducation trop rigide et trop stricte ? Patrick reste aujourd'hui un comédien inégalé, unique. Son parcours si exceptionnel – et si court – s'est toujours accompagné du langage du cœur.

« C'est aussi pour cela qu'il est devenu, et restera pour les générations futures, un exemple, donc un mythe. »

Et soudain, une pensée me traverse, comme une certitude. Tous ces personnages dans lesquels tu entrais, et dont tu disais : « C'est une aventure que je vis, moi, Patrick », ces personnages ne symbolisaient-ils pas à une sorte de suicide inconscient avant la lettre ? N'avais-tu pas avoué à propos de *Série noire* d'Alain Corneau : « Je sais que c'est une fiction mais, pour moi, j'ai tué. » Et plus tard, tout en affirmant que tu avais adoré le tourner, n'avais-tu pas déclaré : « J'y ai laissé des plumes ! » Tu vivais l'aventure, quittant ta propre vie pour une autre. N'était-ce pas déjà désir d'un ailleurs impossible ? Rejet d'un présent qui n'était jamais à la mesure de ce que tu attendais vraiment ? Tu te débattais dans un refus de la réalité, dans une fringale d'autre chose, comme les enfants qui jouent et s'inventent des histoires.

Sur le tournage de *Série noire*, d'Alain Corneau (1979), Patrick Dewaere plaisante avec l'acteur Andreas Katsulas, mort en février 2006, et dont c'était là le premier rôle au cinéma.

Alain Corneau

Cinéaste, scénariste, réalisateur de Série noire

« Patrick avait un problème d'identité. L'ambiguïté, l'auto-ironie, la détresse évidente de Franck Poupart ressemblaient aux siennes. »

Alain Corneau : Avant le tournage de *Série noire*, je ne le connaissais pas du tout personnellement. Je ne l'avais même jamais rencontré. J'avais rendez-vous avec lui à l'Alma. Il est arrivé en mobylette. Il a pris le scénario. Je lui ai parlé deux minutes, comme on fait toujours. On n'ose jamais relancer un comédien avant lecture. Il est parti avec le document sous le bras. Il avait l'air assez content. Et il m'a appelé dès le lendemain matin, vers quatre ou cinq heures, m'annonçant qu'il n'avait pas beaucoup dormi, qu'il avait lu toute la nuit et qu'il préférait m'appeler avant d'aller se reposer. Il disait qu'il était extrêmement content. C'est une chose qui arrive très rarement, et je dois dire que lorsque ça commence comme ça, c'est déterminant pour la suite.

Psychologiquement, tous nos rapports de travail ont été le résultat de cet enthousiasme immédiat, qu'il n'a pas caché. Car, souvent, les gens sont un peu réticents à montrer ainsi leur engouement. Ça m'a donné un coup de fouet, dont il était le responsable. C'est à ce genre d'attitude qu'on reconnaît un acteur de génie. Il était la charpente du film. J'avais dit à l'époque – et je continue à le penser – que sans une réponse enthousiaste de Patrick, je n'aurais pas fait *Série noire.* J'aurais arrêté, je serais passé à un autre projet.

Je me rappelle très bien un autre moment extrêmement important, où il a redonné un coup de barre essentiel : avec mon besoin de faire vivre ce film de la façon la moins traditionnelle possible, j'avais envie de laisser libre cours à l'improvisation, de détourner un peu le scénario. Il m'a dit : « C'est une grande erreur que tu penses ça. C'est possible, mais il ne faut pas y arriver par ce chemin-là. Il faut, au contraire, rester hyperrigoureux et très discipliné. » J'étais, évidemment, un peu troublé par sa réponse, qui était très ferme.

Ô combien il a eu raison ! Quand un acteur réagit aussi fortement, aussi lucidement, on peut dire qu'il est responsable de la mise en scène. C'est là où le cinéma est collectif. Cette réaction m'a amené à un système de tournage très particulier, que je n'ai jamais reproduit depuis : trois caméras qui tournaient en même temps, micros HF. Ça n'était pas improvisé, mais j'avais récupéré par ce moyen une liberté absolue sur les comédiens. On répétait très peu, mais on travaillait beaucoup avant. Là encore, j'ai eu la chance d'avoir une équipe très soudée. Patrick avait réussi à obtenir en un clin d'œil des rapports merveilleux avec tous. Sur un tel tournage, avec très peu de lumière, même le pointeur est capital : s'il ne colle pas à l'instinct de l'acteur qui va se déplacer, le plan est foutu. Or, Patrick entraînait tout le monde, jusqu'au pointeur.

Tout s'est déroulé au mieux, tous les jours. Même pour cette scène où il devait se frapper le front sur la voiture. Il ne voulait aucun trucage. Pour moi, c'était très perturbant : j'avais prévu une sécurité. Patrick m'a dit : « Moi, j'en veux pas ! Et pour te le prouver, je vais jouer les mains dans les poches ! Mais ne fais pas plusieurs prises ! » *(Rires.)* J'ai dit oui, évidemment... Même si on savait qu'il y avait des risques.

La gravité du tournage était subordonnée aux réactions de Patrick. J'ai tourné avec des acteurs que j'ai adorés.

J'aime beaucoup les comédiens. Mais là, il s'est vraiment passé quelque chose. Il risquait toujours un peu sa vie. Ce n'est pas le seul acteur à faire ça, mais c'est quand même lui qui allait le plus loin, pas comme certains qui en font des kilos. Lui était très modeste. Chaque plan était important. Grâce à lui, on ne filmait jamais n'importe quoi. Et tout ça, sans intellectualisme, sans grosse tête, sans vedettariat. Mais avec une exigence d'acteur qui nous avait tous beaucoup séduits. Je ne parle même pas des acteurs qui tournaient avec lui : ils étaient éblouis. Que ce soit Bernard Blier ou Marie Trintignant, peu importe la génération, tout le monde était dépendant de lui, complètement.

Et puis, il était terriblement intelligent, incroyablement discipliné. Il n'a jamais posé les problèmes que posent généralement les acteurs. Il était toujours là, jamais en retard. On ne se disait pas le matin, comme parfois : « Qu'est-ce qui va se passer ? » Le texte était su, il n'y avait pas de malaise de mise en place. Tout se faisait magiquement, dans une sécurité absolue. Je crois qu'au-delà de tout, il a dû se faire une rencontre entre Patrick et son personnage. Il y avait dans le livre de Jim Thompson – et j'espère dans le scénario – un éclatement, une recherche d'identité. Quelqu'un qui adoptait des masques successifs et qui était un peu pressurisé par ces masques. Or, je pense que Patrick avait un peu ce problème d'identité. L'ambiguïté, l'auto-ironie, la détresse évidente de Franck Poupart ressemblaient à celles de Patrick. Et puis, c'était un homme des villes, un homme de la nuit...

J'ai réfléchi à ça après le film : il s'était peut-être passé quelque chose d'important, dont il n'était pas conscient lui-même. Dans *Série noire*, comme dans tant d'autres films, Patrick jouait un personnage qu'il n'était pas. Ainsi, il se retrouvait en plein mythe. Il faisait le gangster, d'une manière enfantine, comme on va au cinéma. Et la première fois que je lui ai montré le film, il m'a fait une remarque révélatrice. Il avait été extrêmement frappé, comme anesthésié. Il m'a dit : « Il y a trop de gros plans. Pourquoi ? » Il était gêné par son image. La seule fragilité de Patrick était une fragilité d'acteur. Le fait qu'il travaillait en fulgurance et en rapidité était la preuve qu'il était quelqu'un de fragile. Ça explique cette espèce de peur de lui-même, cette peur des gros plans, comme la peur du personnage.

De toutes les personnes que j'ai rencontrées, c'est lui qui mettait le moins de distance entre ses paroles et ses actes. Jamais Patrick n'aurait affabulé. Quand il disait quelque chose, c'était vrai. Il ne cachait rien, il disait tout. S'il aimait, s'il n'aimait pas... C'est peut-être pour ça qu'il n'avait pas que de bons rapports avec la presse. Il m'avait dit, avant le film : « Ne me demande pas, à la sortie, de faire la promotion. Je ne suis pas fort là-dessus. Mon problème, c'est que quand j'ai fait quelque chose, je n'ai rien à en dire après. Et si je me force à en parler, je deviens un clown à mes yeux. Et je me sens déprécié pour le prochain film que je vais faire. » Et c'était tellement vrai ! Pour Patrick, et pour nous tous. Que les gens n'aient pas compris ça, ça me tue...

Patrick a changé ma vie : je suis sûr que je suis devenu un homme différent après notre rencontre. En plus, et c'était ça aussi que j'adorais chez lui, il avait un humour dévastateur. C'est sans doute l'acteur qui m'a fait le plus rire. Il pouvait me faire hurler de rire des nuits entières ! Il imitait les gens, c'était très drôle. J'ai des souvenirs fantastiques avec lui. C'était aussi le seul mec qui, ayant un rendez-vous à neuf heures, se pointait à quatre heures du matin. Il ne dormait pas la nuit. Ça allait très bien : il dormait entre les prises, comme tous les grands acteurs. C'était un comédien avant tout. Son métier le bouffait, comme tous ceux qui ne jouent pas, mais qui vivent leur personnage. Dans son jeu, il était d'une rigueur absolue. Et il jouait avec les autres comédiens : c'était ça aussi, son secret. Il ne jouait jamais seul. Plus les comédiens en face étaient de qualité, meilleur il était. Il n'y a que les grands comédiens pour jouer ainsi. Ça aussi, Patrick me l'a fait comprendre. Il possédait ce que j'appelle la vraie intelligence : l'intelligence naturelle, la noblesse intellectuelle.

Mado : Dans une interview, vous avez déclaré qu'il avait été applaudi sur le plateau.

A. C. : Oui, plusieurs fois pendant le tournage. C'est extrêmement rare. C'était très spontané, sans aucune préparation psychologique. Ça tient simplement au fait qu'il était éblouissant. On était tous réellement impressionnés. On faisait des scènes en longueur avec mon système de tournage à trois caméras. On n'en voyait pas la fin. Je dois dire que c'est la seule fois où j'ai vu une équipe entière ainsi impressionnée par l'acteur principal.

Mado : Après le film, vous l'avez revu souvent ?

A. C. : Pas mal de fois. Mais comme toujours, pas assez... C'est normal, c'est la vie... C'est le cinéma. Je pense que ce qu'on vit pendant un film est trop intense pour qu'on puisse le faire continuer. Mon grand regret, c'est de ne pas avoir tourné un autre film avec lui. Il m'en a reparlé plusieurs fois. Il était le seul à pouvoir téléphoner à un metteur en scène pour lui dire : « Alors, quand est-ce qu'on refait un film ? »

Depuis sa disparition, il y a tellement de films qu'on ne fera pas... Il n'était pas seulement un interprète. Il occupait une place à part dans le cinéma français. Avec lui, on a perdu un personnage éminemment moderne. Il aurait pu tourner une grande comédie. Il avait un rire tellement communicatif ! Je parle d'une manière très égoïste, très cynique, exprès. Pour ne pas sentimentaliser. Mais Patrick était un sujet en lui-même. Les films n'étaient que le développement de ce sujet. Il y a un sujet de film qui a disparu avec lui : on ne peut plus le traiter.

Mado : Quand *Série noire* a été présenté à Cannes, il m'avait téléphoné avant de partir pour me parler de la Palme d'or.

A. C. : Ça, je trouve ça très triste. J'ai toujours été contre les récompenses. J'ai essayé de le retenir, et je n'y suis pas arrivé. C'est terrible, c'est comme une attirance trop forte. Par philosophie personnelle, je suis contre les classements. Je trouve que c'est un métier déjà assez compétitif, c'est pas la peine d'en rajouter. Quand on voit les conséquences que ça peut avoir sur les comédiens, qui sont des gens extrêmement fragiles, je trouve ça absurde. Mon expérience avec Patrick n'a fait que le confirmer. Pour les metteurs en scène, tout ça n'est pas très grave. Nous avons des natures différentes. Mais je crois que pour un comédien, c'est terrible ! Ça rend les acteurs ennemis les uns des autres. Enfin, on est en pleine folie !

Mado : J'ai souvent pensé que s'il avait continué à faire du théâtre, cela l'aurait sauvé. Au théâtre, on n'est pas seul, c'est un partage d'amour avec le public. Qu'en pensez-vous ?

A. C. : Le cinéma est trop compliqué pour les comédiens. C'est un métier dangereux. Et pas seulement à cause de l'argent. À cause de l'image. Vivre constamment avec une image filmée, avec son visage aussi gros, ça déstabilise, forcément ! Cela dit, il était vraiment éblouissant... Dans *Beau-père* aussi, il est merveilleux d'émotion. Quand il est là, dans la neige, il donne une telle impression de détresse... Il est génial d'un bout à l'autre. Sidérant, dès le premier plan.

Je pense énormément à Patrick. Il y a deux personnes qui me sont restées extrêmement proches : Simone Signoret et lui. Ce sont les deux qui, je crois, ne me quitteront jamais.

André Téchiné

Cinéaste, scénariste, réalisateur de Hôtel des Amériques

« Par rapport à Patrick, je me sens troublé, parce que je l'ai poussé dans un abîme à travers le personnage suicidaire de Hôtel des Amériques. *Comment imaginer que la partition que j'avais écrite pour lui pourrait avoir dans la vie ce caractère fatal ? »*

Mado : *Hôtel des Amériques* est un film qui m'a totalement bouleversée. Il m'a même fait pleurer. Je suis si heureuse de faire votre connaissance, vingt-cinq ans plus tard. Avez-vous aimé travailler avec mon fils ?

André Téchiné : Oui, bien sûr. Patrick était un acteur absolument remarquable, ce n'est un secret pour personne. Mais à vrai dire, j'ai eu aussi quelques difficultés avec lui parce que je ne le connaissais pas, et qu'il avait tendance à travailler d'une manière qui ne correspondait pas à ma démarche. Il était très bosseur, il connaissait son texte au rasoir. Et sans le connaître, on ne pouvait pas le supposer. Son jeu était très construit, très réglé, presque trop. Il m'apportait chaque matin son rôle extrêmement ciselé... seulement, cela ne coïncidait pas forcément avec l'idée que je m'en faisais. C'était pour moi très embarrassant de constater qu'il avait fait un très bon travail et d'avoir à lui dire que ce n'était tout à fait l'orientation que j'avais prévue pour le personnage. C'est un peu comme refuser un beau cadeau... Il n'y a jamais eu de tensions entre nous sur le tournage, mais je le sentais parfois un peu désemparé. Il me disait : « Je suis à poil sur ce film, comme le personnage ! Et c'est ça qu'il faut être ! »

Au final, je n'ai jamais su ce qu'il avait pensé de cette expérience... Quand je lui ai montré le film terminé, il m'a simplement dit : « C'est nichon ! » Et je ne savais pas ce que ça voulait dire ! Je n'ai jamais su si c'était positif ou négatif. En tout cas, il ne cessait de répéter : « Ah ! C'est nichon ! C'est vraiment nichon ! » Et moi, je n'ai pas osé lui tirer les vers du nez, lui demander ce qu'il entendait exactement par « nichon »... Avec Catherine Deneuve, nous nous sommes longuement interrogés sur la signification de ce terme !

Catherine était beaucoup plus disponible et plus ouverte que Patrick sur le tournage. C'est d'ailleurs sur *Hôtel des Amériques* que je l'ai connue, et j'ai passé de nombreuses soirées avec elle dans Biarritz. Patrick était bien plus sauvage. Il travaillait énormément son texte la veille pour le lendemain et restait dans son coin. Bien des fois, Catherine et moi lui avons proposé de sortir boire un verre ou dîner ensemble, mais il trouvait toujours un prétexte pour s'échapper. Indépendamment du tournage proprement dit, où il était toujours très présent, l'image que je garde de Patrick est celle de la fuite.

Vous le savez mieux que moi, Patrick était un écorché vif. Et pourtant, son angoisse, il la dissimulait en permanence. Je suppose qu'elle devait faire d'autant plus de ravages... Sur le tournage, par exemple, il était toujours dans une sorte d'affectation, montrant une bonne humeur constante, un certain humour, un grand sens de la dérision. Tout ça devait lui coûter beaucoup... Mais je n'ai jamais connu un Patrick douloureux ou plaintif. L'espace de liberté offert par son rôle lui permettait d'exprimer sa sensibilité cachée. En revanche, hors tournage, il se refusait à ennuyer le monde avec ses problèmes. Il avait cette éthique de travail.

Mado : Je sais qu'il adorait *Hôtel des Amériques*, mais il cachait toute émotion. Il était pudique à l'extrême et ne montrait jamais son vrai visage. Il était d'autant plus heureux de travailler avec Catherine qu'il avait des souvenirs d'enfance avec elle. Ils avaient participé ensemble à des doublages : il y avait les petites Dorléac et les petits Maurin. Je pense que Catherine et lui ont été ravis de se retrouver à l'âge adulte sur ce film. C'est une femme merveilleuse.

A. T. : Ce qui s'est passé sur *Hôtel des Amériques* est très frappant. Au départ, je ne connaissais ni Catherine ni Patrick, mais j'avais très envie de les réunir. Avant de commencer à écrire ou même à penser au sujet du film, j'étais parti de l'idée de ce couple. Et pendant le tournage, je me suis rendu compte que ce couple prenait forme et existait presque indépendamment de ma volonté. Ça me dépassait complètement. J'ai tourné d'autres films avant et après, mais cela reste pour moi l'image de couple la plus forte de toutes. C'est aussi dû à leur talent respectif, à leur espace de liberté. Leur rencontre a dévoilé quelque chose de très fort au cinéma. C'est un couple absolument miraculeux.

D'une manière générale, je ne revois jamais mes films, mais là... étant donné la tragédie de Patrick, j'ai d'autant plus de mal à regarder en arrière... Comment imaginer que cette partition que j'avais écrite pour lui pourrait avoir dans la vie ce caractère fatal ? Après coup, le côté suicidaire et destructeur de ce personnage de *Hôtel des Amériques* a eu sur moi un retentissement très troublant. Et c'est quelque chose que j'ai tendance à vouloir éviter plutôt que de l'assumer.

Mado : Pour moi, *Hôtel des Amériques* est au sommet de la vie de Patrick. Ce film comptait beaucoup pour lui. Il me disait de son personnage : « C'est tout à fait moi. » Vous lui avez apporté quelque chose.

A. T. : Et pourtant, nous ne nous sommes connus qu'à l'intérieur du film, pas en dehors. Je ne connaissais rien de son cadre familial, de ses goûts, de ses affinités, ni même de sa personnalité. Je savais simplement que c'était un grand acteur. Ça a été une formidable rencontre sur le plan cinématographique, et je crois que le film en témoigne, mais ça ne nous a pas du tout rapprochés dans la vie. Après le tournage, nous ne nous sommes plus jamais revus. J'ai été effondré d'apprendre sa disparition.

Mado : Patrick était un être particulier. Et vous aussi. *(Silence.)*

A. T. : C'est un rêve, bien sûr, mais je pense que le cinéma aurait pu lui proposer des rôles moins destructeurs... Ce métier a une grande influence sur les actrices et les acteurs. Il peut leur poser des problèmes d'identité. Si un acteur s'identifie trop à des personnages qui se complaisent dans la douleur, ça peut lui être préjudiciable.

Et c'est vrai que par rapport à Patrick, je me sens... je ne dirais pas responsable, il ne faut pas exagérer, mais quand même très troublé. Parce que je l'ai poussé dans un abîme à travers ce film et ce personnage, qui correspondaient sans doute à ses propres démons. Cela aurait été idéal si ça avait été un exorcisme mais, hélas, ça n'a pas été le cas. Là, je vous parle vraiment à cœur ouvert...

Mado : Vous savez, il vivait toujours ses personnages au-delà des tournages. Mais il avait de l'affection pour vous, sans vous le dire. Et moi, aujourd'hui, je vous la donne de sa part.

CATHERINE DENEUVE

Actrice, partenaire de Patrick dans Hôtel des Amériques

« Patrick était un vrai amoureux. Sur le tournage, je finissais par ne plus avoir l'impression qu'il jouait. C'est l'un des rares acteurs qui m'aient vraiment fait pleurer. »

Mado : Un soir, peu après la mort de Patrick, j'ai vécu quelque chose que je considère comme une sorte de miracle. C'était le dimanche des Rameaux. Un peu triste, je me couche, en me disant : « Tu vois Patrick, on n'était pas ensemble pour les Rameaux, mais on va se retrouver et passer la semaine sainte tous les deux. » J'éteins la lumière, et au moment de m'endormir, je sens une force qui me donne soudain envie d'allumer la télé. Et sur l'écran, est apparu Patrick, pleurant sur un quai de gare...

Catherine Deneuve : C'était la fin d'*Hôtel des Amériques.*

Mado : Oui... Ses larmes se mêlaient aux miennes, comme un signe très fort. Comment vous êtes-vous entendus sur le tournage ?

C. D. : Très bien ! Mais je ne l'ai pas vraiment connu personnellement. C'était en 1981, à une période très compliquée de sa vie. Bien que nous ayons tourné en extérieurs, ce qui favorise les rapports entre acteurs, on se voyait très peu en dehors des prises. Il était très présent quand on travaillait, et restait constamment avec sa femme en dehors. Je la voyais de temps en temps, lorsqu'elle venait le chercher, mais je l'ai à peine connue. Patrick était très émouvant, il me touchait beaucoup. Je pense qu'il avait quand même le goût des histoires dramatiques... Des histoires sentimentales dramatiques. C'était un amoureux. Et sur le film, j'étais très impressionnée. Je finissais par ne plus avoir l'impression qu'il jouait. C'est l'un des rares acteurs qui m'aient vraiment fait pleurer.

Quand je l'ai vu tourner cette fameuse scène sur le quai de gare, j'étais totalement bouleversée. Voir un homme ainsi désemparé, c'était très fort, très émouvant. C'était un acteur magnifique. Tellement rare. Et en même temps, j'avais l'impression qu'il vivait les situations qu'il jouait comme si elles lui arrivaient personnellement. Il semblait mettre très peu de distance vis-à-vis de ses personnages. J'imagine qu'au cours de sa carrière, certains soirs, il devait être très mal après les tournages. Plus ou moins, bien sûr, selon le type de rôles qu'il avait à jouer.

Mado : Oui, c'est vrai. Alors que du temps du Café de la Gare, il était si drôle !

C. D. : Sans doute ! Mais quand j'ai connu Patrick, cet aspect de sa personnalité était passé derrière. Quelque chose d'autre avait pris la place. Au sein d'une troupe comme celle du Café de la Gare, il devait être plus heureux. Pourtant, on sentait qu'en tête à tête avec quelqu'un, il avait plus de mal. Chez lui, les rapports à deux devaient être plus compliqués. Ce n'est bien sûr qu'une impression, mais lorsque je le voyais avec sa femme, leur relation me semblait difficile. C'était une période transitoire. Il avait arrêté la drogue peu avant le tournage. Il était d'ailleurs d'une pâleur impressionnante. Je me souviens de la scène où je devais lui faire une piqûre, il avait vraiment l'air malade. En même temps, il était très solide. Mais il avait une pâleur singulière qui aurait fait de lui un merveilleux héros romantique. Il aurait pu interpréter tous les personnages du répertoire français ou anglais du genre. Même américain. Il était capable de jouer des choses tellement rares. D'ailleurs, il est souvent cité en exemple par les jeunes acteurs. C'est vraiment quelqu'un à part. Nous sommes tous uniques, mais lui l'était un peu plus que les autres !

Mado : Il a perdu le bonheur lors de sa rupture avec Miou-Miou.

C. D. : Quel âge avait-il ?

Mado : Vingt-neuf ans.

C. D. : Évidemment, c'est très jeune... Mais qui n'a pas connu de chagrin d'amour à cet âge-là ? Patrick était tellement sentimental et entier... Ça l'a peut-être détruit davantage que ça n'aurait détruit quelqu'un d'autre. Il avait probablement une nature plus propice au drame. Dans son parcours, tout est allé du côté sombre. Vers l'ombre. Son regard trahissait une inquiétude constante.

Mado : Avec ses metteurs en scène, il se comportait toujours comme un enfant en quête d'un père. Il aimait mon mari, mais c'était différent. Et il ne se sentait vraiment bien qu'avec mon fils Dominique. Vous savez, celui que vous avez sorti de l'eau un jour !

C. D. : Oui ! *(Rires.)* Je m'en souviens très bien, c'était en plein hiver, il faisait un froid !

Mado : Malgré cette complicité unique avec son frère, Patrick parlait souvent de la mort, et de la sienne en particulier.

C. D. : Et en même temps, on dit souvent que ceux qui parlent beaucoup de la mort ne sont pas suicidaires. Patrick a commis ce geste dans un moment de désespoir...

Pourquoi la mort de certaines personnes vous touche-t-elle plus que d'autres ? Patrick, je l'ai peu connu, mais il a disparu un an après le tournage, et j'en ai été bouleversée. Sans doute parce qu'il dégageait quelque chose de si vulnérable, si délicat. On avait l'impression qu'il vacillait en permanence, qu'il pouvait passer de l'autre côté à tout moment. Autant il pouvait être drôle dans des comédies comme *Les Valseuses* – qui devaient d'ailleurs lui faire

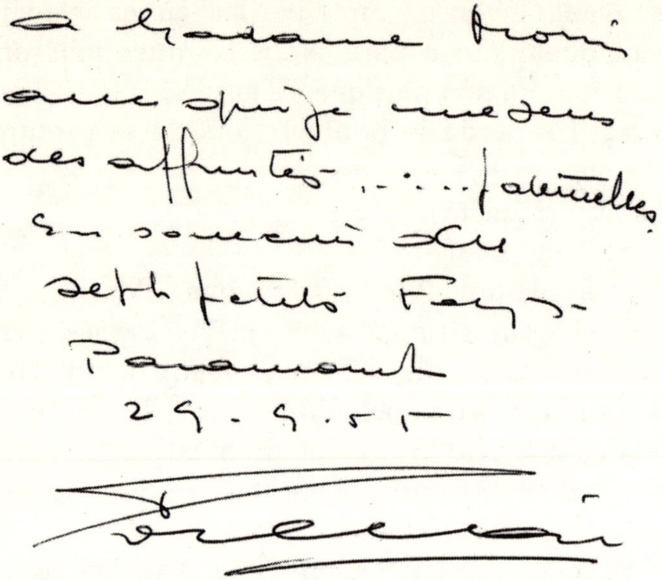

« À madame Maurin, avec qui je me sens des affinités… paternelles.
En souvenir des sept petits *foys*, Paramount. 29 septembre 1955. »
Maurice Dorléac, père de Catherine Deneuve, fut comédien durant quarante ans.
Sur le film américain *Mes sept petits chenapans (The Seven Little Foys)*, il fut la voix française de Bob Hope et travailla aux côtés des « petits Maurin ».

beaucoup de bien –, autant il se donnait à l'extrême dans des rôles difficiles. J'ai revu *Série noire* récemment : j'imagine qu'il a dû être exalté et très heureux de le faire... mais il a dû énormément souffrir sur ce tournage ! Il est impossible de jouer « ça » : il faut l'être, le ressentir. On sent bien qu'il ne faisait pas semblant... Patrick me donnait le sentiment d'être constamment en train de découvrir des choses nouvelles. Et d'être toujours pris de court par la vie.

Marc Esposito

Cinéaste, scénariste, journaliste

« Série noire *a relancé sa carrière, mais, à partir de là, sa vie n'a plus été qu'une série noire.* »

Marc Esposito : C'est à la première du *Juge Fayard, dit « le shérif »* que j'ai connu Patrick. Nous avons vu le film en même temps et je devais l'interviewer à l'issue de la projection. À la sortie, il s'est aperçu que sa voiture avait été mise en fourrière ! Alors je l'y ai emmené dans la mienne, et c'est comme ça qu'on a fait connaissance.

Plus tard, je l'ai revu sur le tournage de *Préparez vos mouchoirs.* Il était évident que Gérard et lui étaient contents de se retrouver, mais Patrick se rebellait un peu contre l'emprise que Gérard avait eue sur *Les Valseuses.* Blier me l'a raconté : la première fois, Patrick était ébloui par Gérard, il était heureux de se laisser aspirer. Mais sur le second film, il avait envie de montrer qu'il existait. Par exemple, Gérard refuse de se concentrer. Il aime déconner jusqu'au dernier moment, ce qui est aussi une façon de déstabiliser le partenaire. Patrick lui avait fait comprendre qu'il ne fallait pas faire ça. Malgré tout, ils s'aimaient beaucoup.

Mes relations avec Patrick se sont renforcées au fil du temps. J'étais le journaliste avec qui il avait des rapports amicaux, ce qui n'était pas le cas pour beaucoup d'entre eux ! Notre magazine suivant toute son actualité, c'est toujours moi qui allais le voir : parfois deux jours, parfois cinq. Dans ces conditions, on finit par se connaître. Et si ce que vous écrivez plaît au comédien, il devient plus gentil. C'est venu progressivement. Et ce qui nous a le plus liés, c'est l'histoire de Patrick de Nussac[1], ce journaliste indélicat à qui Patrick avait cassé la figure. Il avait dû lui donner de l'argent pour étouffer l'affaire. Mais la presse s'était déchaînée contre lui. Nous avons été les seuls à le défendre.

Mado : Je lui avais dit : « Défends-toi ! » Mais il m'avait répondu : « J'en ai marre. Ils finiront par avoir ma peau. »

M. E. : Il m'aimait bien, mais je pense que je l'aimais plus qu'il ne m'aimait. J'étais un journaliste, pas un ami. Alors que moi, j'étais son fan absolu, il comptait beaucoup pour moi. *Les Valseuses*, ça a vraiment été mon film culte. J'avais vingt-deux ans, et ça a changé ma vie. Donc, quand je l'ai rencontré, c'était un monument ! Je l'adorais. Tout ce que j'ai fait avec lui, c'est parler. Que peut-on faire de plus ?

Pour un acteur comme lui, qui n'aimait pas parler, le fait de le faire avec quelqu'un était important. Je pense qu'il m'a fait beaucoup de confidences. Il savait que je ferais le tri. Donc, il parlait librement de ses problèmes, notamment d'argent. J'ai été marqué par la qualité de nos conversations et par sa sensibilité. Il était de cette génération pour qui parler trop de soi dans les journaux avait quelque chose d'impur.

Je crois que c'est à partir du film de Corneau que son image a changé radicalement. *Série noire* a relancé sa carrière, mais, à partir de là, sa vie n'a plus été qu'une série noire. Entre des sujets de films noirs, une vie privée dramatique, des films qui ne marchaient pas comme il aurait voulu... Il espérait un prix à Cannes, il espérait un César... Il était dans une passe qu'on ressent noire, comme s'il avait beaucoup de forces à combattre.

Mon rêve, ce serait qu'il y ait de nouveau des affiches de lui partout !

---

1. Journaliste du *Journal du dimanche* qui avait révélé au public le remariage de Patrick Dewaere en octobre 1980, après lui avoir promis de le garder secret.

Michel Seydoux

Producteur de Lily aime-moi *et de* F... comme Fairbanks

« Il y avait deux Patrick. Le génie de son personnage réside dans cette dualité. »

Michel Seydoux : Vous savez comment on s'appelait tous les deux, avec Patrick ? Les 47. Nous sommes nés la même année. En s'apercevant sur un plateau, on hurlait : « Eh, 47, je suis là ! »

Je l'ai toujours connu à la fois immensément heureux et immensément triste. Il avait une force intérieure énorme, ce qui était probablement aussi un défaut car il intériorisait beaucoup. Au travail, cette force formidable était toujours là, aussi ponctuelle que lui. Quelques instants avant le tournage, on croyait rencontrer un dilettante qui pensait plutôt à s'amuser, et au moment où je lançais « Moteur ! », tout ce qui était rangé sortait, avec une puissance incroyable.

Patrick et moi avions pas mal de points communs. On avait souvent des discussions pendant et après les pauses, et je sentais toujours les mêmes réserves. Il n'exprimait pas la totalité de ce qu'il avait envie de vous dire : même si on prenait le temps, il gardait une réserve, une espèce de puritanisme.

Mado : Une pudeur...

M. S. : Oui, une pudeur, une espèce de protestantisme exacerbé, quelque chose qu'il voulait protéger. Il y avait une chanson qu'il aimait beaucoup et dont on avait parlé un jour : *N'avoue jamais.* Plusieurs fois, il m'a dit : « Tu vois, cette chanson, c'est un peu mon hymne. N'avoue jamais... N'avoue jamais que tu aimes, n'avoue jamais que tu détestes... N'avoue jamais, ne sois pas coupable. »

Mado : C'est un peu ça qui l'a détruit...

M. S. : En fait, je crois qu'il y avait deux Patrick. Le génie de son personnage vient aussi de cette dualité. Je l'ai vu dans une période d'immense bonheur, d'immense chagrin, totalement amoureux dans *Lily aime-moi*, et de nouveau, avec la même femme, dans *F... comme Fairbanks*, totalement épris, mais totalement désespéré. Et toujours absolument professionnel. Ce qu'il y avait de génial chez Patrick, c'est quelque chose qu'on trouve rarement en France : un professionnalisme exceptionnel. Malgré tout ce qui pouvait se passer autour, malgré ses propres problèmes, on trouvait un homme gai, souriant, à l'heure, quitte à être triste trente secondes après. En réalité, je ne l'ai jamais vu triste d'ailleurs. Oh, il avait des moments de spleen, mais c'était un spleen constructif. Il arrivait toujours à trouver la force de vous dire : « Ça va pas bien, mais on va faire aller ! » C'était une de ses grandes paroles : « Ça me fait très mal, mais finalement, c'est pas très grave. »

F... comme Fairbanks, c'est un film sur une rupture. Et cette rupture, il venait de la vivre... C'était étrange, mais j'ai eu l'impression que ça lui faisait du bien. Il m'a dit : « Tu sais, c'est difficile, mais finalement, ça me permet de mieux vivre la rupture, de mieux l'analyser. »

Mado : Il était tellement extraordinaire dans *F... comme Fairbanks* !

M. S. : Il était extraordinaire partout ! Dans tous ses rôles, même dans ses plus mauvais films. Il a toujours fait ce qu'il devait faire, au maximum. Il arrivait à créer une osmose avec les réalisateurs. Je crois que sans lui, certains n'auraient pas fait leurs meilleurs films.

Mado : Comment l'avez-vous connu ?

M. S. : Pour *Lily aime-moi*, on avait déjà le trio, la bande se formait, et il manquait « le boxeur ». Il fallait quelqu'un d'une certaine carrure, une présence physique, et aussi de la classe. Il fallait qu'il soit autre chose qu'une bête qui frappe les autres. On était en plein brainstorming un soir chez Folon, et on lâchait des noms, comme ça.

À l'époque, rien n'était évident : Maurice Dugowson n'était pas un metteur en scène connu et Jean-Michel Folon n'était pas acteur du tout. Je n'étais pas encore producteur. Seul Rufus était un nom. On était avant tout une équipe de jeunes qui allaient vers un seul but : faire des choses sympathiques ensemble. On ne voulait surtout pas faire entrer dans la bande quelqu'un qui aurait pu casser l'ambiance qu'on avait commencé à créer. Alors, je ne sais plus lequel d'entre nous a dit : « Patrick ! » On s'est arrêtés, et on a dit : « Bon, maintenant, on peut dîner ! Et on va l'appeler. »

Mado : Il a accepté tout de suite ?

M. S. : Il a accepté. Il ne connaissait pas le script, mais à l'idée de travailler avec des gens nouveaux, de partir pour une aventure, il a dit oui. On lui a demandé s'il voulait attendre le script pour se décider, il a répondu : « Ça n'a aucune importance. Ce que vous m'avez raconté me plaît, j'ai tout compris, alors on y va. » C'était l'époque où il était très bien dans ses pompes, il allait de l'avant, il était créatif. Lui non plus n'était pas encore un grand comédien, il était un comédien naturel, né comédien. Il n'était pas encore membre de la « jet-society », mais dès qu'il s'agissait de faire la fête dans un but créatif, artistique, il était partant.

Je me souviens de ce qu'il avait dit à Maurice Dugowson au sujet des dialogues : « Je ne peux pas dire ça, je ne sais pas dire bonjour comme tu me l'as écrit. Je peux faire “salut”, “hello”, mais je ne peux pas dire “bonjour”. Dire “bonjour”, c'est marquer une certaine distance par rapport au personnage qu'on salue. Là, ça ne va pas, c'est quelqu'un que je connais, je ne peux pas lui dire bonjour comme si on ne s'était pas vus depuis six mois. » Et tout le monde était d'accord.

C'est comme pour la musique du film : il ne s'en croyait pas capable au départ. On lui a dit que ce qu'il venait de jouer dans les coulisses du théâtre était parfait, qu'il n'avait plus qu'à recommencer. Et le fait d'avoir pu retenir l'attention de tous les machinistes et techniciens l'avait transporté de joie. Il se sentait fier et heureux. L'acoustique était nulle, on n'était pas dans une salle de concert : ces quelques notes sur un piano mal accordé, mal placé, il n'y avait donc aucune raison de les écouter. Et pourtant...

Mado : C'était comme un état de grâce...

M. S. : Oui, un état de grâce total. Et le plus difficile a été de le convaincre. Je crois que c'est une des plus belles preuves d'amour que j'aie jamais eues, cette musique qu'il a improvisée. Car c'est ça, au départ : un geste d'amour désespéré, puis la musique monte, la force vient...

Je l'ai revu plusieurs fois, lors de déjeuners où il était plus tendu, parce qu'il travaillait beaucoup. Mais ensemble, on était comme deux vieux collégiens. Malgré ses problèmes, il me disait : « Écoute, Michel, il vaut mieux qu'on parle de ce qui nous fait plaisir à tous les deux : au moins, on est sûrs de passer un bon moment ! » C'est très difficile d'avoir des amis dans ce métier. Une amitié, ça demande à être cultivée, comme une fleur ou un jardin. On n'allait pas risquer d'entraver tout ça... C'était plus que de l'amitié : une espèce de besoin. Patrick pouvait m'appeler à onze heures du soir : « Salut 47 ! T'es libre ? On va prendre un pot. » Voilà comment ça se passait entre nous. Il me donnait un coup de fil tous les deux ou trois mois : « Je suis à tel numéro, rappelle-moi d'urgence ! » En fait, c'était simplement l'urgence de se voir...

Je l'ai revu en 1981 pour la dernière fois. On a déjeuné, je l'ai trouvé en pleine forme. Il m'a dit : « Il faut qu'on refasse un truc ensemble, ça fait trop longtemps qu'on s'est pas vus.

Qu'est-ce que t'en penses ? » On est partis sur des projets, des idées. On était heureux... Il était formidable en amitié. C'était un des seuls, le seul aujourd'hui... avec Gérard Depardieu. Gérard, comme Patrick, a un vrai cœur. Je crois qu'il a perdu un frère. Son frère. Mais Patrick, pour moi, n'est pas parti : il est toujours là. Je parle de lui au présent, je peux même en parler au futur, être capable d'imaginer des choses. Il y avait vraiment deux Patrick. Mais le Patrick de l'intérieur, qui l'a connu ? Je ne sais pas.

Cela dit, quand on ne pige pas les gens, c'est qu'ils ne veulent pas qu'on les pige. S'il nous a fait à tous le coup, d'une façon ou d'une autre, c'est qu'il n'avait pas envie d'aller plus loin. Il avait créé sa barrière. Il avait son jardin secret, le sien m'a paru plus grand que les autres... Il décidait seul de ce qu'il mettrait dedans. Je n'ai pas l'impression qu'il était malheureux de cultiver son jardin de cette manière.

Mado : En vérité, il était né d'un secret, d'un mystère : celui de sa naissance.

M. S. : Je crois d'ailleurs qu'il s'en servait. Dans son for intérieur, il savait qu'il était une exception, et il le disait... Une exception par rapport aux autres enfants, et cette blessure en lui, c'était la conscience d'une supériorité. Il se savait très doué, il se savait au top.

Mado : Mais en même temps, il était très angoissé, il n'avait jamais tellement confiance en lui...

M. S. : Je ne crois pas. Il n'était pas content de lui, mais ça, c'était du perfectionnisme. En revanche, quand il était dans un bon moment, tranquille, détendu, il se rendait parfaitement compte qu'il était l'une des deux ou trois grandes figures du cinéma français... sans aucune vanité. Et ça le gênait de le savoir. Il détestait le côté show-biz, star-system. Il aimait vivre, consommer. C'était un consommateur, de femmes, d'alcool, mais il les consommait en général avec intelligence et génie : il n'a jamais fait de surconsommation.

Je pense qu'il avait réellement conscience de sa position et que ça lui faisait un peu peur.

Mado : Il vous en parlait ?

M. S. : Oui, et comme il était très intelligent et vif, il ne disait jamais rien directement, du style : « Je sais. » Il vous expliquait qu'il pensait savoir. Mais si l'on était à son écoute et qu'on le connaissait, on comprenait. Et ce qui était extraordinaire, c'est qu'il n'y avait aucune rivalité entre Gérard et lui. Ils s'aimaient et s'admiraient. Vous savez, dans ce genre de métier, les jalousies existent ! Mais entre eux deux, rien de tout cela. Patrick était sur un pied d'égalité avec Gérard.

Et puis, il savait tout faire : faire rire, être précis... C'était un artiste total, avec un grand A. Moi, je l'appelais « l'artiste ». Mon grand regret, ç'aurait été de ne pas l'avoir connu. Je crois qu'il a gravé les cœurs. Il vous attaquait le cœur, mais au bon sens du terme. À chaque fois qu'il me parlait, j'étais bien. Il y a des gens avec qui l'on parle, on passe deux heures avec eux et on a l'impression de n'avoir rien dit. Avec lui, c'était tout le contraire : on pouvait parler dix minutes, même sur des sujets anodins, et c'était formidable. On parlait le langage d'une même génération.

Parce que ce qui était important aussi, c'est qu'on avait eu vingt et un ans en 1968. Et c'était quelque chose ! La majorité n'était pas encore à dix-huit ans. On a été majeurs pendant cette révolution folle. Avoir vingt et un ans en 1968, c'était avoir le droit de tout faire, dans une euphorie totale. Et cette combinaison de libertés nous fascinait. Je crois qu'il a vécu ces instants comme moi : on allait au spectacle tout le temps. Je ne pense pas que Patrick ait été révolutionnaire.

C'était un jeu, c'était amusant d'envoyer quelques pavés avec les copains et d'aller faire la fête. Et puis, Patrick était très impressionné par le général de Gaulle. Il n'était pas gaulliste, mais c'était la personne, sa stature ; il voyait de

Gaulle comme un artiste. Plus tard, il disait : « Tu comprends, ce mec, il se barre, tout le monde croit qu'il est fini, et puis il revient, et c'est le meilleur... et c'est ça, la vie ! » Il était très curieux, il se méfiait beaucoup des professeurs, il disait : « Quand on me dit quelque chose, il faut que je vérifie. Parce qu'au cinéma, on te dit “Va à droite”, tu le fais. Tu ne peux pas vérifier que c'est vraiment ce que tu dois faire. Alors quand on me dit : “La Terre est ronde”, il faudrait que je vérifie. » Il n'aimait pas les idées reçues ou imposées. *(Silence.)*

Mais je vous le répète : pour moi, il est là. Il a seulement changé de route, il a décidé de s'arrêter. Il n'y a pas beaucoup de gens comme ça. Dans mon cœur, il a plus d'importance qu'un premier amour. Il a marqué tout le monde, et jamais en mal. Je n'ai jamais entendu personne me dire du mal de lui, me parler de ses excès... C'est un cas unique. D'habitude, il y a toujours un mauvais angle.

Il est passé, mais pas assez longtemps. C'est toujours pareil : les gens qu'on aime ne restent jamais assez longtemps, même s'ils meurent à plus de cent ans. L'important n'est pas le nombre d'années : c'est le souvenir qu'on vous laisse et l'expérience qu'on peut tirer de ce souvenir.

Mado : Quand vous travaillez avec Gérard Depardieu, vous arrive-t-il de parler de lui ?

M. S. : Oui, nous parlons de lui, nous nous racontons des anecdotes. Je sais que Gérard a un grand respect et une grande amitié pour Patrick. Ils sont tellement frères, pas du même père, pas de la même mère, pas du même pays, mais ils sont frères. Ils ont chacun leurs propres origines qui les ont rendus frères. Et puis, je vais vous dire franchement : heureusement que Gérard est là, parce que grâce à lui, on peut imaginer Patrick. Sans lui, on serait encore un peu plus orphelins.

Serge Rousseau

Acteur, agent artistique de Patrick Dewaere

« Une légende s'est tissée autour de lui parce qu'il représentait une souffrance de mieux en mieux perçue par les jeunes. »

Mado : Serge, vous étiez l'agent de Patrick chez Artmédia, mais aussi son ami. Vous êtes resté avec nous jusqu'à son dernier voyage.

Serge Rousseau : J'ai bien connu Patrick et je crois qu'il était moins heureux dans la gloire que dans le rôle du comédien pas trop connu qui fait son boulot. C'est quelqu'un que la gloire et le succès ont perturbé. Cette gloire, il en avait envie, il l'appréciait, parce qu'il était fier d'être reconnu, d'être arrivé au top niveau, mais il ne soupçonnait pas ce que c'était... Parce que c'est aussi une épreuve, c'est presque toujours une épreuve. Simplement, il y en a qui résistent, et d'autres pas. Lui, plus la gloire était forte, moins il se sentait libre. Et c'est vrai que la gloire retire la liberté.

Le premier contrat que j'ai signé pour lui, c'était *Les Valseuses.* Et ce qui est étrange, c'est qu'après *Les Valseuses,* il y a eu un trou d'un an. Tout est venu sur Depardieu et Miou-Miou, rien sur Patrick. Alors qu'il était aussi formidable que les autres ! Ça le rendait très malheureux. Ce qui l'a fait repartir, c'est *Adieu poulet* et *La Meilleure Façon de marcher.* Ensuite, ça ne s'est plus arrêté.

Il était pris dans un train de vie, il n'arrivait pas à dominer l'argent. Il en a gagné beaucoup. C'était ça, par exemple, ses colères. Il disait : « Comment ! J'ai gagné tout ça et j'ai plus rien ? » C'était un enfant. Mais un enfant merveilleux.

Une légende s'est tissée autour de lui, de plus en plus grande, parce que, justement, il représentait une souffrance de mieux en mieux perçue par les jeunes. Chômage, avenir bouché : on a l'impression d'être vraiment entré dans une période où la jeunesse est désespérée. Patrick a peut-être été un précurseur inconscient. Quand tu revois ses films, tu te dis : « Merde, quel acteur c'était ! »

Et puis, c'était un peu un anarchiste... mais pas un anarchiste poseur de bombes : un amoureux fou de la liberté !

Un jour, il a prononcé une phrase qui m'a beaucoup frappé. Ça devait être en 1978, quatre ou cinq ans seulement après son démarrage. Il m'a dit : « Tu sais, Serge, je suis fatigué de ce métier. » Sur le coup, je n'ai pas compris. Je lui ai répondu qu'il venait de commencer. Mais il insistait : « Non, pour moi, ça fait vingt-cinq ans, je ne suis pas un jeune comédien débutant... »

Tu sais, moi qui ai été acteur, puis agent pendant des années, je me dis aujourd'hui que si j'avais vingt ans de moins, je ne le ferais plus... Ce que j'ai constaté surtout, c'est que ce métier ne rend pas les acteurs heureux. Au début, ils ont peur de ne pas y arriver. Et quand ils sont au top, ils se demandent s'ils vont y rester. Les plus heureux sont finalement ceux qui font cela d'une manière artisanale, ou ceux qui ont tout un passé, un long cheminement, souvent au théâtre. Mais toute une carrière dans le cinéma, c'est dramatique : les médias s'emparent de tout ça avec une telle violence ! *(Silence.)*

Regarde cette photo. C'est la seule que je garde ici : Coluche, Miou-Miou, Patrick. Elle est à la fois tragique et magnifique. Elle me bouleverse. Il y a tant de choses là-dedans, quand tu connais leur vie.

Sur le tournage de *Psy*, de Philippe de Broca (1980) : une comédie, au milieu des nombreux drames qu'il a joués.

Vincent Cassel

Acteur, cinéaste, producteur

« Souvent, entre acteurs, on s'observe, on voit les "trucs". Patrick Dewaere, on a beau chercher, sa magie reste inexplicable. Il avait un grain unique. »

Vincent Cassel : C'est très bizarre, et c'est peut-être lié au fait qu'il ait disparu si vite, mais en tout cas, il a laissé quelque chose de fort, comme une espèce d'idéal, pour les acteurs français de ma génération. Le fait, pour un acteur, de partir dans des circonstances aussi dramatiques, forcément, ça marque. Il y a quelque chose de tristement magnifique dans ce destin, cette vie arrêtée brutalement.

Mais au-delà de ça, quand je regardais ses films à l'époque, j'étais déjà très impressionné. Ce que faisait Patrick Dewaere n'était pas du naturalisme. Certains acteurs étaient plus naturels que lui, mais lui avait une intensité de jeu particulière. Avec lui, on se dit toujours qu'à tout moment, tout peut exploser. On sent chez lui un danger permanent, comme une urgence. Un autre acteur, dans les années 1980, m'a rappelé Dewaere : Rémi Martin. Même physiquement, il avait des points communs avec Dewaere. Et cette fragilité... Mais à l'inverse, il a fait très peu de films car il s'est fâché avec toutes les productions françaises de l'époque. Et pourtant, quelque chose dans son jeu me faisait penser : « C'est superbe, mais je n'arrive pas à comprendre pourquoi. »

Mado : Ce qui est extraordinaire, c'est qu'il s'est suicidé à l'âge de trente-cinq ans, et qu'il avait fait un peu plus de trente-cinq films. Vous ne les avez sûrement pas tous vus.

V. C. : J'en ai vu pas mal, mais peut-être pas trente-cinq !

Mado : Vous l'avez vu dans *Série noire* ?

V. C. : Plusieurs fois ! Extraordinaire ! Et aussi *Un mauvais fils, Beau-père, Coup de tête, Les Valseuses* et bien d'autres. Ce qui était formidable chez lui aussi, c'est que, même quand le film n'était pas un chef-d'œuvre, sa seule présence le rendait intéressant.

Souvent, entre acteurs, on s'observe, on regarde ce que font les autres. Et donc, on voit les « trucs ». Moi, je vois très bien quand le type est inspiré ou pas. Or, dès qu'on arrive à analyser la chose, même si on reconnaît que c'est bien fait, c'est fini, il n'y a plus de magie. Parce que c'est du bluff quand même, tout ça. Eh bien, Patrick, on a beau chercher, on ne peut pas expliquer. C'était probablement lié à son vécu, à ses émotions, mais on ne peut pas mettre de mots sur son jeu. Les tours de prestidigitation qu'il offre dans ses films sont si bien sentis qu'on ne voit pas le truc. J'admire complètement cette force. Il repousse toutes les limites et devient réellement son personnage. À l'inverse, moi, pas du tout. Si je peux garder de la distance, je préfère. D'ailleurs, pour tout vous dire, je connais bien des acteurs qui essaient de donner cette image-là, qui essaient de paraître ce qu'ils ne sont pas, et ça m'énerve. Du genre, il faut s'immerger dans le rôle à fond, le reste n'existe plus, etc. En revanche, je pense que ceux qui peuvent vraiment jouer à la manière de Patrick Dewaere ont un petit grain – et ce n'est pas péjoratif – qui les oblige à jouer comme ça. Lui avait un grain unique. Mais si on ne l'a pas, il ne faut surtout pas s'y essayer, parce que sinon, on se perd. Pour ma part, je puise dans autre chose : le travail, l'instinct aussi bien sûr, mais la distance vis-à-vis du personnage, je ne prétendrai jamais que je ne l'ai pas. Je ne vais pas rentrer chez moi en me disant : « Je suis dans mon rôle, je ne dois plus communiquer avec ma famille, etc. » Au contraire, je me dis depuis longtemps qu'il n'est pas nécessaire d'en arriver là pour être un bon acteur. Je refuse de croire ça, sinon, j'arrête tout de suite. Je préfère trouver ma manière de faire. Il faut faire attention, car c'est un métier qui peut rendre fou. Dès lors que l'aspect ludique disparaît à cause d'un vécu personnel, où la distance est perdue, même si le résultat est merveilleux, ce n'est pas sain.

C'est drôle d'ailleurs, j'ai toujours été passionné par les schizophrènes, ou des gens dont la perception de la réalité était changée par des événements particuliers. Mais j'ai toujours été conscient du point de fuite que ça pouvait représenter, et ça m'a toujours fait peur. Quand certains de mes amis commencent à s'envoler un peu et à me dire des choses insensées, je leur rappelle que ce n'est que du cinéma, qu'un film. En cultivant le côté ludique de ce métier, on se préserve et on conserve la distance de survie. D'ailleurs, c'est drôle, je ne sais pas si vous êtes au courant, mais Bertrand Blier m'a remis un prix, le prix Patrick-Dewaere.

Mado : Mais non, je ne savais pas ! C'est incroyable, ça me fait un plaisir fou !

V. C. : Et ce prix n'a été remis qu'une seule fois, à l'occasion du 20e anniversaire de sa mort, en 2002. Il n'y avait pas de jury, d'ailleurs. C'était pour mon rôle dans *Sur mes lèvres* de Jacques Audiard. Or, pour ce personnage, j'avais vraiment pensé à Patrick. Je vous raconte l'histoire... Jacques Audiard me fait lire un scénario, et en le lisant je me dis : voilà un rôle parfait pour Patrick Dewaere ou Gérard Depardieu il y a trente ans. À tel point que je me suis fait la tête de Dewaere et de Depardieu à la fois. Je me suis changé le nez et j'ai porté une moustache. Quand on m'a remis ce prix, j'ai été très touché parce que pour moi, ça voulait dire quelque chose. Par exemple, les César, je n'y attache aucune espèce d'importance, mais là, c'était vraiment différent, un symbole.

Étant issu d'une famille d'acteurs, le virus était en moi avant même que je m'en rende compte. Mais j'ai toujours eu un petit problème avec le cinéma français, surtout quand j'étais plus jeune. J'étais assez dur envers lui. Pour moi, peu de choses étaient dignes d'intérêt, mais les films de Dewaere et Depardieu étaient ce qu'il y avait à sauver de cette époque. C'était un cinéma rebelle, irrespectueux, qui sortait des sentiers battus. Ce n'était pas fait pour plaire à tout le monde. Et c'est un état d'esprit que nous avons essayé de recréer par la suite. Le côté irrévérencieux de la chose, peut-être.

Mado : Il y a quand même des rôles de Patrick que je n'aime pas, par exemple dans *La Meilleure Façon de marcher*, où il est si méchant avec Patrick Bouchitey. Je ne supporte pas de le voir. À l'inverse, dans *F... comme Fairbanks*, c'est vraiment lui. C'est vraiment sa vie.

V. C. : En tout cas, il fait partie des rares acteurs qui, en France, m'ont inspiré. Et d'ailleurs, ma femme [1] m'a dit qu'elle avait eu envie de venir tourner en France après avoir vu un film de Dino Risi avec Patrick Dewaere et Ornella Muti : *La Chambre de l'évêque.*

Mado : Vous lui direz que je l'admire beaucoup, et que je la trouve absolument magnifique.

---

1. Monica Bellucci.

XII

Angèle et Lola, tes enfants

13 août 2006. C'est l'anniversaire d'Angèle. Aujourd'hui, je revois notre petit jardin de Gouvernes. Trente-deux ans se sont écoulés, et je ne peux m'empêcher de constater combien dans l'histoire de nos vies la naissance et la mort sont étroitement mêlées. Oui, mon Patrick, c'est ce jour-là qu'une voix au téléphone m'annonçait la naissance de ta première fille... et une autre, la mort de celui qui fut ton père.

Ce 13 août 1974, toi et Miou attendiez la naissance du bébé. Impatient, anxieux, tu m'avais téléphoné de la clinique plusieurs fois. Les heures s'écoulaient et tu t'inquiétais. Et puis, enfin, ta voix joyeuse, triomphante : Angèle était née ! Le bonheur pour vous deux, un bonheur sans nuages. J'appelai Royan, Georges, les enfants, en vacances là-bas. Une pensée me traversa l'esprit : le souvenir de Michel qui devenait grand-père, alors qu'il ignorait jusqu'à ton existence. J'eus brusquement le désir de retrouver sa trace et de lui apprendre la nouvelle : quelle idée folle ! Des heures durant, pendue au téléphone, je tentais de retrouver cet homme sorti de ma vie depuis vingt-huit ans. C'est alors que j'appris qu'il était mort en 1960... Une naissance, une mort.

Huit ans plus tard, c'est ce même téléphone qui m'apprenait la tienne, par la voix brisée de mon pauvre Georges.

Et toi, ma petite Angèle, dans ce coin de Bretagne où vous passiez vos vacances en famille, Miou t'avait expliqué : « Tu sais, ma chérie, ton papa Patrick est mort. » Tu étais alors partie vers le bord de mer, ou vers la campagne, et ta maman t'avait vue revenir le soir, tenant une grande croix plate argentée, de ces croix bretonnes où sont gravés quelques mots : *Ti-Breiz*. Personne ne t'a demandé d'où elle te venait. Tu ne connaissais pourtant rien de l'histoire du Christ, tu n'étais même pas baptisée. Et pendant huit jours, tu as gardé cette croix avec toi. Puis, lorsque Miou-Miou est partie pour Paris assister aux funérailles de Patrick, tu lui as tendu la croix en disant : « Tiens, maman, tu diras à Mado qu'elle la mette sur la poitrine de papa. » Et toi, petite Miou, t'en souviens-tu, tu me l'as donnée ce matin-là en arrivant à la morgue. Patrick est parti avec la croix de sa fille sur le cœur et un brin de buis de son frère Dominique. Un jour, peut-être, petite Angèle, nous comprendrons le sens de ton geste.

Aujourd'hui, tu es une belle jeune femme, tu as les beaux yeux noirs de ton père. Comme ta demi-sœur Lola, sa seconde fille, venue au monde le 4 décembre 1979. Les mêmes yeux que cet homme que j'ai tellement pleuré. Je voulais que mon enfant ait ses yeux. C'est le mystère de l'amour qui continue.

ANGÈLE

Fille de Patrick

« Il était grand, fort et maladroit,
j'étais blonde, fragile et je l'aimais... »

Il me reste très peu de souvenirs de cet homme. Mais les souvenirs précieux se perdent trop facilement pour ne pas les écrire. Je devais avoir dans les sept ans. Je passais exceptionnellement la soirée avec lui. Je le voyais si peu. Nous étions dans sa voiture, et j'étais assise devant, à la place que, dans nos désirs enfantins, on envie aux adultes parce qu'elle nous est interdite. J'y prenais un plaisir immense : à sept ans, j'entravais la loi, et j'étais protégée par cet homme qui était mon père !

Ce soir-là, il avait décidé d'être mon protecteur et de me défendre envers et contre tout. Il était grand, fort, j'étais blonde et fragile. Mais contre qui me défendre ? Il fallait un ennemi ! C'est pourquoi il m'incita à transgresser les lois plus loin encore : le toit de la voiture pouvait s'ouvrir et mon rêve s'ouvrait aussi ! Le nez au vent, les cheveux emmêlés, je ne m'entendais même plus crier tellement la voiture allait vite... On pouvait nous remarquer de bien loin, ce qui arriva, immanquablement.

Ils avaient de jolis uniformes, ces gens qui avaient sifflé pour qu'on s'arrête. C'étaient eux, les ennemis ! De toute façon, nous ne pouvions pas mourir, puisque nous étions gentils. Même si on nous avait enfermés, mon héros aurait trouvé une astuce pour s'échapper... et recommencer.

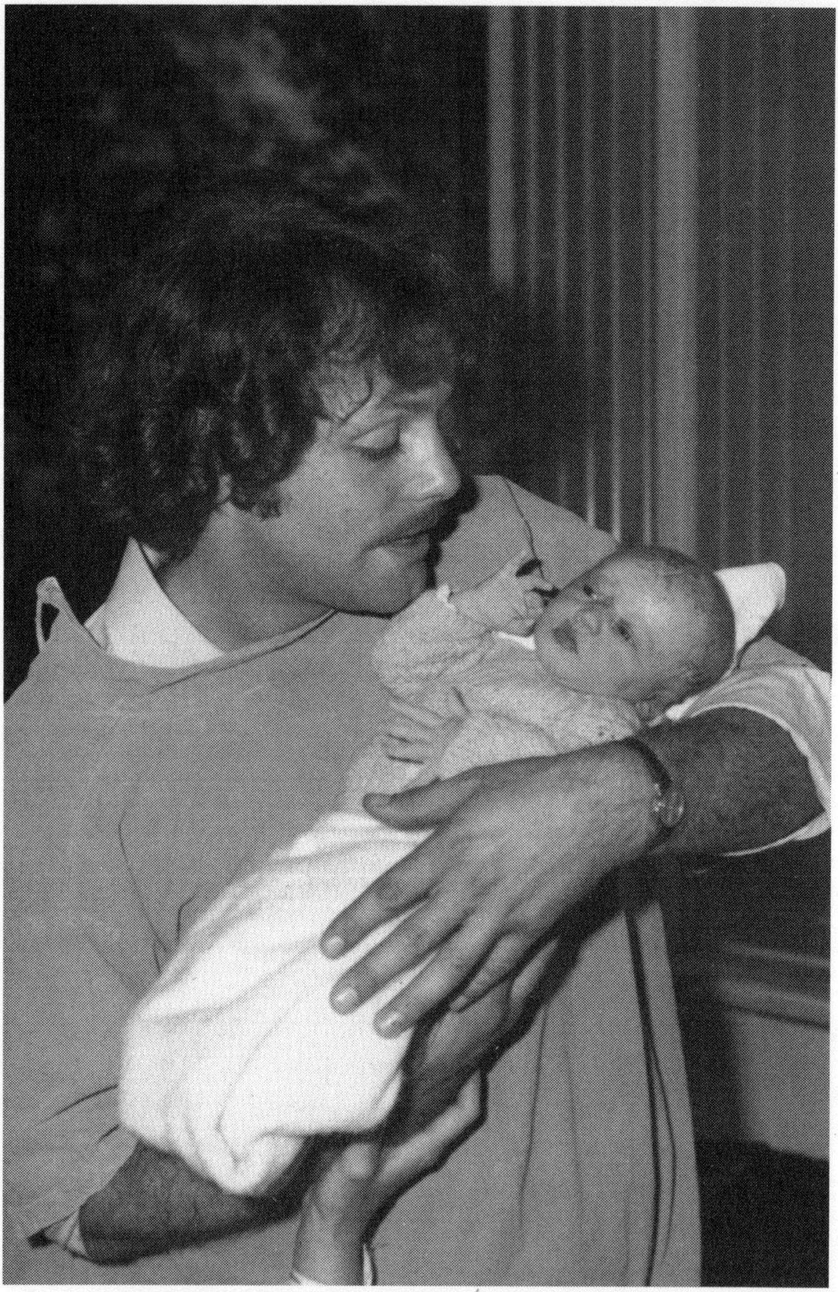

Née le 13 août 1974, Angèle est la première fille de Patrick Dewaere.
Elle sera élevée par sa mère Miou-Miou et Julien Clerc,
lequel l'adoptera après la mort de Patrick.

Il était grand, fort, j'étais blonde et fragile. Il pouvait donc sortir de la voiture, les disputer et leur casser la figure, ce qu'il ne fit pas. Je me souviens même qu'il s'est fait sonner les cloches et qu'il ne sut, face à ce rappel à l'ordre, que me présenter : « C'est ma petite fille. »

Il était mon père, et il fallait nous laisser dans notre rêve, encore un peu... Il était grand, fort et maladroit, j'étais blonde, fragile et je l'aimais...

Lola, la seconde fille de Patrick, est née le 4 décembre 1979.
Elle a peu de souvenirs de son père, disparu lorsqu'elle avait deux ans et demi.

LOLA

Fille de Patrick

> *« Une telle paternité est à la fois très gratifiante et très lourde à porter. Mais je suis fière d'être la fille de Patrick Dewaere. »*

En tant que père, Patrick Dewaere m'inspire davantage de minuscules fragments, des impressions éparses, que des souvenirs clairs et distincts. Je garde dans un coin de ma mémoire quelques flashes de lui en train de jouer avec moi ou de me gronder...

Je me suis longtemps sentie étrangère à sa vie et à son univers, non seulement parce que j'étais toute petite quand il est mort, mais aussi parce que mon entourage m'en a préservée durant mon enfance et mon adolescence. Il n'en reste pas moins mon père, et j'en mesure aujourd'hui clairement la portée, du bon côté comme du moins bon.

Être la fille de Patrick Dewaere est à la fois très gratifiant et très lourd à porter, car j'ai compris au fil du temps l'empreinte durable qu'il a laissée dans le cœur de ses proches d'une part, de son public d'autre part.

D'ailleurs, malgré ma passion pour le cinéma, ce n'est qu'assez récemment que je me suis mise à regarder les films de mon père. Autant dire tout de suite que ses rôles noirs ne sont pas ceux que je préfère, loin de là. Je ne supporte pas de le voir souffrir à l'écran, incarner des personnages aussi sombres, voire aussi glauques, que dans *Série noire* ou *Hôtel des Amériques*, malgré son jeu hors du commun.

Là où il me plaît le plus, c'est dans des rôles positifs, pleins d'énergie, d'enthousiasme et d'envie de vivre. Mes quatre films favoris sont *Coup de tête, La Meilleure Façon de marcher, Le Juge Fayard* et *Adieu poulet.* Les autres me dérangent ou me font mal.

Et quand je regarde sa filmographie, j'ai un petit regret : qu'aucun metteur en scène n'ait eu l'idée – ou le temps ? – de réunir à l'écran Patrick Dewaere et Romy Schneider. Ils auraient formé un couple de rêve.

J'aurais vraiment aimé le connaître. Le destin en a décidé autrement. Mais je suis fière d'être sa fille.

XIII

L'Innocent

Épiphanie. Aujourd'hui, les accords de Bizet à l'orgue de Saint-Merri font éclater le souvenir du petit Innocent de *L'Arlésienne* à Marseille ! 1960... Tu avais près de quatorze ans. Je te faisais découvrir cette ville où j'avais joué deux années de suite avant la guerre, au Théâtre du Gymnase. Nos promenades joyeuses au soleil, sous le ciel couleur de fête, la mer, Notre-Dame-de-la-Garde, le Vieux-Port, le château d'If et son histoire...

Louis Ducreux avait monté *L'Arlésienne* à l'Opéra. Tu étais l'Innocent, et Balpêtré faisait le vieux berger. C'était magnifique. La pièce, jouée dans son intégralité, rétablissait un tableau rarement représenté : l'Innocent, un agneau dans les bras, seul au milieu des blés, pendant que l'orchestre exécutait cette page de Bizet qui servit de thème au cantique de l'*Agnus Dei*. Que tu étais beau et pur, mon Innocent ! Ce matin, cette musique semble émaner de toi, comme un signe de ta présence. Une première fois déjà, c'était le 23 juillet 1982, à Saint-Pierre de Montrouge. Nous étions venus préparer tes funérailles. Quand je suis entrée dans l'église, la mélodie a surgi en moi, comme si tu me faisais comprendre que tu voulais l'entendre à l'instant de l'Adieu. Ta prière a été exaucée. Le lendemain, dans cette église emplie de ceux qui te pleuraient, la voix profonde du

En 1960, dans la pièce *L'Arlésienne*, Patrick (ici avec Balpêtré) interprète l'Innocent, un rôle que sa mère Mado affectionne particulièrement.

violoncelle s'est élevée. Elle accompagnait les paroles d'adieu du père Lendger, notre aumônier. Je me souviens de certains passages de son homélie si émouvante :

« Amis de Patrick, croyants, incroyants, nous avons maintenant des choses graves et difficiles à dire. Lorsqu'un homme jeune, plein de talent, plein d'avenir, d'un présent qui semble d'une richesse humaine incomparable, lorsqu'un tel homme disparaît comme Patrick a disparu, nous ne pouvons pas ne pas nous poser de questions. Patrick a été un comédien, un grand comédien. En lui, des quantités de garçons et de filles se sont reconnus. Il a été leur image. Ils ont regardé qui ils étaient : des êtres pour qui la vie n'était pas facile, qui avaient l'angoisse au cœur, un goût fantastique de l'absolu, et qui avaient tellement de mal à vivre dans une société où il y a si peu de place pour l'invention et l'imagination. Ce garçon était comme eux, porteur de ses rêves, porteur de son absolu et aussi de cette sorte de difficulté à être. [...] Patrick Dewaere n'était pas un personnage de composition : il se donnait avec générosité, il s'épuisait totalement dans ce qu'il faisait, dans ses rôles. Il était lui-même. Et peut-être ses rôles le confirmaient-ils dans ses propres difficultés, dans sa propre fragilité. Alors, lorsqu'on est obligé de donner, d'aller au bout de soi-même et qu'on vit en permanence dans l'agression de la sensibilité, comment ne pas, à un moment ou à un autre, craquer ? [...] Suicide ? À la limite, qu'est-ce que cela veut dire, lorsque l'agresseur, c'est nous tous ? [...] Nous faisons profession de pacifisme, mais bien souvent, nous manions des "explosifs". Et les sentiments humains sont des explosifs. [...] Patrick Dewaere vient de mourir. Comment Patrick a-t-il pu arriver à ce geste fatal ? Il est dans une société suicidaire. Et c'est là que notre inquiétude doit être grande. Patrick est un signal d'alarme. Patrick nous dit : nous ne pouvons pas continuer à vivre et à construire un monde qui tue ses enfants, non pas avec les armes, mais avec les idées, les sensations. [...]

Comment sortir de cette lassitude, de ce dégoût de notre vie ? Je crois qu'il y a une voie ; une voie qui est dans la droite ligne de Patrick Dewaere : c'est la voie de l'amour. On nous a dit que Patrick était mort pour des tas de raisons. Qu'importe ! Il y a une raison pour laquelle il est mort. Il a lancé un appel d'amour, il a dit qu'il ne pouvait plus vivre sans amour, et que son amour était tellement absolu que rien ne pouvait le satisfaire.

« Frères, sœurs, c'est la voie qu'il nous faut suivre. L'amour, il est en nous, c'est notre vie intérieure, notre vie spirituelle, divine. N'attendons pas que nous tombe du ciel un Dieu qui va tout à coup répondre à nos interrogations. Dieu ? Il est en nous. L'amour ? Il est en nous. Ce qu'il nous faut, c'est essayer de faire lever en nous ce qui attend d'être

Le cercueil de Patrick Dewaere, porté le 23 juillet 1982 par ses frères Dominique (à gauche), Jean-François, Yves-Marie (à droite) et Jean-Pierre (caché). Jean-Pierre est celui qui m'a accompagnée dans la voiture mortuaire et qui a rejoint Patrick quelques années plus tard.

libéré. Ainsi peut-être parviendrons-nous à sortir ce monde de son propre suicide. Que Patrick, maintenant, nous aide, et que son exemple soit pour nous un éveil. Il a vécu ce drame de la passion et de la mort. Il est à l'image du Christ. Dans la paix où il se trouve, Patrick continue à lancer son appel, son cri d'alarme, et nous dit : “Frères, réveillez-vous ! Frères, éveillez cet amour qui est en vous, ne vous laissez pas aller !” Amen. »

Pendant le tournage de *Paradis pour tous*, son dernier film,
sorti en salles un mois après sa mort. Patrick y retrouvait sa célèbre moustache,
abandonnée l'espace de quelques films.

XIV

Paradis pour tous

Dans *Paradis pour tous*, d'Alain Jessua, ton dernier film, au titre pour le moins troublant, tu avais pour partenaire le grand Philippe Léotard, lui aussi parti bien trop tôt. Vous vous étiez entendus comme larrons en foire sur le tournage. Mais quand tu es parti, il s'est senti responsable de ta mort. Totalement, irrépressiblement. Je l'ai appris par le plus grand des hasards, quelques semaines après tes funérailles. J'avais été invitée par une amie qui habite près des Halles, à Paris, pour me changer les idées. Nous nous baladions gentiment, quand soudain, des éclats de voix, des cris déchirants, provenant d'un restaurant à deux pas de là. Et je vois Philippe en sortir, une arme à feu à la main. Éperdu, désespéré, hurlant de douleur. « C'est de ma faute ! J'vais me tuer, ce sera justice ! » Je m'élance vers lui : « Philippe, que se passe-t-il ? – C'est moi qui ai tué Patrick ! Mon meilleur copain... – Mais enfin, Philippe, c'est moi, sa mère ! Mado ! »

Je l'invitai à venir tout m'expliquer chez moi, dès le lendemain.

« Sur le tournage de *Paradis pour tous*, Patrick m'a dit un jour, de but en blanc : "Dans un an, tu auras tous mes rôles : je serai mort." J'ai pris ça à la légère, Patrick avait de l'humour, noir parfois, mais ce n'était pour moi qu'une boutade... Et puis, quelques semaines plus tard, au moment de la postsynchronisation du film, nous nous sommes retrouvés en studio. Il se tenait devant son micro, consciencieux comme d'habitude, très pro. C'était une semaine avant sa mort. Sans m'annoncer, je m'approche derrière lui, et je lui donne une bonne tape sur l'épaule, en lui lâchant : “Alors, vieux ! T'es pas encore flingué ?” Tu te rends compte, Mado ! C'est moi qui l'ai poussé ! – Mais non, Philippe ! Non ! Tu n'y es pour rien. Pour rien du tout ! Sois tranquille. »

Il m'a fallu déployer des trésors de réconfort, de patience et de douceur pour lui faire entendre raison. Et pour qu'enfin il soit en paix avec sa conscience torturée par ce quiproquo. Philippe, toi aussi, tu étais un écorché vif...

Paradis pour tous... Dix fois, j'ai vu ce film, pour déchiffrer ta mort. Il est porteur de messages, non seulement pour moi, mais pour beaucoup de ceux qui l'ont vu. Le premier, c'est ton apparition à l'écran, avec tes yeux fixés sur nous, pour dire : « Ne me plaignez pas. Surtout, ne me plaignez pas ! » Puis, ce mot, *Paradis*, et tout son poids, religieux et mystique, mais aussi tellement évocateur, que l'on soit croyant ou pas. Porteur d'espoir. Certains n'y verront que des coïncidences. Pour moi, ce sont des signes de ta vie nouvelle. Tu terminais *Mille milliards de dollars*, d'Henri Verneuil, sur cette promesse : « Je crois que je vais essayer de rejoindre la race des humains. » Quelle dimension elle prend aujourd'hui ! Ici, ton corps n'en pouvait plus et tu ne savais où reposer ton esprit. Tu étais enfermé dans une solitude qui te devenait de plus en plus insupportable, tandis que se poursuivait une lutte qui t'apparaissait chaque jour de plus en plus inutile. Il y avait eu tes chagrins d'amour... Ta rupture avec Miou... Tu avais perdu sept kilos sur *F... comme Fairbanks*. Puis, tu t'es laissé entraîner par des compagnes un peu maléfiques. Tu as connu des influences néfastes, des doutes, des déceptions. Le sentiment que tu ne pouvais plus choisir tes rôles. Dans *Paradis pour tous*, tu t'es rendu compte que tu étais « flashé » comme ton personnage. J'avais dit au pauvre Alain Jessua, rencontré après ta mort : « Vous savez, après votre film, il ne pouvait plus aller plus loin. » Son visage se décomposa. « Vous êtes folle de me dire un truc pareil ! »

Puisses-tu enfin trouver la sérénité en ce « paradis », où tu as rejoint d'autres artistes, tels Mozart, Schubert, Charlie Parker, partis eux aussi à l'âge de trente-cinq ans.

Alain Jessua

Cinéaste, scénariste, réalisateur de Paradis pour tous

« Toute cette énergie qu'il mettait dans son métier, c'était sa manière de montrer qu'il croyait quand même à la vie. »

Alain Jessua : De tous les comédiens avec qui j'ai travaillé, Patrick est incontestablement celui avec lequel j'ai eu le plus d'affinités. Ce sont des choses qui arrivent par exemple à un chef d'orchestre, quand il a la chance de tomber sur un concertiste avec lequel il est en harmonie parfaite.

On finissait par se comprendre sans se parler, ce qui est le rêve pour un metteur en scène. Avant même que j'ouvre la bouche pour lui dire ce que je voulais, il me disait : « Oui, oui, j'ai compris... »

Une image me reste de notre film *Paradis pour tous.* Il y jouait un personnage complètement adapté à la vie moderne, donc il était toujours impeccable, bien coiffé, etc. Et le dernier jour de tournage, à la dernière scène, il s'est passé les mains dans les cheveux, il s'est décoiffé, pour redevenir Patrick.

Moi, je crois que le drame de Patrick, c'est le drame de tous les acteurs qui vont au bout d'eux-mêmes. Patrick tournait deux ou trois films par an, il s'y investissait tellement, qu'après un tournage, il avait à peine le temps de se retrouver qu'il sautait déjà dans un autre rôle.

Après *Paradis pour tous,* il a pris à peine dix jours de vacances et s'est entraîné très sérieusement à la boxe pour le rôle de Marcel Cerdan. C'est un entraînement physique très difficile. Mon film avait déjà été très dur, à tel point que ses amis le trouvaient changé, parce qu'il était entré totalement dans la peau du personnage. Le vrai Patrick n'existait plus. Toutes ses ressources, il les mettait dans son métier, alors à la moindre contrariété, il n'avait plus, dans la vie, la force de lutter. C'est la beauté du métier d'acteur, quand on le fait vraiment, mais ça a quelque chose de démoniaque. Entrer dans la personnalité d'un autre, c'est dangereux, c'est devenir une sorte de thaumaturge. L'acteur est toujours en danger. Lorsque vous mettez le meilleur de vous-même dans l'interprétation de personnages qui sont étrangers à ce que vous êtes, que reste-t-il de vous ?

Alors, que s'est-il passé ? Il a dû avoir une contrariété à ce moment-là, et il n'avait plus la force de résister, parce qu'il avait joué *Paradis pour tous*, parce qu'il avait joué *Série noire*, parce qu'il allait jouer Marcel Cerdan, et que lui, Patrick Dewaere, n'existait plus.

C'était un pessimiste. Mais toute cette énergie qu'il mettait dans son métier, c'était sa manière de montrer qu'il croyait quand même à la vie, même s'il ne se faisait pas beaucoup d'illusions sur les gens.

Mado : N'a-t-il pas ressenti une similitude entre lui-même, l'acteur, et son personnage d'homme « flashé » ?

A. J. : Le flashage est une opération du cerveau destinée à supprimer les angoisses. Tout notre travail a consisté à chercher des nuances dans l'interprétation de ce personnage. Composer un homme qui est dans un état de perpétuel bonheur, même si c'est un bonheur artificiel, ça peut devenir ennuyeux. Or, à chaque fois, il essayait quelque chose de différent. Il avait un jeu très varié, mais c'était effectivement un rôle lourd à porter.

J'ai rêvé de lui pendant des années après sa mort. Je pense qu'on serait restés amis après le film. En plus, il parlait bien de son métier, avec intelligence. Il avait pris conscience de tout ce qu'il lui apportait. Il privilégiait incontestablement son rapport avec le metteur en scène. Quand le courant passait, il était fou de joie, il disait : « Je prends mon pied ! » ou « Aujourd'hui, je fais l'amour avec mon metteur en scène ! » C'est ça dont on rêve tous : être en symbiose totale.

Et parmi les acteurs d'aujourd'hui, je ne vois pas qui peut prendre la relève...

XV

Pourquoi ?

Il y a un geste de quelques secondes, un coup de colère, né d'abord d'une fatigue, d'une dépression, dues à un travail trop intense, un mal de vivre devenu trop lourd. Les gens du spectacle connaissent bien ces passages fous, ces secousses qui, d'un rien, peuvent vous faire basculer, du bon côté ou du mauvais. Mais cela arrive dans bien des métiers. Notre monde d'aujourd'hui, monde de folie, d'injustice, de guerres, fait que je ne suis pas la seule mère à pleurer un enfant qui n'a pas pu supporter l'angoisse de vivre. Je ne suis qu'une mère parmi tant d'autres, et je pleure avec elles, unie à leur douleur. Nos enfants ont trouvé le repos, la paix en Dieu, j'en ai la certitude. Autrefois, je n'aimais pas qu'on me présente comme « la mère de Patrick ». Aujourd'hui, j'en suis fière. Je ne veux pas qu'on l'oublie, et je me sens responsable de ce qu'il devient dans nos mémoires. De même que je me sens responsable de lui avoir communiqué toutes mes angoisses et tout mon désespoir lorsque, enceinte de lui, j'ai appris que je ne reverrais jamais Michel, son vrai père, mon plus grand amour. Et lorsqu'à l'adolescence, il a découvert la vérité, il a porté comme un fardeau tout au long de sa courte vie ce terrible sentiment d'avoir été abandonné, renié par son père.

Deux mois avant sa mort, Patrick confiait à un journaliste : « Je voudrais être bien fatigué, bien saccagé, et pouvoir dire “Rideau ! Je meurs !” Voilà ce que je voudrais ! » Pour autant, je ne crois pas qu'il ait eu réellement le désir de préparer sa mort. A-t-on vraiment envie de mourir ?

À plusieurs reprises, dans ma jeunesse, j'ai moi aussi tenté de me suicider. Voulais-je mourir ? Je crois que j'avais surtout envie « d'exister ». Oui : mourir pour exister. Était-ce cela pour toi, Patrick ? Tu es parti avec ton mystère, et je ne finirai jamais de chercher à comprendre. Tout le monde t'a blessé, tout le monde est responsable. Tout le monde, et personne. En fait, tu es mort par manque d'amour. Et tu as fini par trouver la lumière, la paix, l'amour que ton goût de l'absolu n'a pas rencontrés ici.

Dans ce nouveau monde, tu es avec moi, plus que tu ne l'as jamais été. Chaque seconde de ma vie, chaque battement de mon cœur cogne à l'unisson de cette vie mystérieuse où tu continues d'exister. Je n'ai pas envie de mourir encore, puisque nous faisons route ensemble. J'aime toujours cette vie. Je m'étais souvent demandé : « Mon Dieu, après, retrouverai-je mes enfants ? » Maintenant, il me semble entrevoir la réponse, grâce à ta tendresse pour moi. La mort fait partie de la vie. Elle est notre continuité, elle n'est pas une punition, elle est la suite naturelle de cette histoire d'amour qui commence au creux de notre chair.

Tu es mort, en partie, d'avoir trop sacrifié à ce métier, sans mesure aucune, ne te ménageant jamais, donnant tout de toi. J'en étais souvent effrayée, lorsque je te voyais endosser la peau de certains personnages. Tes colères étaient de vraies colères, j'en reconnaissais les signes. Je retrouvais le petit Patrick impétueux et impulsif de l'enfance. Et cela me faisait peur. Lorsque j'ai vu *Série noire* pour la première fois, je suis rentrée à la maison et je me suis couchée, tellement j'étais bouleversée. J'avais besoin d'être seule. Je t'admirais autant que je tremblais pour toi. Par ce don total de toi, petit à petit, une faille se creusait où ta vie s'écoulait, comme le sang d'une blessure inguérissable.

Finalement, ta vie qui a paru aux yeux de tous une grande réussite n'a-t-elle peut-être été pour toi qu'une suite de doutes et d'angoisses, blessée trop souvent par de minuscules échecs ? Si l'être humain supporte avec courage les grandes épreuves de la vie, les petits échecs le brisent... Ils ont eu raison de toi.

Dans l'acteur véritable et sincère que tu étais, germait ce grain de folie dont parle saint Paul. Ce grain de folie, c'est un don, le talent, la vocation, dont étaient porteurs des hommes tels que Brel, Brassens, Gérard Philipe, Rimbaud, James Dean... Tous ont très vite brûlé leur vie. C'est une profession dévorante, et ceux qui se donnent à elle sans réserve disparaissent comme des étoiles filantes dans un ciel d'été. Comme un papillon qui donne toute sa beauté le temps d'une journée, tu as brillé, aimé, et puis tu es parti.

Entre *Lily aime-moi* et *F... comme Fairbanks*, ce film magnifique que j'aime plus que tous les autres, une grande étape de ta vie s'était brisée. Dans le premier, on sent ta joie de vivre, au moment de la naissance de cette petite fille, Angèle, que tu adores ; dans le second, ton premier déchirement. Tu ne seras jamais plus le joyeux Patrick qui faisait tant rire au Café de la Gare...

F... comme Fairbanks est ton histoire « prémonitoire ». Ton personnage part dans la vie enthousiaste et plein de projets, il rencontre l'amour... Puis, petit à petit, tout se fissure, tout se meurt, et il finit dans la folie, emmené par une ambulance, comme cela s'est passé en 1982, un 16 juillet...

Tu as tant souffert sur ce tournage, aux côtés de celle que tu avais perdue... Je me souviens d'un jour où tu tournais dans mon quartier de l'Opéra : tu m'avais demandé si je pouvais garder ta petite Angèle pour que tu puisses la voir et l'embrasser.

Patrick, tu m'as tant fait rire dans ce film ! Les scènes à cheval, en bateau, en voiture... À la fin, les portes de l'ambulance s'ouvraient, tu étais vivant, et je ne pouvais que pleurer en te voyant partir sur ton tapis volant avec celle que tu aimais. À présent, je ne pleure plus, car j'y vois le symbole de ton départ vers un monde de lumière et de paix.

Ce que beaucoup ignoraient, c'est que tu étais un papa merveilleux adorant ses enfants. Et la perspective de perdre aussi Lola, ta seconde fille, à l'issue d'une nouvelle rupture, n'a fait qu'amplifier ton mal de vivre, déjà si profond.

Jean-Jacques Annaud

Cinéaste, scénariste, producteur, réalisateur de Coup de tête

« Aujourd'hui, en France, le personnage que savait faire Patrick n'est pas disponible. Il est indistribuable... »

Jean-Jacques Annaud : J'ai gardé un rapport très secret et très puissant avec Patrick. Pendant toute la période où nous avons travaillé ensemble, j'ai eu le sentiment d'une grande compréhension, d'une très authentique et honnête amitié, cette amitié pudique que peuvent avoir les hommes entre eux. Patrick, qui manifestait souvent le contraire, était en fait un garçon d'une extraordinaire pudeur. Je crois que c'est pour ça qu'on s'entendait si bien tous les deux. On avait une perception très voisine des choses.

J'ai eu, dans ma vie, peu d'expériences aussi fortes qu'avec Patrick. Nous nous quittions le soir du tournage avec le plaisir d'avoir travaillé ensemble, avec le désir de nous revoir le lendemain matin, avec deux ou trois mots qui résumaient la journée, en nous regardant à peine.

Après, nous nous sommes revus très régulièrement, pendant la postsynchronisation. Puis, pendant les années qui ont suivi, toujours avec la même joie pudique. Il y a quelque chose qui symbolise ça d'une manière tout à fait étrange. Je venais d'acquérir une maison de campagne, où j'écris tous mes textes, où j'aime me retrouver. À l'époque, Patrick avait des moments où il ne se sentait pas toujours très bien – il n'en parlait pas, mais je le savais. Je le savais si bien que je lui avais proposé de venir chez moi quand il voulait, et j'avais caché pour lui une clé, qui était à sa disposition, dont il a fait usage très souvent. Cette clé est toujours là. Je ne la touche pas. De temps en temps, je vérifie si elle est toujours à sa place. Elle est maintenant couverte de poussière. Je la laisse. Et je n'ai jamais voulu changer la serrure.

Je vous dis ça parce que j'ai eu l'impression de vivre une espèce d'amour caché avec Patrick. En tout cas, une très grande amitié, mais qui ne s'est jamais matérialisée. Nous avons toujours entretenu un rapport d'une très grande qualité, mais d'une masculine distance.

Il y a une autre chose qui m'a beaucoup frappé, la dernière fois que je l'ai vu. C'était le soir des César. Il était au bar du Fouquet's avec Depardieu, et moi, je venais d'avoir le César pour *La Guerre du feu.* Et pour la première et dernière fois, nous avons eu là un rapport beaucoup plus émotionnel, car il s'est effondré en larmes sur moi. Lui, si robuste, si lourd – parce qu'il était costaud, avec cette musculature incroyable –, il s'est effondré. Il a sangloté sur mon cou comme un gosse, à en mouiller le col de ma chemise. La raison... c'était la joie très sincère que j'aie le César, parce que j'étais son ami, et une immense tristesse de ne pas l'avoir, lui [1].

Ce qu'il y avait de très fort, c'était qu'il était à côté de son ami Depardieu, qui, lui, l'avait eu l'année précédente pour *Le Dernier métro.* Ces sanglots voulaient dire : « Moi, tu vois, je l'aurai jamais ! » Et, se tournant vers Depardieu, il dit : « Lui, ce salaud, il l'a, et pas moi... Pourquoi pas moi ? Parce que je suis nul... Toi, je t'aime bien, c'est normal que tu l'aies... » Vous voyez... ce mélange de générosité et de regret. J'étais bouleversé qu'il me dise ça. D'habitude, il

1. Pour *Un mauvais fils.*

tenait toujours le discours inverse, il prétendait qu'il s'en foutait et ce discours sonnait faux.

J'ai toujours pensé que son infinie qualité et, du coup, son infinie tristesse, venaient de ce qu'il était à son aise « dans le mode mineur » : il aimait la tonalité mineure. Alors que Depardieu, lui, était « majeur ». Je lui avais dit : « Tu ne peux pas soulever les mêmes enthousiasmes populaires en mode mineur : une fanfare, on la fait en majeur, et c'est la fanfare qui est suivie par les enfants avec les lampions. Mais ce qui restera dans les cœurs, ce seront les sonates en mineur. » C'est ce qui se passe aujourd'hui : les films de Patrick sont vénérés. Ils ont une humanité qui est sans équivalent aujourd'hui, parce que leur grande force, leur grande qualité, c'est précisément leur humanité. Par exemple, ça a été très sensible dans *Coup de tête*. J'avais écrit le scénario avec Francis Veber. Francis est un homme qui joue dans le mode majeur absolu. Eh bien, Patrick, immédiatement, l'a chaussé et y a mis un bémol, du début à la fin, parce que c'est comme ça qu'il ressentait les personnages. Et c'est ainsi qu'on passe d'un film banal à un film formidable.

Patrick avait cet extraordinaire talent, et n'a jamais voulu comprendre que cette qualité faisait sa faiblesse apparente. Nous en parlons beaucoup dans le métier, entre metteurs en scène : Patrick n'a pas été remplacé. J'en parlais l'autre jour avec Claude Miller et Costa-Gavras. On se disait : « Aujourd'hui, en France, le personnage que savait faire Patrick n'est pas disponible. Il est indistribuable, nous ne l'avons pas. » Un personnage néoromantique extraordinaire, magnifique de tendresse, bouleversant de fragilité...

Quand j'ai appris sa mort, j'étais en province, avec ma femme. Nous avons vu les premières pages des journaux. J'ai pris cette nouvelle comme quelque chose que je savais déjà. Je savais que Patrick ne supportait plus la place qu'il avait, compte tenu de ses ambitions. Des gens, dans le restaurant, disaient : « Pourquoi en est-il arrivé là ? Il avait tout ! » Ils ne pouvaient pas comprendre que, par rapport à son fol orgueil, il croyait être en deçà, en dessous... Et c'est là où il s'est trompé. Je le lui avais souvent dit. Mais il rêvait d'une carrière immense, dont il avait les moyens, et qu'il a eue, d'ailleurs...

Ce qu'il voulait, c'était ne faire que des films exceptionnels. Il s'investissait tellement ! Et il disait : « Je vais finir par tout accepter ! N'importe quoi ! » Ça le mettait dans des colères monstrueuses, soudaines, irréfléchies...

Mado : Oui, ça me rappelle le coup de poing qu'il avait donné au pauvre accessoiriste de *Coup de tête*... Il lui avait cassé une dent !

J.-J. A. : Vous connaissez cette anecdote ?

Mado : Oui, j'ai tourné avec l'accessoiriste plus tard, il me l'a racontée. C'était le dernier jour de tournage. Ça se passait dans la salle d'attente de la gare. Patrick somnolait sur un banc. Vous avez dit à l'accessoiriste : « Va bouger un peu le sac de couchage sous la tête de Patrick. » Le gars s'est amené tout doucement, à quatre pattes. Dérangé, Patrick s'est levé d'un bond, il lui a fichu son poing dans la figure.

J.-J. A. : C'est tout à fait exact.

Mado : Après, il était désolé...

J.-J. A. : Absolument. Mais ce soir-là, on a tous vu que Patrick n'était pas dans son état normal. Parce que c'était la fin du tournage. Et son comportement avait changé. C'était dramatique.

Mado : Patrick ne savait pas quoi faire pour se faire pardonner. Il lui a fait un cadeau, l'a invité au restaurant... Mais le garçon ne lui en a pas voulu.

J.-J. A. : Non, c'était un brave type. Mais Patrick, je l'ai senti glisser, devenir différent à ce moment-là. Il souffrait beaucoup à cette époque, après *Coup de tête*. Il avait des colères homériques !

Je me souviens aussi, de temps en temps, j'assistais à une prise qu'il était en train de faire, et si je ne la trouvais pas tout à fait à mon goût, j'allais le lui dire : « Pa, je crois qu'il faudrait... » Sa première réaction était de bomber le torse, d'avoir le geste de m'étrangler ou de me foutre son poing dans la gueule. Combien de fois j'ai senti cette pulsion et le poing prêt à partir ! Mais j'adorais ça en même temps... c'était tellement gentil. Tout de suite après, il se calmait.

Alors, je ne sais pas pourquoi, je l'ai beaucoup imaginé, rentrant chez lui, ce jour-là. Je le connaissais si bien ! Pour un rien, il était prêt à exploser. Une vraie poudrière ! Je le voyais, entrant dans une rage terrible, se disant : « C'est pas possible, mais ils me font tous chier, ils se foutent de ma gueule ! J'en ai marre de ce métier de merde et de cette vie de con... » Mais si, à ce moment précis, quelqu'un avait téléphoné, il aurait hurlé : « Ils m'emmerdent ! Allô ! Ah, c'est toi, connard ! » et il se serait radouci. Et voilà, finie, la colère. Il était sauvé. Je ne sais pas pourquoi cette chose m'a véritablement hanté. J'ai lu et entendu tout ce qui s'est dit, j'ai trouvé que tout était faux. Je n'ai pas trouvé une seule explication qui corresponde à la mienne. *(Silence.)*

Mado : Quelque chose en moi le pressentait. Il avait une telle fierté, fragile et violente. Je me disais qu'il suffisait d'une blessure, d'une trop forte déception... il n'aurait pas la force de la supporter... Et je tremblais pour lui !

J.-J. A. : Il avait ce charme de la timidité qu'il essayait de vaincre, tout le temps. C'est pour ça que son jeu était fascinant. Il avait ce déséquilibre permanent.

Mado : Il y a une scène que j'aime tant dans *Coup de tête* : quand il raconte son histoire de bébé, disant : « Je suis peut-être pas le bébé ? » C'est tellement joli ! Je suis sûre que cela évoquait en lui des souvenirs de son enfance. Cela me bouleverse à chaque fois que je l'entends...

J.-J. A. : Ça lui allait comme un gant, ces scènes-là ! J'ai tourné cette scène en deux heures alors que j'avais prévu une journée. Un de mes rares bonheurs, c'est de voir un acteur devenir le personnage dont j'ai rêvé, parfois pendant des années. Je vous jure que c'est un plaisir qu'on n'a pas souvent. Je l'ai eu avec Sean Connery dans *Le Nom de la rose*, je l'ai eu avec Patrick, je l'ai eu aussi avec Jean Carmet, qui est un comédien formidable...

Avec Patrick, il m'arrivait souvent de ne pas pouvoir dire « Coupez ! » et ça, ça ne trompe pas. Il savait vous faire oublier la caméra, les projecteurs, l'équipe technique. Cette émotion-là, nous en parlons beaucoup avec ma femme – qui est aussi ma scripte. Il avait une exigence terrible envers lui-même ! Il se torturait parce qu'il voulait être le meilleur, absolument, sans partage. Tout ça, ça a à voir avec son immense orgueil. Quel âge aurait-il aujourd'hui, Patrick ?

Mado : Il est né en 1947.

J.-J. A. : On a quatre ans de différence, c'est-à-dire fort peu, et moi, je le considérais comme un petit garçon... De temps en temps, il venait se blottir contre moi. Comme il savait que je n'étais pas intéressé par les garçons, il pouvait se livrer, il n'avait pas peur ! *(Rires.)* Il venait se pelotonner, un peu inquiet, me demandant si la scène était bien. Il avait besoin de tous ces signes.

Mado : Vous saviez qu'il avait fait un disque ?

J.-J. A. : Oui ! Vous me remémorez quelque chose : frustré de ne pas être le premier incontestable au cinéma, incontournable, affiché par la presse et les récompenses professionnelles, il avait pensé qu'il pouvait devenir le numéro un de la chanson. Il disait des choses du style : « Tous ces cons, ils vont voir. » *(Rires.)* Il me l'avait donné, son disque. Je l'ai toujours. Il m'avait demandé ce que j'en pensais, j'avais dû répondre : « Pas grand-chose... » Mais franchement, je ne pouvais pas lui mentir.

Mado : Non, on ne pouvait pas lui mentir. Nous lui avons fait la même peine, dans la famille... Personne ne l'aimait, ce disque. Alors qu'à dix-sept ans, il avait composé des chansons tellement poétiques ! J'en ai huit sur une cassette. C'est très émouvant. Il adorait la musique. Vous l'avez vu, à l'époque du Café de la Gare ?

J.-J. A. : Le Café de la Gare, j'en ai été l'un des tout premiers clients, à l'époque où il y avait très peu de monde. Ils étaient plus nombreux sur scène que dans la salle ! C'était complètement souterrain, et moi, je les ai bien connus parce que je faisais des films publicitaires. Je m'étais amouraché de cette bande, et je faisais vivre Romain Bouteille. J'étais son principal « sponsor » : je lui faisais faire des voix off dans des films, il adorait ça ! Et ça les aidait.

Mado : Il y était si heureux ! Il n'était pas fait pour être une star, Patrick.

J.-J. A. : Mais personne n'est fait pour être une star ! C'est un statut inhumain. C'est extrêmement fatigant. Patrick, ce qu'il aimait, c'était rigoler avec des copains, jouer au flipper... Mais il ne pouvait plus, les gens étaient derrière lui, à lui faire signer des autographes. Ça le fatiguait beaucoup.

La première fois que je l'ai vu au Café de la Gare, il faisait un truc de rien du tout : il tapait avec des cuillères. Puis, ils faisaient tous une symphonie avec des cuillères et des coussins, c'était absolument formidable ! Patrick était si drôle, il avait une nature comique fantastique. D'ailleurs, dans *Coup de tête*, il était très drôle. Il avait une palette extraordinaire. Dans sa parka, il était tout à fait à son aise, avec les footballeurs d'Auxerre. C'était son univers.

Pendant cette période, il était en très belle forme. Je lui faisais faire beaucoup de sport. Il avait repris des couleurs, et du coup, il était magnifique !

Mado : Un vieil ami, prêtre canadien, me disait toujours : « Patrick, je ne le vois pas devenir adulte. » C'est vrai qu'il était resté adolescent. Il m'arrive souvent d'avoir des rencontres avec des jeunes de treize, quinze, dix-sept ans. C'est fou comme ils connaissent Patrick, comme ils l'adorent !

J.-J. A. : Vous savez pourquoi ? Parce qu'il a exprimé pour toujours le mal de vivre que ressentent tous les adolescents. Quand je parlais d'un mode majeur et d'un mode mineur, c'est ça qu'il a su exprimer. Et qu'on ne sait plus exprimer parce qu'il nous manque. C'est bien gentil de faire des héros, mais il y a une grande proportion d'adolescents qui savent très bien qu'ils ne peuvent pas s'identifier à ces héros. Ce que Patrick savait faire, c'était d'être héroïque dans le mode mineur : interpréter des personnages qui faisaient de grandes choses, tout en ayant des contradictions et des problèmes. Patrick n'a jamais voulu prendre la réalité en main, il a voulu gérer son rêve. Et quand il s'est aperçu que le rêve ne coïncidait pas avec la réalité...

Je me souviens de ce soir-là, quand il avait pleuré sur mon épaule : je lui ai dit qu'il avait tort d'être si impatient de récolter des récompenses. Mais il en souffrait beaucoup, de ces histoires de César, d'Oscar...

Tout le monde savait qu'il était l'un des plus grands acteurs français... mais on croyait qu'il était là pour toujours... Il avait l'estime et l'admiration de toute la profession. Il n'y avait pas d'urgence...

Mado : Il se croyait mal aimé.

J.-J. A. : À tel point qu'il s'en était fait une coquetterie, mais une coquetterie totalement artificielle. Patrick voulait plus que quiconque être aimé, adoré par tout le monde. Il était très malheureux dès qu'il y avait sur le plateau une onde négative à son égard.

Une lettre de Brigitte Fossey

Actrice, partenaire de Patrick dans Les Valseuses *et* Un mauvais fils

« Il vivait dans l'urgence. »

« Patrick n'avait pas le temps, il était toujours pressé. Pressé de voir la sortie des *Valseuses* de Bertrand Blier, pour “éclater enfin” ! Pressé de voir les rushes d'*Un mauvais fils* de Claude Sautet, le soir après le tournage, pressé de faire la mise en place d'un plan pour le tourner au top du top de la perfection, pressé de conduire à toute vitesse sa Mercedes qu'il avait souhaitée très solide au cas où ses enfants auraient pris la route avec lui.

« Il me parlait souvent de ses enfants. Il regrettait beaucoup de ne pas pouvoir leur consacrer tout le temps qu'il aurait voulu. C'est cet aspect de Patrick, je crois, qui est le moins connu : tendre, fidèle en affection et surtout, n'ayons pas peur des mots, romantique. Oui, romantique comme la violence peut l'être parfois, c'est-à-dire quand elle éclate, la nuit, dans une étoile filante, ou dans une nébuleuse.

« Le météore Dewaere nous a laissé ses films, comme des météorites, et nous les regardons comme s'ils pouvaient témoigner des ciels où il navigue. Il doit sourire comme souvent, comme toujours. Patrick, “clin d'œil entre deux nuits”, personne ne t'a oublié, personne ne t'oublie... »

JEAN-MICHEL FOLON

Dessinateur, acteur, partenaire de Patrick Dewaere dans Lily aime-moi *et* F... comme Fairbanks

« Pour moi, ce n'est pas arrivé. Patrick est quelque part, et sa disparition n'est qu'une mauvaise invention des journalistes... »

Jean-Michel Folon : Quand j'ai vu *Les Valseuses*, je me suis dit que quelque chose était arrivé dans le cinéma français. Que ces trois-là, Patrick, Gérard et Miou, on n'allait plus voir qu'eux, parce qu'ils étaient tellement justes, tellement ailleurs, tellement vivants, sans complexes, tellement intéressants. Trois talents pareils réunis dans une même histoire, c'était absolument incroyable !

On s'est rencontrés ensuite : Dugowson a eu l'idée de *Lily aime-moi.* Il y avait Rufus et moi. Et puis, il y a eu Patrick, très vite. Ce film était une espèce de rêve, un alibi pour être bien avec des gens qu'on aimait bien. On se retrouvait à la campagne, on parlait, parfois on changeait le scénario. Finalement, Patrick s'est montré le plus brillant, parce que toutes les bonnes idées venaient de lui. Il nous mimait directement ce qu'il venait d'inventer, et c'était tellement juste qu'on savait qu'il avait raison. Avec lui, j'ai compris tout d'un coup que faire du cinéma, ce n'était pas seulement être acteur, c'était rendre vivantes, plausibles, des histoires, des rencontres... C'était raconter une tranche de vie. Le scénario était un point de départ pour une aventure. Il fallait un carcan, mais il fallait aussi lui donner la vie.

Ça me faisait penser à Renoir qui demandait : « Qui est l'auteur d'un film ? » Il expliquait que ce n'était pas toujours le metteur en scène, c'était parfois le musicien, ou l'acteur. Comme Michel Simon dans *Boudu sauvé des eaux*, qui existait tellement que Renoir n'a fait que le filmer. Mon désespoir avec Patrick, c'est qu'il n'ait pas tourné avec Renoir, Pagnol, les grands auteurs du cinéma en France, ni même avec Truffaut, Resnais... Gérard a fait des films avec eux. Pas lui. Mais il les aurait faits ! Il aurait dû être plus patient. Quand Patrick parlait de Gérard, c'était comme de son grand frère. Il lui apprenait des choses. Patrick était très admiratif, Gérard en jetait tellement ! On ne peut pas parler de Dewaere sans Depardieu, de Depardieu sans Dewaere. Du moins, dans mon esprit.

Depuis dix ans, Gérard est dans tous les grands films. C'est incroyable ! En face de lui, il n'y a personne. Mais si Patrick était resté, ils se seraient partagé tous les rôles pendant vingt ans. Gérard, c'était un peu Michel Simon, et Patrick, Gérard Philipe. Patrick était tellement beau, il aurait été le Douglas Fairbanks du cinéma français, le charmeur... Je crois que Patrick et Gérard étaient complémentaires. L'un a un physique, une force, une présence prodigieuse, qui s'imposent, qu'il a su imposer. Patrick, lui, était séduisant naturellement, sans avoir besoin de rien faire. Dès que la lumière s'allumait, il existait. André Diot, notre éclairagiste, l'avait très bien compris. Ils étaient devenus copains : Patrick adorait les gens qui faisaient bien leur boulot, les artisans passionnés par leur métier. Il y a deux ou trois plans de lui dans *Lily* où il est bouleversant de beauté, d'épaisseur.

Le problème, c'est qu'il donnait des complexes à tout le monde. On dit toujours que les grands acteurs, ce sont ceux que la caméra aime. Patrick savait toujours où était la caméra, il jouait pour elle comme un partenaire, mais sans concession, sans complaisance.

À l'époque, il était le grand amour de Miou. C'était l'éclat de rire, la joie. Et puis, je l'ai retrouvé dans *Fairbanks*, où il était désespéré. Ils se quittaient, c'était une tragédie. Il faut dire que Patrick, pour moi, c'était bien autre chose qu'un acteur. Il aimait beaucoup venir dans cette maison. Il regardait par la fenêtre et disait : « C'est ici que je devrais vivre, faire comme toi. » Il était un peu imprévisible. Un matin, Ginette, la dame du village qui travaille ici, vient me réveiller. Affolée, elle me dit : « J'ai peur, il y a un mort dans le jardin ! » Je suis descendu, la trouille au ventre... C'était Patrick, allongé par terre. Il dormait profondément. On l'a laissé se reposer. Quelques heures plus tard, il nous a rejoints, expliquant : « Hier, j'ai enregistré mon premier disque, ça a duré très tard dans la nuit. Et je me suis retrouvé à Notre-Dame de Paris. J'ai dû dormir à l'intérieur... L'aube m'a réveillé, il y avait des vitraux fantastiques ! Je me suis dit que ça allait me porter chance pour mon disque... » Ensuite, il avait pris sa voiture : « C'est elle qui m'a ramené ici, comme un chien retrouve sa niche. »

Mais il se faisait une trop haute idée de son art, et le cinéma n'était pas à la mesure de ses espérances. Un jour, j'étais allé le voir en Suisse, où il tournait *La Chambre de l'évêque*, de Dino Risi, avec Ornella Muti. Il s'ennuyait beaucoup sur ce tournage. Et à Cannes, sur les marches du Palais, il a fait une chose qu'il ne faut pas faire dans ce métier... Il a pris Dino Risi par le revers de sa veste, et lui a dit : « Tu vois, t'es un salaud ! Je viens de voir le film ! C'est pas le film que tu m'avais annoncé ! » Il avait improvisé beaucoup de choses et tout avait été coupé au montage. Il me disait : « C'est ça le plus éprouvant. Toi, tu as toutes les veines du monde, tu peux dire merde au monde entier, tu es à la campagne, tu fais ce que tu veux... Quand tu dessines, personne ne va transformer ta couleur dans ton dos. Mais moi, quand je me donne, je ne sais pas ce qui va arriver. Quand je tourne, je donne tant d'énergie, tant de ma vie, de mes expériences personnelles, et quand je vois le film fini, ce qu'il en reste, je me demande à quoi j'ai passé mon temps. J'ai tant donné, et il ne reste rien ! » Il disait aux metteurs en scène : « Je ne peux pas faire cinq fois la même chose ! Je peux me donner une fois. Alors, sois bon, toi aussi, au moment où je donne. » Quand il se donnait à fond et qu'il entendait : « Bon, on en refait une ! », il devenait fou. En plus, aux rushes, s'il y avait deux prises, le metteur en scène disait : « C'est la deuxième ! » et Patrick pensait : « Non, c'est la première, merde ! C'est dans celle-là que la vie est entrée... Alors à quoi je sers ? »

C'est fou le nombre de malentendus qu'il y a eu comme ça dans sa vie... C'était sa grande douleur. Une autre fois, un réalisateur célèbre lui avait donné le script d'une comédie sur Mai 1968. Patrick se faisait une certaine idée de cette époque-là. Elle ne collait pas, apparemment, avec celle du scénario. Il est devenu blanc. Il m'a raconté plus tard qu'il était allé sonner chez le metteur en scène. Quand il lui a ouvert, il lui a tout balancé à la figure. Il disait : « Je verrai toujours les feuilles voler dans la pièce. C'est tout ce que ça valait. »

Il a eu plein de problèmes à cause de ça. Et j'ai compris que Dewaere, c'était ça, finalement : une honnêteté incroyable qui le conduisait à des états de rage. Comme quand il est allé boxer ce journaliste qui lui avait fait tant de tort. Il vivait tellement son métier qu'il prenait tout le temps des risques. Il était tellement entier qu'il était incompris, forcément. Parce qu'en plus, il était imprudent, même physiquement.

Mado : Comme dans *Fairbanks* ou *Adieu poulet.*

J.-M. F. : À propos d'*Adieu poulet*, j'ai rencontré Lino Ventura juste après le tournage. Comme il savait que je le connaissais, il m'a parlé de lui : « Ton copain, Patrick, il m'a fait du bien. C'est lui qui m'entraînait. » Montand aussi avait été très impressionné par Patrick, il m'avait dit : « Ce type-là,

Plusieurs peintures de jeunesse témoignent du talent de Patrick dans différents arts.
Quand il avait neuf ans, sa tante lui demanda de dessiner un animal pour l'occuper :
il représenta cet ours blanc blessé, sur une neige tachée de son sang.
L'autre toile (page de droite) date de 1963 : à seize ans, Patrick peignit
la butte Montmartre de nuit, et y plaça en contrebas un immense trou noir.

il va aller loin, parce qu'il nous donne une drôle de leçon, il est complètement libéré ! » Il ne le connaissait pas à l'époque, mais il avait vu *Série noire*, et la scène de la baignoire l'avait soufflé... C'est vrai que cette scène où il décide de se noyer... Il entre dans la baignoire, il se met au fond, il ne bouge plus. L'eau est transparente, elle devient immobile. Tu te dis : « Ils ont arrêté l'image ? » Il n'y a plus un mouvement. Et ça dure... Le temps pendant lequel il reste sous l'eau... le spectateur étouffe !

Il aurait fait de grandes choses. En plus de ma tristesse, j'ai une immense frustration de tous les films qui n'ont jamais vu le jour. Il m'avait parlé de Jean-Jacques Annaud et de Claude Miller. Il m'a dit : « Il y en a deux, retiens bien, écris les noms : Annaud et Miller. Tu verras, j'ai fait leurs premiers films, mais je vais en faire plein d'autres avec eux ! »

Les gens comme Dewaere, Depardieu, Miou-Miou, ce ne sont pas seulement de bons acteurs, ce sont des faiseurs de miracles. Et quand les miracles arrivent, on les garde, on dit merci à la vie, à la grâce d'avoir été au rendez-vous ce jour-là. C'est comme ça que le cinéma devrait être. Patrick devait penser que les miracles n'arrivaient pas assez souvent, et que quand ils arrivaient, on ne les reconnaissait pas. C'est pour ça qu'il désespérait. Je me rappelle, je l'avais emmené à Rome voir tourner Fellini. En sortant, ivre de rage, il me dit : « Jamais je ne pourrai tourner avec lui ! Tu comprends, il fait de l'art, il se fout des acteurs. Il prend des gueules, et après, il fait doubler ça en studio. Alors, on n'existe pas... » Lui, il aimait le cinéma à la Renoir, parce que justement, Renoir disait : « Bien diriger les acteurs, c'est simplement les aider à être eux-mêmes. »

Mado : Il ne vous a jamais dit qu'il avait peint ?

J.-M. F. : Non, c'est pas vrai ?

Mado : Il a fait sept ou huit tableaux. Très beaux, très émouvants, avec toujours une petite lumière qui brillait dans un coin du tableau, comme pour éclairer la nuit. Avec des trous d'ombre. À neuf ans, il avait fait un petit dessin représentant un ours blessé dans un paysage de neige, avec des traces de sang et des chauves-souris voletant parmi des arbres décharnés. Bouleversant... comme une prémonition.

Un jour, je tournais avec Évelyne Bouix. Nous étions dans un duplex tout en haut de Montmartre. La nuit tombait, et devant la grande vitre, j'ai eu une immense émotion. Sous mes yeux apparaissait presque exactement un tableau que Patrick avait fait à seize ans. Une montée vers Montmartre dans la nuit... un réverbère éclairant les marches. Dans le ciel, le Sacré-Cœur voilé par une sorte de brume, et un grand trou noir à ses pieds. Et de l'autre côté, tout en bas, la ville illuminée... Tout y était. J'étais au bord des larmes. J'ai expliqué à Évelyne la raison de mon état. Elle me dit : « Ça te fait de la peine ? – Non, pas du tout, au contraire ! C'est comme un cadeau que je reçois de Patrick. »

J.-M. F. : Il n'avait jamais appris à peindre ?

Mado : Non, jamais.

J.-M. F. : J'aimerais tellement les voir ! C'est curieux qu'il ne m'en ait jamais parlé... Peut-être que c'était trop ancien. Il était très tourné vers l'avenir.

Mado : Quand il repensait à son enfance, à son adolescence, il ne se souvenait jamais des bons moments. Que des mauvais. Au fond, Patrick, je commence seulement à le comprendre. Il était pour moi un bloc de mystère. Il m'intimidait terriblement. Je me sentais très souvent stupide face à ce « Monsieur Dewaere » qu'était devenu mon fils. *(Silence.)* Il vous aimait beaucoup... Chez lui, il y avait du Folon sur tous les murs.

J.-M. F. : Oui... Il m'appelait Jean-Mi. C'était la seule personne au monde qui m'ait jamais appelé Jean-Mi. Puis, Miou-Miou m'a appelé Jean-Mi à cause de lui. Ça fait tellement de bien de parler de lui... C'est probablement ce qu'on dit toujours quand quelque chose comme ça arrive... On ne peut pas y croire. Je vous jure que, vivant ici, loin de l'animation et du mouvement, pour moi, ce drame n'est jamais arrivé. Il est quelque part évidemment, et sa disparition n'est qu'une mauvaise invention des journalistes. Enfin, comme on dit : je n'ai pas du tout réalisé la chose...

Henri Verneuil

Cinéaste, scénariste, producteur, réalisateur de Mille milliards de dollars

« Patrick, c'était un petit génie ayant reçu toutes les grâces de notre métier dans son berceau, mais aussi la fragilité. Les petits génies meurent jeunes ! »

Henri Verneuil : Patrick Dewaere appartenait à une génération d'acteurs issus d'une certaine révolution culturelle. Il a tourné surtout dans un certain climat, avec certains metteurs en scène, dont je ne faisais pas partie du tout. J'ai dirigé Jane Fonda, Gabin, Belmondo, Anthony Quinn, Ventura... Un cinéma qui était loin de celui de Patrick. Il arrivait d'un autre univers.

Mais je le connaissais : j'avais vu ses films. Pour *Mille milliards de dollars*, j'avais besoin d'un journaliste qui poursuive la vérité, mais je ne voulais pas d'un reporter macho, celui dont on sait d'avance qu'il va gagner. Il me le fallait fragile, qu'il puisse perdre. Patrick, lui, savait perdre.

Je l'ai rencontré pendant un après-midi entier. Il parlait peu, il écoutait. Puis, il m'a dit : « Je comprends très bien le rôle, je suis partant ! » Quelques semaines plus tard, il annonçait notre projet dans un journal et, évoquant notre rencontre, il a dit quelque chose qui m'a fait très plaisir : « J'ai été très surpris : je croyais rencontrer en Henri Verneuil un homme blasé, et j'ai trouvé un jeune homme enthousiaste et passionné. »

Lorsque nous avons commencé à tourner, j'ai eu l'une de mes plus grandes joies. Jusqu'à la dernière limite d'une nuance, il comprenait la scène et il jouait juste dès la première prise. C'est un bonheur immense pour un metteur en scène. Car souvent, vous dites à l'acteur ce que vous voulez ; il croit le faire. Vous corrigez à plusieurs reprises. Et il arrive un moment où vous vous rendez compte qu'il n'y a rien à faire... Vous vous résignez, et vous êtes le seul à savoir que vous n'avez pas obtenu tout à fait ce que vous vouliez. Avec Patrick, sur ce film, il n'y a pas un seul plan qui ne soit pas exactement ce que j'attendais. Vous ne pouvez pas imaginer jusqu'où allait mon humilité face à lui. J'admirais sa sensibilité, sa précision, sa façon de jouer avec la caméra tout en restant parfaitement naturel. Il me regardait, levait un sourcil, me faisait un petit clin d'œil : c'était parti ! Patrick fait partie des cinq ou six acteurs que je retiens parmi – privilège de l'âge – les cent stars que j'ai dirigées. Il garde une place absolument à part.

C'était un petit tanagra, une merveille. Je me disais : « Ce garçon n'a pas eu les films qu'il méritait... Mais il a tout le temps ! » Il avait une carrière extraordinaire devant lui. Les grands, les immenses rôles, il allait les avoir. Mais ce con-là, il nous lâche avant ! Merde, vous comprenez ? On n'a pas eu le temps de les lui donner ! J'en garde presque des remords. Je vous dis ça avec toute mon affection : je lui en veux de nous avoir quittés.

Mado : Combien de temps a duré le tournage ?

H. V. : Trois mois. Pendant douze semaines, on vit ensemble. On prend son petit déjeuner, on dîne... C'est comme si nous étions mariés. Nous avons tourné en studio et en extérieurs. Auparavant, j'appréciais l'acteur. Ensuite, je l'ai admiré. Et par la suite, se dessinait Patrick, ce garçon qu'on ne pouvait pas ne pas aimer. Après une expérience pareille, on ne peut plus l'oublier, c'est fini ! Non, je le répète : nous ne lui avons pas donné les films qu'il méritait. Le mien compris.

Je me suis longtemps posé des questions sur son geste, puisque j'ai été l'un des derniers avec qui il a tourné. Mais je me dis aussi que s'il n'avait pas été cet être fragile que nous regrettons tous, si on avait voulu le transformer, il n'aurait pas été Patrick Dewaere. Il est un de ces talents, de ces petits génies qui choisissent de mourir jeunes... C'était ça, Patrick : un enfant doué au maximum, qui a reçu toutes les grâces de notre métier dans son berceau, mais aussi la fragilité. Les petits génies meurent jeunes.

Mado : Le jour de sa mort, vous avez été l'un des premiers à l'évoquer à la radio.

H. V. : Quand les gens partent, en général, je bloque mon téléphone, je me tais. Lui, j'avais envie de dire qu'il était exceptionnel. Que sa perte était immense... Irréparable.

John Berry

Cinéaste, scénariste, producteur, partenaire de Patrick dans F.. comme Fairbanks

« J'aimerais bien faire un film avec Patrick,
dans l'autre vie dont tu parles. »

John Berry : J'ai fait la connaissance de Patrick à l'occasion du tournage de *F... comme Fairbanks.* La première fois que je l'ai vu, il est arrivé en moto. Il voulait voir si ça collerait entre nous... Et j'ai tout de suite eu un coup de cœur pour lui. On a fait ce film : c'était grand ! Je suis metteur en scène, j'ai une grande expérience des acteurs américains, français, etc. Mais, avec lui, c'était vraiment bien, parce que c'était vivant. Mes amis américains et moi, aussi longtemps qu'on a connu Patrick, on s'est toujours dit que s'il avait envie de devenir une vedette internationale, comme Depardieu plus tard, il y arriverait !

Mais Patrick n'y croyait pas, je pense... Patrick, c'était l'acteur romantique français par excellence. Il était capable dc tout autre chose aussi, et je suis certain qu'il l'aurait fait.

Nous n'étions pas très intimes, mais j'avais pour lui une grande affection, et je crois que c'était réciproque. Pourtant, à l'époque, il souffrait déjà. Je ne comprenais pas. Et je ne comprends toujours pas. Peut-être que je ne comprendrai jamais... Bien sûr, Miou-Miou et lui étaient en train de se séparer, et c'était douloureux pendant le film. D'ailleurs, quand il y a des tensions entre deux personnes, cela ajoute peut-être encore quelque chose au film. Mais ce n'est pas ça qui compte : le malheur était là... Et je ne pensais pas que c'était à ce point-là pour lui...

Il y a eu d'autres trucs ensuite. Le film de Lelouch, ça ne me disait rien pour lui, je ne peux pas te dire pourquoi... Je trouvais que ce n'était pas pour lui. La sensibilité de Patrick était très particulière, bien cachée mais très forte. Je pense qu'il s'y est engagé à contrecœur. Je n'en suis pas sûr, mais je le sens.

Et puis, c'est très lourd, ces déceptions avec une femme... ou deux. On peut aussi avoir des déceptions avec un fils, c'est pareil : c'est une espèce d'engrenage. Je te le dis avec regret : on est tous tellement impliqués dans nos propres conneries qu'on ne fait pas attention à l'autre. J'ai un immense remords : je n'ai pas fait ce que j'aurais dû faire. Je voulais contacter Patrick, le voir, sortir avec lui... Je me disais, il va faire le film de Lelouch, alors que, lorsque je l'ai vu à Hollywood, ses projets étaient tout autres.

Mado : Il rêvait tant de l'Amérique !

J. B. : Oui, et on avait parlé de faire un film ensemble. Et je te dis que c'était possible. On l'a vu là-bas chez Buñuel, qui était un copain. Puis ailleurs, on se voyait toujours avec d'autres... Il y a un truc qui est dingue, je ne sais même pas si j'ai raison : est-ce qu'il était apprécié ?

Mado : En France ? Je ne sais pas : il n'était ni arriviste ni diplomate. Il ne cherchait pas à plaire aux gens, certains ne l'aimaient pas à cause de ça. Et il en souffrait. Dugowson et Folon m'ont dit qu'il souffrait car il pensait qu'on ne l'aimait pas vraiment...

J. B. : C'est assez dingue... Moi, le seul film que j'aurais rêvé de faire avec lui, où il a fait un travail d'une beauté extrême, c'est *Série noire.* J'avais un truc comme ça dans la tête, et on en avait parlé.

Inutile de te dire combien on s'est sentis perdus après sa mort. Ce n'est pas seulement le fait qu'il ait disparu, mais la façon dont ça s'est passé. Ça nous a jeté à la figure des questions sur tout : le métier, l'amitié, l'amour... Ce n'est pas pareil avec tout le monde. J'ai d'autres amis qui sont partis dans les mêmes conditions, mais on pouvait comprendre. Avec Patrick, l'énigme demeure. Sa carrière était une réussite, quand même. C'était pas un désespéré. Il n'était peut-être pas heureux de ce qu'il faisait, mais on reconnaissait sa valeur. Ça m'a longtemps travaillé.

Je ne sais pas si tu évoqueras la drogue, mais pour moi, ça n'a pas joué. Parce que si on regarde bien, ce n'était pas un mec de la rue prisonnier de sa condition. Chez les grands musiciens, les grands artistes, ça circule beaucoup ! Pour moi, ce n'est pas la cause. Il était terriblement déprimé, mais pourquoi ?

Mado : Il était aussi très violent !

J. B. : Je le sais, bien sûr ! Ça faisait partie de son magnétisme, de son charisme, si tu veux... Mais pour un acteur, qu'est-ce que c'était beau quand ça se déclenchait ! Comment expliquer ce qui lui est passé par la tête ? Il a dû se dire tout à coup : « J'en ai marre, je ne veux plus faire ces conneries... » Sans se rendre compte de ce qu'il faisait.

Mado : Il avait surtout besoin d'amitié.

J. B. : C'est vrai. Moi, je ne pense pas que j'aurais été son véritable ami, mais en tout cas, j'avais de la tendresse pour lui, et je sais qu'il m'aimait aussi, curieusement. Myriam (Boyer) et moi, nous l'avons connu dans des circonstances différentes, nous avions pour lui énormément d'affection. On est allés le voir au Café de la Gare, où il faisait son numéro avec des assiettes ! Il était heureux, et nous aussi. Il partageait une vie collective avec des mecs, avec des femmes, et il n'était pas seul à se dire : « Qu'est-ce que je fous là ? » Il faut faire plus attention à nos semblables...

Mado : Il ne faut pas culpabiliser, tu sais...

J. B. : C'est pas de la culpabilité, c'est de la bêtise. On n'a jamais le temps, on se dit : « Pourquoi lui téléphoner maintenant ? Ça va l'embêter. Il est tellement pris, et moi j'ai d'autres choses à faire... » Myriam disait toujours : « Faut pas dire ça, qu'est-ce que ça peut nous foutre s'il nous envoie balader ? On va aller le voir, parce qu'on en a besoin. » C'est pour ça qu'on allait le voir au Café de la Gare. Il était toujours prêt à nous recevoir, mais ça n'allait jamais assez loin. J'avais envie d'aller jusqu'au bout avec lui, pour voir si je pouvais lui servir à quelque chose, pour qu'il se serve de moi... Rester « en vie », c'est le lot de tout le monde. Parfois, on se lève le matin en se disant : « Pourquoi continuer ? »

Mado : Folon me racontait que Patrick le rejoignait très tôt le matin à sa maison de campagne. Il allait dans le tout petit cimetière d'à côté, il y restait longtemps, puis en rapportait une fleur en plastique ou un caillou, en cadeau pour Ginette, la vieille dame du village qui lui préparait son petit déjeuner. Et souvent, il lui disait : « Tu sais, Ginette, on naît avant l'aube, et on meurt avant l'aube... » La Ginette n'a jamais bien compris ce que ça voulait dire. C'est curieux, hein ?

J. B. : Je crois qu'on naît dans la nuit, qu'on crève dans la nuit. On naît dans le noir, pas dans la lumière. L'aube, c'est l'espoir, je crois... *(Silence.)* On naît avant, et on meurt avant... Il a dit ça ? C'est terrible ! Quel charme il avait, quel esprit ! La vie est difficile, et c'est tellement rare de trouver quelqu'un avec qui faire un bout de chemin... C'est tellement enrichissant quand ça arrive. Mais l'amitié, c'est dur à trouver pour certains...

Mado : Je suis sûre qu'il est quelque part, qu'il existe. Tiens, je suis certaine qu'en ce moment, il est là, tu peux être tranquille ! *(Rires.)* Il est là, et il est content qu'on soit là tous les deux.

J. B. : Je suis content s'il est heureux. J'aimerais bien qu'on fasse un film dans l'autre vie dont tu parles, s'il y en a une. Que lui et moi, on travaille ensemble !

En quittant John, une idée me vient tout à coup, comme si quelqu'un me la soufflait (toi, peut-être, Patrick...). Cette phrase : « On naît avant l'aube, on meurt avant l'aube... », c'est dans *La Clé sur la porte* que tu la disais. Et elle avait continué à cheminer en toi. Comme si tes personnages s'emparaient de ton être tout entier, t'envahissaient au point que, peu à peu, tu existais de moins en moins...

ANNIE GIRARDOT

Actrice, partenaire de Patrick dans La Clé sur la porte

« Il s'est privé de tant de choses, et il nous a privés de son talent. Il a ouvert une plaie que je porterai toute ma vie. »

Annie Girardot : Je ne crois pas que ce soit le cinéma qui ait tué Patrick. C'est plutôt ce qu'il y avait autour : les problèmes personnels, les histoires avec les productions, les méchancetés des journalistes... J'en ai souffert moi aussi, mais sur un autre plan.

Les gens ont été tellement méchants. J'avais lu un article dans *Le Matin*, un mois avant sa mort, qui disait : « Ce n'est plus la peine de taper sur Dewaere : il est mort. » Au sens : « Il est fini. » On disait ça de lui ! Et pourtant, il était rare, il était irremplaçable. Tous ceux qui le connaissaient l'adoraient. Il n'y avait que les salopards, les ordures pour dire du mal de lui. Avec les médias, ça a été une horreur.

Le problème, c'est qu'il était trop sincère, trop intègre. Il ne supportait pas la félonie. Il était adorable, d'une telle sensibilité... Alors, il s'est laissé attraper par cette saloperie, c'est tout.

Juste après l'histoire de ce journaliste, Patrick de Nussac, j'avais revu Patrick à la télé, et je me disais : « Mais comment peut-on lui en vouloir ? » Il disait : « Oh, j'aurais pas dû le frapper... j'aurais dû le gronder. » Quelqu'un qui dit ça, moi, je l'aime à vie.

Patrick, il était transparent. Il avait un talent fou. Quand on le revoit dans ses films, il a cette mobilité dans le visage, cet œil... Quel désarroi, et en même temps, quelle pureté, quelle sagesse...

Mado : Il était heureux dans *La Clé sur la porte* ?

A. G. : Oh, oui ! Très heureux. C'est là qu'il a acheté sa fameuse petite maison. On parlait pas mal sur le tournage, il me disait : « Tu sais, je suis heureux maintenant, j'ai rencontré quelqu'un, j'ai un enfant, et puis, j'ai envie de vivre. J'aime la vie ! » Et puis voilà. Après, j'ai été invitée à son mariage et j'ai bien vu que ce n'était pas le bonheur dont il parlait. C'était désolant. Ce sont plein de choses comme ça qui l'ont conduit à ce geste. Et puis, il n'avait peut-être pas assez de santé pour supporter tout ça. Quand on est fatigué, il y a un moment où ça peut arriver, c'est sûr.

Il y a des épreuves difficiles dans la vie, c'est vrai, mais trois minutes après, tout peut changer. Nous, on le sait. Lui, il ne le savait pas. Je pense qu'il a été ivre de chagrin, il avait mal. Quand on regarde les essais pour Lelouch tournés le matin de sa mort, on comprend qu'il ne pouvait pas faire ce film. On comprend tout. Mais ce n'était pas une raison pour se flinguer !

On devait faire un autre film ensemble cet été-là. Moi, j'étais maudite à ce moment-là, un peu comme lui... Le film a été annulé. Il s'est tué quelques jours plus tard. Il paraît qu'il avait décidé de mourir depuis longtemps, mais moi, je suis sûre que si j'avais travaillé avec lui cet été-là, il ne l'aurait pas fait : je l'en aurais empêché.

Mado : On se dit tous ça, hélas !

A. G. : Oui, mais c'est vrai. Je crois qu'il était tout seul. C'est dommage, parce qu'il nous a privés. Il s'est d'abord privé, lui, de tant de choses. Vous vous rendez compte, ce qu'il avait, c'était miraculeux, c'était un don, un don pour nous. Et il nous l'a retiré à jamais. Moi, je lui en veux toujours. Il a ouvert une plaie que je porterai toute ma vie.

XVI

« Je compte sur toi, maman »

« Allez donc savoir ce qui se passe dans la tête d'un pianiste maniant ses touches pendant que vous sirotez votre champagne ! Si ça se trouve, lui aussi, il est amoureux... ou triste, parce que sa femme l'attend. Ou parce que sa femme ne l'attend plus. Parce qu'elle vient de le quitter, ou parce qu'elle va le quitter. » Ce monologue superbe, qui ouvre *Beau-père*, l'un de tes plus beaux films, sous la direction de Bertrand Blier, qui, mieux que toi, aurait pu le dire ?

Et je me souviens de cette longue nuit, proche de Noël... Nous étions seuls tous deux au Moulin-Vert, ta petite maison au fond d'une impasse. Tu avais couché ta Lola, après lui avoir donné son repas, l'avoir amoureusement changée. Tu m'avais joué fièrement au piano tous les morceaux de *Beau-père* que tu étais en train de tourner. Tu étais triste, désemparé, écrasé de fatigue et de solitude dans la maison vide, et, dans une phrase qui m'avait effrayée, tu me disais ton désespoir. Je n'ai pas osé comprendre que tu pensais à la mort, même quand tu m'as dit : « Je compte sur toi, maman, prie pour moi, j'en ai besoin... » et que tu m'as serrée dans tes bras avec tant d'amour en me disant bonsoir.

La dernière fois que tu m'as tenue contre toi, c'était dans notre petit jardin de Gouvernes. Beaucoup de nuages nous séparaient. C'était un peu avant la Toussaint 1981. Je t'avais rejoint en cachette d'Elsa, ta dernière femme, la mère de Lola, près de ta voiture. Nous nous sommes embrassés de tout notre cœur, de tout notre amour. Mon chéri, je ne t'ai plus jamais revu.

Patrick Dewaere a travaillé à trois reprises sous la direction de Bertrand Blier : *Les Valseuses* (1974), *Préparez vos mouchoirs* (1977, photo) et *Beau-père* (1981).

Bertrand Blier

Cinéaste, auteur, scénariste, réalisateur des Valseuses, *de* Préparez vos mouchoirs *et de* Beau-père

« Patrick était comme une boule de flipper, qui tombe bien ou mal. Au gré du hasard. Il aurait fallu le surveiller nuit et jour. »

Bertrand Blier : La première fois que j'ai vu Patrick, c'était dans *Themroc*, en 1973. Il avait une scène avec Michel Piccoli. Il jouait un maçon. C'était extraordinaire, cet acteur qu'on ne connaissait pas, et qui vraiment envahissait l'écran comme une star, déjà. C'était la vedette, quoi !

À l'époque, je cherchais mes comédiens pour *Les Valseuses*, et j'avais immédiatement demandé à connaître ce garçon dont je n'avais jamais entendu parler, autour duquel j'ai longtemps tourné par la suite, parce que je ne savais pas très bien choisir les deux gars des *Valseuses*. Je cherchais des garçons très différents de Depardieu et de Patrick. Une fois que j'ai eu choisi Gérard, je voulais que le second soit petit. Mais Patrick était aussi balèze que Gérard, et je lui disais : « Ça serait formidable si tu faisais quinze ou vingt centimètres de moins... » Alors, il répondait : « Ah ? Bon, ben... » Il était assez désintéressé, il n'avait pas du tout conscience de ce qu'était un grand rôle au cinéma. Il était avec ses copains, Romain Bouteille et les autres, et il se foutait pas mal du cinéma. Pour lui, *Les Valseuses*, c'était rien du tout. Je crois même qu'il n'avait pas lu le bouquin. Il disait : « Si tu me prends, tu me prends, si tu me prends pas, tu me prends pas... », puis il repartait sur sa moto. Et quand il a compris que le film allait commencer à faire parler de lui, il m'a dit : « Mais alors, je vais devenir une vedette ? – Oui. – Je vais donc pouvoir toutes les baiser ! » *(Rires.)*

Après, je l'ai revu au Théâtre de poche de Montparnasse, dans *Le Soir des diplomates*, de Romain Bouteille. Il y avait une distribution bizarre : Coline Serreau, Roger Riffart, Romain Bouteille, et Patrick, qui était éblouissant.

Je faisais la découverte d'un acteur inconnu, aussi génial au théâtre qu'au cinéma. Aujourd'hui, par exemple, je l'aurais engagé dans le quart d'heure qui suivait. Mais à l'époque, j'étais encore balbutiant dans mes certitudes, j'avais trop le trac, alors j'attendais. Mais c'était quand même un talent vraiment éclatant, il aurait fallu être le dernier des imbéciles pour ne pas l'engager !

Alors, j'ai fait des essais avec lui, entre autres avec Miou-Miou, qui était extraordinaire aussi. J'avais beau être sûr qu'il était génial, je voulais quand même vérifier une dernière fois. Miou-Miou était de dos, Patrick entrait, et c'était une scène de jalousie très comique, où il était époustouflant. C'est comme ça qu'il a fait le film, en n'étant pas du tout le personnage que je cherchais, mais il l'a joué intérieurement : il a joué un gars fragile et dominé par un copain, alors qu'en fait, ça aurait pu être l'inverse. Depardieu aurait très bien pu être dominé par Patrick, si on l'avait décidé. C'étaient des acteurs tellement doués, justes, sincères, qu'ils pouvaient aussi bien jouer le gros que le petit.

Mado : Patrick et Miou étaient déjà ensemble, je crois ?

B. B. : Moi, je l'ai vue naître, leur histoire d'amour, avant le film. Ils se connaissaient très bien, puisqu'ils jouaient ensemble au Café de la Gare. Mais ils ne s'étaient jamais regardés avec les yeux de l'amour : c'étaient des copains.

Un jour, ils viennent me voir au bureau, quinze jours avant le tournage, et Patrick me dit : « Écoute, on a réfléchi. Miou et moi, on va tourner douze semaines ensemble, tous les jours, sans se quitter, dans des hôtels de province, et forcément, il va y avoir quelque chose d'amoureux et d'érotique entre nous. Donc, on a décidé de démarrer avant le tournage *(Rires.)* et... on est ensemble, on voulait te l'annoncer. »

Mado : Vous l'aviez vu au Café de la Gare aussi ?

B. B. : Oui, dans un spectacle au titre... délicat : *Le Jaune devant, le Marron derrière.* Mais j'ai connu plusieurs Patrick. Il a évolué avec le temps. J'ai fait trois films avec lui. Dans *Les Valseuses,* il avait un côté chien fou, grosses pattes. Il avait des gestes un peu gauches, il était dangereux car il était prêt à faire n'importe quelle connerie. On lui disait : « Vas-y, casse ce mur ! », il cassait le mur !

Mais c'est surtout dans *Préparez vos mouchoirs* que j'ai retrouvé Patrick et Gérard. Là, je me suis rendu compte à quel point ils formaient un tandem d'acteurs fulgurant.

Dans *Les Valseuses,* j'avais fabriqué ce tandem. Mais dans *Préparez vos mouchoirs*, je me suis aperçu que j'avais lancé une association qui pouvait résister au temps. Ils étaient absolument indestructibles, complémentaires et extraordinairement complices, presque comme dans les grands numéros de clowns au cirque. L'auguste et le clown blanc, qui faisaient le tour du monde autrefois... Ils avaient de telles affinités qu'ils n'avaient même pas besoin de répéter. On les mettait ensemble dans une scène, et ça jaillissait d'instinct, sans travail, comme dans un grand numéro de music-hall international. C'était fabuleux !

Des associations d'acteurs de ce niveau, on en a vu très peu dans l'histoire du cinéma. Je pense à Paul Newman-Robert Redford, aux États-Unis. Ils auraient pu déboucher sur un tandem du type des grands comiques américains du muet !

Il y avait l'extraordinaire présence physique de l'un et de l'autre, un talent d'acteur, une gestuelle... C'était un couple avec lequel je rêvais de tourner jusqu'à la fin de mes jours. Faire au moins un film avec eux tous les trois ans. Pas pour exploiter un filon, mais par nécessité. Je ne pouvais pas faire un film sans penser à Depardieu-Dewaere, quitte même à doubler un personnage quand il n'y en avait qu'un.

D'ailleurs, le troisième film que je venais d'écrire pour eux, c'était *Tenue de soirée*, qui devait être, au départ, une histoire d'homosexualité entre les deux. C'est une idée que j'avais depuis sept ou huit ans. Ça venait de leurs plaisanteries. Ils n'arrêtaient pas de déconner là-dessus. Ils avaient trouvé un truc, entre les prises, genre univers carcéral. Par exemple, Gérard suçait le gros orteil de Patrick : « Tu vas voir ! Je vais arriver à te faire jouir ! » Et Patrick : « Mais c'est vrai, je sens que ça vient... »

Toutes ces plaisanteries m'ont amené à penser que ce serait extraordinaire de voir Gérard faire la cour à Patrick, avec Miou-Miou qui aurait été au milieu. Patrick était parfaitement au courant, il savait que c'était programmé, qu'on allait le faire. Je lui en ai parlé souvent, très peu de temps avant sa mort. Je crois même que c'était la veille au soir. En même temps, j'étais en train d'écrire *La Femme de mon pote*, dans lequel il devait jouer le rôle finalement échu à Thierry Lhermitte. Le tandem Coluche-Dewaere aurait été sublime, évidemment...

Quand j'ai appris sa mort, j'étais chez moi, en train d'écrire. J'écrivais les répliques de Patrick. Le téléphone sonne, en fin d'après-midi... Un journaliste, toujours délicat dans ces cas-là, me dit : « Allô ? Vous êtes Bertrand Blier ? Quelle est votre réaction au sujet de la mort de Patrick Dewaere ? » J'étais en train d'écrire pour lui, je l'avais vu la veille ! Ils se sont excusés, ils pensaient que j'étais au courant. Je ne pouvais pas être au courant une heure après...

Patrick, il venait souvent chez moi, le soir, parce qu'à l'époque, il s'entraînait pour le film de Lelouch à la salle des sports de Neuilly, qui n'est pas loin de chez moi. Il passait, on bavardait longuement, on discutait projets... Il avait un bel avenir professionnel, en tout cas chez certains metteurs en scène, comme moi, comme Claude Miller qui voulait tourner de nouveau avec lui. Alain Corneau aussi en rêvait... C'était un boulevard, sa carrière ! Même s'il y avait des hauts et des bas.

La mort de Patrick... enfin, disons plutôt, l'absence de Patrick, m'a fait énormément de tort. Il y a des choses que je ne peux plus raconter. Il y a des trucs que je n'ai pas faits parce qu'il n'était plus là. Il pouvait me représenter dans un certain type d'histoires, de même que Depardieu pouvait me représenter dans un autre type d'histoires. Il y en avait toujours un sur les deux qui pouvait être mon interprète. Patrick, dans des choses plus tendres, plus fragiles, et Gérard dans des choses plus agressives. Ou l'inverse ! Parce qu'ils pouvaient très bien changer de registre.

Patrick m'a manqué sur plein de films que j'ai faits, sur plein d'autres que je n'ai pas faits. C'est un peu comme si on m'avait amputé d'une jambe.

Lui et moi, on s'était découverts progressivement. Au début, on était copains. Puis, on est devenus amis. Ensuite, on est devenus un peu frères.

Sur la fin, après le tournage de *Beau-père*, nous étions devenus tellement proches : c'était autre chose qu'une collaboration. *Beau-père* est un film difficile, qu'on a vraiment fait ensemble, lui et moi. Cette histoire nous touchait beaucoup. Patrick, surtout, a porté le film. Il avait le rôle principal, et en plus, il avait la charge de la jeune demoiselle.

C'est très difficile de jouer avec des adolescents... surtout des scènes d'amour. Il avait la responsabilité de la délicatesse, dans le film. Il a eu miraculeusement cette délicatesse, malgré son côté un peu bourru. On ne s'attendait pas à tant de raffinement dans son comportement.

Au final, il n'a pas fait une faute. Il a su être câlin avec elle, sans jamais que cela ne dérape ni de son côté à elle ni du sien. C'était très difficile. Bien des acteurs auraient eu le geste de trop. Il a été héroïque ! Il était très subtil. En le voyant tourner, je me suis dit que pour une femme, il devait certainement représenter ce qu'est un grand amoureux.

Pourtant, il a été d'un très grand respect pour la petite, qui finalement était très provocatrice, comme toute gamine de quatorze ans... Et puis, elle jouait un rôle d'amoureuse ! De temps en temps, pour des scènes très courtes dans le film, une journée ou deux de tournage étaient nécessaires. Et ce pauvre Patrick était au lit avec une gamine nue, merveilleusement mignonne, qui se roulait sur lui, avec toute l'impunité de sa jeunesse... Elle lui faisait des câlins, ça durait huit heures ! Alors, lui, de temps à autre, il me regardait, il me lançait des SOS avec les yeux, me disant : « Je peux pas aller un peu dehors ? ... » Et je lui donnais une petite permission d'un quart d'heure, pour qu'il décompresse.

Mado : Son côté bourru ne cachait-il pas une immense sensibilité ?

B. B. : Bien sûr. Il était extrêmement fragile, et dangereux par sa fragilité, car celle-ci pouvait se transformer en agressivité. Il pouvait faire des éclats publics, commettre des gestes absolument irréparables...

On le compare à Depardieu, qui est physiquement violent, mais contrairement à Patrick, pas du tout psychologiquement. Il ne dira jamais à quelqu'un, à moins d'être ivre : « Avec le visage que vous avez, c'est pas étonnant que vous ayez des résultats aussi médiocres. » Patrick, lui, disait des choses comme ça. Il pouvait le dire même à un ministre, et il se foutait complètement du tiers comme du quart. Il n'avait aucun respect pour personne.

Un soir, nous avions rendez-vous tous les deux à FR3 pour une interview avec Henry Chapier. On se retrouve en studio avec Jean Auroux, qui était alors ministre du Travail. On nous le présente. Moi, je le connaissais un peu parce que je lis les journaux. Patrick le regarde, lui serre la main, et l'air sceptique, lui lance : « Vous êtes ministre vous ? – Oui, pourquoi ? Je n'en ai pas la tête ? – Ben non ! Pas exactement... » *(Rires.)* Ça a jeté un froid... Mais ce n'était pas du tout méchant de sa part. Il avait simplement dit son étonnement à haute voix.

Il était très provocateur. Petit à petit, il s'est assagi. Mais disons qu'il l'était fondamentalement. Et puis, il avait une qualité immense : il n'est jamais entré dans le système de l'argent au cinéma. Il n'avait pas conscience de sa propre valeur en tant que star, il ne se vantait jamais de ce qu'il gagnait. Il avait un petit côté ouvrier du cinéma. On lui donnait beaucoup d'argent, il disait merci, mais il ne redressait pas la tête.

Mado : Je comprends maintenant qu'il souffrait beaucoup de l'attitude des gens qui subitement le respectaient, le traitaient différemment parce qu'il était « Dewaere », même dans la famille. Lors d'une grande réunion de Noël, parents, enfants, vieux amis étaient présents. Et je pense que, sans le vouloir, chacun lui montrait une sorte de déférence admirative, qui devait le déranger beaucoup, peut-être même lui faire mal. Un moment, il y a eu un silence. Et quelqu'un dit : « Un ange passe... » Alors, Patrick nous regarde tous et lance : « On l'encule ! » *(Rires.)* Le silence s'est creusé d'une sorte de gêne. Je me rends compte que j'aurais dû lui dire comme à n'importe quel de mes fils : « Écoute, Patrick, sois poli ! » C'est ce qu'il devait attendre... Mais je n'ai rien dit. Personne n'a rien dit. Il aurait voulu qu'on le traite comme un môme qui vient de dire une bêtise. Il a dû être malheureux, et nous mépriser un peu...

B. B. : C'est le phénomène de la notoriété. Quand, au sein d'une famille, il y a quelqu'un qui devient plus connu que les autres, ça crée toujours ce genre de rapports. C'est très désagréable.

Mado : Vous m'aviez parlé aussi de son côté émotif, de ses crises de foie...

B. B. : Oh ! là, là ! Avec Gérard, on l'avait surnommé « le foie ». Dans *Les Valseuses*, il était très sensible du foie. Après avoir bu beaucoup d'alcool, il avait des cuites jaunes. Il était jaune verdâtre et ça nous faisait rire ! À cette époque, Gérard et lui buvaient sec, tous les deux. Ils passaient des nuits de débauche dans des hôtels, et moi je les récupérais le matin au tournage... complètement impraticables. Il y en avait un qui était blanc et rouge, c'était Gérard. Et l'autre était jaune vert avec des yeux qui avaient doublé de volume, c'était Patrick !

Dans le film, il y a un plan où il est dans cet état-là, on s'en rend tout à fait compte en projection. C'est le plan du suicide de Jeanne Moreau dans la chambre. Ils sont endormis tous les deux. En entendant le coup de revolver, ils se réveillent, et accourent. Patrick, qui était fatigué ce jour-là, s'était vraiment endormi dans le lit pendant qu'on réglait les lumières. Gérard, qui fait semblant, se réveille pour de bon. Ils foncent vers la porte, et là, il y a un plan rapproché sur eux découvrant le spectacle épouvantable de cette femme qui vient de se tuer. Et on voit vraiment sur le visage de Patrick que... « c'est le foie ». Il est jaune, gonflé... C'est très drôle ! Et en plus, il ne prenait que des choses qui sont très mauvaises pour le foie, par exemple des « porto-flips » : jaune d'œuf plus porto, un truc pour faire des radios de la vésicule... Il était terrible !

Patrick est le seul acteur que j'aie vraiment vu dormir sur des tournages et se réveiller quand on lance « Moteur ! ». Dans *Beau-père* aussi, il y a une scène extraordinaire comme ça, je l'ai gardée. Les spectateurs ne peuvent pas le détecter. Moi, je le sais. Il dort dans une chambre d'hôtel aux sports d'hiver. La gamine entre en tenue de ski avec un bonnet de laine, se déshabille, et vient se glisser nue dans ses bras. Quand on a tourné tout ça, il dormait vraiment. Il ne s'est réveillé que lorsqu'il a senti la peau de la petite contre la sienne.

Arriver à dormir aux studios d'Épinay, sur un plateau où travaillent soixante personnes et se réveiller dans le silence quand l'action commence vraiment... c'est incroyable ! Cela dénote une capacité de décontraction hors du commun, c'est presque zen.

Il avait des facilités exceptionnelles pour jouer la comédie, c'était sans effort, comme il respirait. Je n'ai jamais vu personne d'autre faire ça. Depardieu peut dormir sur un plateau, mais il se réveille bien avant qu'on ait mis le rouge, quand il entend le silence. Ce sont les bruits qui le font dormir. Mais avec Patrick... on aurait pu faire des plans de lui en train de dormir, s'il n'avait rien eu d'autre à faire. On aurait pu faire sept prises sans qu'il se réveille. Encore mieux que Napoléon qui s'endormait un petit quart d'heure avant la bataille !

Pour les gens qui ont vécu cela, ce sont de très jolis souvenirs. C'est là où le cinéma rejoint la réalité, parce que les scènes ont réellement eu lieu. Il a vraiment eu le choc, il a vraiment eu l'étonnement. *(Silence.)*

À la fin, il était devenu très maigre : il était en plein régime. Cet amaigrissement volontaire pour le film de Lelouch, ça lui a fait du mal. Presque douze kilos en trois semaines ! Beaucoup d'acteurs qui se sont fait maigrir aussi rapidement l'ont souvent payé de leur vie.

Mais il y a eu un phénomène qui m'a impressionné. On sentait quand même la mort s'approcher. Nous, les metteurs en scène, on a une vision extrêmement pointue des acteurs, parce qu'on les regarde pendant des heures sur une machine qui s'arrête sur les visages. On les voit beaucoup mieux que les médecins, on a des prémonitions, on voit des choses qui ne sont pas visibles par le commun des mortels. Entre autres, le désespoir, la solitude. Et cette espèce de présence de la mort qui est chez tous les grands acteurs. Mais chez Patrick, ça a commencé très tôt. Et ça s'est accéléré quand il a tourné toute cette série de films : *Beau-père, Un mauvais fils, Hôtel des Amériques,* toute cette période qui lui a valu une certaine désaffection du public, parce qu'il faisait peur.

Bien sûr, il y avait les inconditionnels qui adoraient Patrick, et dont je faisais partie. Mais il y avait sur lui quelque chose d'un peu... fantomatique. Dans *Beau-père*, ça m'avait frappé. Dans le film de Sautet aussi. Dans *Hôtel des Amériques*, encore davantage. Trois films noirs. Et après le film de Verneuil, il y a eu le Jessua, *Paradis pour tous.*

À cette époque-là, les metteurs en scène se servaient de la douleur de Patrick, de ses souffrances, de tout ce qu'il trimbalait avec lui. *Paradis pour tous* est un film écrit pour Patrick. De même que j'ai écrit *Beau-père* pour lui, de même que Téchiné avec *Hôtel des Amériques.* C'était un peu le désespéré de service... et il en était très conscient. Il m'en parlait beaucoup, il en avait assez qu'on lui fasse jouer des personnages noirs.

Juste avant sa mort, il était extrêmement malheureux, d'autant que les résultats de ses derniers films avaient été décevants. Ça le touchait énormément. Il a beaucoup souffert aussi de sa rivalité avec Depardieu. Il n'était pas du tout jaloux de Gérard, il avait beaucoup d'admiration pour lui, il était même fasciné. Souvent, je lui disais : « Tu n'as pas à être fasciné par Gérard. Vous avez à être fascinés l'un par l'autre : vous êtes aussi bien l'un que l'autre. » Mais il se mettait en dessous, toujours. Et il a souffert de ne pas être reconnu, de ne pas être un acteur de consensus comme l'a été Gérard. Patrick a toujours été un acteur de la marginalité. Il dérangeait, sauf dans un ou deux films. C'était sa vocation.

Il était aussi un immense acteur comique. Immense ! Dans *Les Valseuses*, *Préparez vos mouchoirs*... Malheureusement, il a joué des films noirs.

Mado : Sentimentalement, il n'était pas heureux non plus. Peu de temps après sa séparation d'avec Miou, je lui en ai parlé en voiture. Brusquement, il m'a pris la main : « Maman, ne parle pas de ça, tais-toi, ne dis rien... Miou, tu sais, c'est le plus grand amour de ma vie. Et ça le restera. »

B. B. : Il manquait à Patrick une certaine force de caractère pour affronter la vie. J'ai souvent senti ça. C'est d'ailleurs fréquent chez les acteurs, qui sont parfois extrêmement démunis quand le tournage est terminé. Ils ne savent plus quoi faire de leur peau. Ce sont toujours les derniers à partir. Ils restent là, à boire un coup, jusqu'à ce que le dernier camion soit parti.

Patrick, il aurait fallu le surveiller nuit et jour. Il était comme une boule de flipper, qui tombe bien ou mal. Au gré du hasard... Il n'avait aucune hygiène de vie. Jamais il ne partait se refaire une santé, changer d'air. Il était généreux, il aimait faire plaisir, organiser des fêtes. Il pouvait dépenser des sommes fabuleuses pour offrir un apéritif. Tout le monde l'aimait. Mon père, Lino Ventura, tous les gens avec qui il a tourné. Il ne se savait pas aimé à ce point-là : il avait une piètre opinion de lui-même. C'était aussi l'une de ses qualités : il était modeste.

Mado : Avez-vous senti qu'il pensait au suicide ?

B. B. : Jamais, non. Mais je me souviens quand même de sa dernière visite, la veille de sa mort. C'était en juillet, il faisait chaud. J'étais seul à Paris, j'écrivais. D'habitude, il venait me voir vers cinq ou six heures. Il me téléphonait de la salle de boxe pour me prévenir. Il arrivait, il s'asseyait, on bavardait. Je lui demandais ce qu'il voulait boire : « Je ne peux rien boire, puisque je ne bois que de l'eau, alors, donne-moi de l'eau. » Pour plaisanter, je lui disais : « Mais faudrait un peu la colorer, ton eau ! » Alors, de temps en temps, il se sifflait un petit Ricard en douce, en disant : « Tu le diras pas à Lelouch, hein ? » *(Rires.)*

Ce dernier soir, il était resté assez tard, jusque vers dix heures... Et je l'ai senti pas bien. Je m'en suis voulu, après. J'aurais dû lui parler, peut-être. J'aurais dû lui dire : « Reste dormir ici. » En plus, il était farouche, il n'aimait pas qu'on s'occupe de lui. Je me souviens de lui, debout sur mon paillasson. Ni lui ni moi ne pouvions nous résoudre à fermer la porte. Il y a eu quelque chose... Je me demande si, quand même, il n'avait pas une idée dans un coin de la tête...

Mado : Vous croyez ?

B. B. : Je ne sais pas. On ne peut pas savoir. Mais ça pourrait y ressembler. Beaucoup de gens se sont sentis coupables après sa mort. Moi, comme les autres. J'imagine que Lelouch, aussi. Jessua... ses metteurs en scène, sa famille, ses femmes... Tout le monde !

Mais moi, je me souviendrai toujours de Patrick debout sur mon paillasson. Il n'en bougeait plus. Moi, je lui disais : « Mais si tu veux, reste. – Non, je vais aller dormir. » Et il restait là, ça a duré un quart d'heure.

Ce sont des choses qui nous arrivent souvent, dans ce métier. Combien de fois j'ai vu Depardieu comme ça, ou d'autres. Moi-même, j'ai été comme ça. On est habitués, c'est une sensibilité commune aux gens de ce métier, il y en a toujours un qui est dans cet état-là. Mais pour moi, ce soir-là, il y avait peut-être un signal d'alarme, un SOS de sa part. Confus, non formulé. Et je l'ai laissé partir...

XVII

C'est maintenant que je te découvre...

C'est un si grand bonheur de constater à quel point Patrick reste exceptionnel dans le souvenir des autres. De ceux qui s'accordent en une même admiration pour l'acteur, en une si fidèle amitié, une si profonde affection pour l'homme. J'ai un peu l'impression d'avoir fait la connaissance de mon fils. « Nul n'est prophète en son pays », dit-on. C'est bien vrai. Peut-être son immense pudeur nous dissimulait-elle soigneusement sa vérité ? Nous l'avions déjà un peu perdu.

C'est maintenant que je te découvre, mon Patrick, et que j'apprends par les autres que nous existions pour toi et que tu nous aimais. Et c'est dans le mystère de notre cœur à cœur, dans le souffle du vent, dans le souffle de l'esprit que nous nous retrouvons jusqu'à la vraie rencontre.

« Le vent souffle où il veut et toi, tu entends sa voix, mais tu ne sais pas d'où il vient, et tu ne sais pas où il va, le vent... »

N'est-ce pas ainsi pour chaque être qui naît sur notre terre, au moment du grand voyage qui le mène vers la suite de son histoire ? Petit homme tout neuf qui, au jour de sa naissance, commence à marcher vers sa mort, quel sera ton voyage ici-bas ? Qui te fera passer sur l'autre rive ? Celui qui a le bonheur de croire sait bien que le chemin, la vérité, la voie, c'est le Christ. Et toi, tu es en lui, tu vis en lui et je t'entends dans notre silence me dire tendrement : « N'aie pas peur, maman, traverse sans crainte... le tombeau n'est jamais fermé. Viens me rejoindre. N'aie pas peur ! »

Oui, ta vie continue. Elle ne s'est pas interrompue ce fameux 16 juillet. Elle se poursuit, autrement. La merveille d'une vie, de toute une vie, c'est d'en découvrir le sens, de déchiffrer patiemment le plan mystérieux tracé par Dieu, à travers nos chemins de liberté. Je continue à démêler, humble interprète des signes de ta vie, le fil ténu de ton histoire qui se prolonge dans ton éternité.

Un enfant mort trop jeune qu'on a porté en terre, un père mort avant lui, sans avoir jamais voulu croire à la vérité. La boucle est bouclée. Tes beaux yeux donc, qui furent les vôtres à tous les deux, se sont fermés, se sont rejoints. Ton histoire, mon chéri, l'histoire d'un grand amour que je ne peux évoquer sans en ressentir comme au premier jour la douloureuse puissance, demeure la plus grande histoire de ma vie. La plus courte, aussi. C'est probablement pour cela qu'elle est restée si profonde, si vive. L'amour humain s'use très vite. Seules les amours fauchées en plein élan peuvent garder toute leur vigueur.

Alors, pourquoi ce matin de Pentecôte, dernier jour de neuvaine, pourquoi cet imprévu-là ? Il fallait que nos deux êtres se rencontrent dans la violence d'un amour interdit pour que tu viennes au monde. Il fallait qu'à son tour la star que tu étais quitte la vie dans la violence et dans le sang. Pourquoi ? La réponse à ma prière de l'époque, je la découvre peu à peu. Pour Dieu, le temps n'existe pas.

XVIII

16 juillet 1982

C'était une belle journée d'été à la campagne. Je venais de rentrer de Bellac, où nous avions joué pour le festival une pièce assez sombre de Jean Giraudoux, *Pour Lucrèce.* Le soir de la première, en sablant le champagne, le représentant du ministre m'avait dit : « Votre personnage est une sorte de personnage maudit, qui semble porter malheur. » Yvonne de Bray, l'actrice qui l'a créé sur scène, est morte pendant les représentations, et sa remplaçante a perdu un être très proche peu de temps après. J'avais souri en me disant : « Vu mon âge, je vais peut-être subir à mon tour la suite de la "malédiction" et rencontrer la mort... » Bernard Rousselet, un de mes camarades, à qui j'avais rapporté ces paroles, me dit : « Ne parle pas comme ça, Mado ! La mort m'effraie, et je ne pourrai jamais me faire à l'idée de voir mourir ma mère. » Une discussion s'est engagée, et je lui ai dit : « Tu sais, c'est normal qu'une mère parte avant son fils. L'inverse est horrible. C'est monstrueux de voir mourir son enfant. » Cette conversation eut lieu le 8 juillet.

Huit jours plus tard, dans notre jardin, je me sentais heureuse. Le soleil brillait, l'air était doux, les vacances commençaient... Le téléphone sonne. C'est Georges, mon mari : « Tu as l'air bien joyeuse, ma femme... » Puis, sa pauvre voix porteuse de malheur m'est arrivée dans le

La dernière photo de Patrick Dewaere vivant. Trois heures avant sa mort, le 16 juillet 1982, il s'était fait photographier pour les besoins du film *Édith et Marcel*, de Claude Lelouch, qu'il ne tournera pas.

cœur. Sans attendre les détails, j'ai sauté dans ma voiture et je suis partie. Sur les trente kilomètres qui me séparaient de Paris, je priais, je suppliais. Mon Dieu, faites qu'il soit seulement blessé... qu'il vive !

Dans l'impasse du Moulin-Vert, la demeure de Patrick, tout était désert. Seule, une femme me dit : « Madame, vous ne pouvez pas entrer. – Mais je suis sa mère ! lui répondis-je sans la voir. Il est mort ? – Oui, madame. La police l'a emmené. »

Mon pauvre Georges était resté dans la maison vide. À l'étage, le petit boy indien épongeait le tapis, rouge du sang de mon fils répandu par la colère. Notre sang à tous les deux.

Quand je prie la Vierge, au soir de la Passion, je lui dis : « Tu vois, Marie, pour toi, le vendredi saint, c'est ton enfant mort dans tes bras, descendu de la Croix. Mon vendredi saint à moi, c'est une longue tache de sang sur un tapis... »

Le 17 juillet au matin, j'étais dans ce sinistre lieu : la morgue. J'attendais de te voir encore. Mais que c'est long, cette attente ! J'avais dans la main ma petite bible, celle qui ne me quitte jamais. Je l'ouvre au hasard et je me souviens encore de ce texte d'Isaïe :

Pourquoi te drapes-tu de rouge ? Pourquoi tes habits sont-ils comme ceux d'un fouleur au pressoir ? À la cuve, j'ai foulé, solitaire ; des gens de mon peuple, personne n'était avec moi. J'ai regardé, personne pour m'aider. J'ai montré mon angoisse, personne pour me soutenir... Alors, mon bras me secourut, ma fureur me soutint. Je les ai piétinés dans ma fureur, leur sang a giclé sur mes vêtements et j'ai taché tous mes habits. Je les ai écrasés dans ma colère, et j'ai fait ruisseler à terre leur sang.

Ce texte que je découvrais était comme un message de toi, mon fils. Ta colère contre tous ceux d'entre nous qui t'avaient fait mal, t'avaient blessé, c'était cela. Dans ton geste destructeur, qui n'a détruit que toi, c'est nous tous que tu as voulu détruire. Oui, c'est cela, l'inexplicable explication. Et nous portons tous un peu de responsabilité, de culpabilité, jusqu'à ce que vienne le pardon. Ton pardon. Car au pays où tu es, à présent, il n'y a ni haine ni rancune. C'est le pays de l'amour, du pardon et de la paix, un pays bien trahi par les hommes d'aujourd'hui...

Tu étais si pur et si beau sous ton linceul. Rien ne marquait ton cher visage, qu'éclairait un mystérieux sourire.

Une souffrance m'habitait cependant. Je n'arrivais plus, dans mon vide intérieur, à revoir ton visage vivant. La vision de ton corps inhabité t'effaçait. Cela dura trois jours. Et puis, un soir, après avoir reçu le corps du Christ, dans le silence d'une prière, je crus voir la longue silhouette immobile sous la blancheur du drap s'animer, se lever et partir. Et je crois que cette dernière vision rejoint celle du jour où je faillis mourir.

D'un coup, je te retrouvais vivant, tel que tu étais dans la dernière image de *F... comme Fairbanks*, éclatant de blancheur, tenant Miou par la main, partant vers l'infini sur ton tapis volant...

Et j'entendais ton rire...

Témoignages

(par ordre d'apparition dans l'ouvrage)

Claude Sautet	10 mars 1989
Pierre Granier-Deferre	29 octobre 1991
Yves Robert	10 février 1992
Christine Pascal	13 novembre 1991
Patrick Bouchitey	12 mai 1988
Luc Béraud	1er juin 1988
Myriam Boyer	17 septembre 1991
Marie Trintignant	28 décembre 1991
Claude Miller	14 avril 1988
Yves Boisset	15 février 1989
Jean-Paul Carrère	26 septembre 1991
Ludmila Mikaël	26 février 1992
Romain Bouteille	8 septembre 1992
Henri Guybet	18 février 2006
Sotha	8 septembre 1992
Mauricc Dugowson	20 septembre 1991
Raphaël	9 octobre 2005
Françoise Dorner	12 novembre 1991
Alain Corneau	25 février 1988
André Téchiné	31 juillet 2006
Catherine Deneuve	19 janvier 2006
Marc Esposito	15 novembre 1991
Michel Seydoux	21 février 1992

Serge Rousseau	15 juillet 1991
Vincent Cassel	10 octobre 2005
Alain Jessua	12 juillet 1991
Jean-Jacques Annaud	10 juillet 1990
Brigitte Fossey	17 avril 1991
Jean-Michel Folon	6 octobre 1991
Henri Verneuil	23 décembre 1991
John Berry	17 octobre 1991
Annie Girardot	10 mars 1992
Bertrand Blier	13 décembre 1992

Filmographie

Monsieur Fabre (1951, crédité Patrick Maurin)
de Henri Diamant-Berger
avec Élina Labourdette, Élisabeth Hardy, Espanita Cortez, Pierre Fresnay

La Madelon (1955, crédité Patrick Maurin)
de Jean Boyer
avec Line Renaud, Roger Pierre, Jean Carmet, Noël Roquevert

En effeuillant la marguerite (1956, crédité Patrick Maurin)
de Marc Allégret
avec Brigitte Bardot, Nadine Tallier, Madeleine Barbulée, Françoise Arnoul, Daniel Gélin

Je reviendrai à Kandara (1956, crédité Patrick Maurin)
de Victor Vicas
Avec Bella Darvi, Suzy Jéra, François Périer, Daniel Gélin

Les Espions (1957, crédité Patrick Maurin)
de Henri-Georges Clouzot
Avec Véra Clouzot, Gabrielle Dorziat, Georgette Anys, Peter Ustinov

La Route joyeuse (1957, crédité Patrick Maurin)
de Gene Kelly
avec Gene Kelly, Barbara Laage, Brigitte Fossey

Mimi Pinson (1958, crédité Patrick Maurin)
de Robert Darene
avec Dany Robin, Denise Grey, Micheline Dax, Raymond Pellegrin

Paris brûle-t-il ? (1966, crédité Patrick Maurin)
de René Clément
avec Simone Signoret, Kirk Douglas, Alain Delon, Jean-Louis Trintignant, Orson Welles, Yves Montand, Jean-Paul Belmondo

La Maison sous les arbres (1971)
de René Clément
avec Faye Dunaway, Frank Langella, Maurice Ronet, Patrick Dewaere

Les Mariés de l'an II (1971)
de Jean-Paul Rappeneau
avec Jean-Paul Belmondo, Marlène Jobert, Michel Auclair, Laura Antonelli, Sami Frey, Pierre Brasseur, Patrick Dewaere

La Vie sentimentale de Georges le tueur (1971)
de Daniel Berger
avec Romain Bouteille, Gérard Depardieu, Patrick Dewaere, Miou-Miou

Themroc (1973)
de Claude Faraldo
avec Michel Piccoli, Béatrice Romand, Henri Guybet, Romain Bouteille, Miou-Miou, Coluche, Patrick Dewaere

Les Valseuses (1974)
de Bertrand Blier
avec Patrick Dewaere, Gérard Depardieu, Miou-Miou, Jeanne Moreau, Brigitte Fossey

Au long de rivière Fango (1975)
de Sotha
avec Rufus, Emmanuelle Riva, Romain Bouteille, Christine Dejoux, Patrick Dewaere, Miou-Miou

Lily aime-moi (1975)
de Maurice Dugowson
avec Rufus, Jean-Michel Folon, Patrick Dewaere, Juliette Gréco

Pas de problème ! (1975)
de Georges Lautner
avec Miou-Miou, Jean Lefebvre, Bernard Menez, Henri Guybet, Anny Duperey, Patrick Dewaere

Catherine et compagnie (1975)
de Michel Boisrond
avec Jane Birkin, Patrick Dewaere, Jean-Claude Brialy, Vittorio Caprioli, Jean-Pierre Aumont

Adieu poulet (1975)
de Pierre Granier-Deferre
avec Lino Ventura, Patrick Dewaere, Victor Lanoux, Françoise Brion, Claude Rich

La Meilleure Façon de marcher (1976)
de Claude Miller
avec Patrick Dewaere, Patrick Bouchitey, Christine Pascal, Claude Piéplu, Michel Blanc

F... comme Fairbanks (1976)
de Maurice Dugowson
avec Patrick Dewaere, Miou-Miou, John Berry, Michel Piccoli, Jean-Michel Folon

Le Juge Fayard, dit « le shérif » (1977)
de Yves Boisset
avec Patrick Dewaere, Aurore Clément, Philippe Léotard, Michel Auclair, Jean Bouise, Jean-Marc Thibault, Daniel Ivernel

La Marche triomphale (1977)
de Marco Bellochio
avec Patrick Dewaere, Miou-Miou, Franco Nero, Michele Placido

La Chambre de l'évêque (1977)
de Dino Risi
avec Ugo Tognazzi, Ornella Muti, Patrick Dewaere

Préparez vos mouchoirs (1978)
de Bertrand Blier
avec Patrick Dewaere, Gérard Depardieu, Carole Laure, Riton, Michel Serrault

La Clé sur la porte (1978)
de Yves Boisset
avec Annie Girardot, Patrick Dewaere, Eléonore Klarwein, Stéphane Jobert

Coup de tête (1979)
de Jean-Jacques Annaud
avec Patrick Dewaere, France Dougnac, Jean Bouise, Michel Aumont, Paul Le Person

Série noire (1979)
de Alain Corneau
avec Patrick Dewaere, Marie Trintignant, Myriam Boyer, Bernard Blier, Jeanne Herviale

Le Grand Embouteillage (1979)
de Luigi Comencini
avec Miou-Miou, Patrick Dewaere, Stefania Sandrelli, Annie Girardot, Ugo Tognazzi, Marcello Mastroianni, Gérard Depardieu

Un mauvais fils (1980)
de Claude Sautet
avec Patrick Dewaere, Yves Robert, Brigitte Fossey, Jacques Dufilho, Claire Maurier

Psy (1980)
de Philippe de Broca
avec Patrick Dewaere, Anny Duperey, Michel Creton, Jean-François Stévenin, Jean-Pierre Darroussin, Catherine Frot

Paco l'infaillible (1980)
de Didier Haudepin
avec Alfredo Landa, Patrick Dewaere, Christine Pascal, Jean Bouise, Eduardo Calvo, José Ruiz Lifante

Plein Sud (1981)
de Luc Béraud
avec Patrick Dewaere, Clio Goldsmith, Jeanne Moreau, Guy Marchand, Pierre Dux

Les matous sont romantiques (1981)
de Sotha
avec Henri Guybet, Patrice Minet, Philippe Manesse, Odette Laurent, Christine Dejoux, Véronique Rivière, Romain Bouteille, Patrick Dewaere

Beau-père (1981)
de Bertrand Blier
avec Patrick Dewaere, Ariel Besse, Maurice Ronet, Nicole Garcia, Nathalie Baye

Hôtel des Amériques (1981)
de André Téchiné
avec Patrick Dewaere, Catherine Deneuve, Étienne Chicot, Josiane Balasko, Sabine Haudepin, François Perrot

Mille milliards de dollars (1981)
de Henri Verneuil
avec Patrick Dewaere, Mel Ferrer, Caroline Cellier, Anny Duperey, Jeanne Moreau, Fernand Ledoux

Paradis pour tous (1982)
de Alain Jessua
avec Patrick Dewaere, Jacques Dutronc, Fanny Cottençon, Stéphane Audran, Philippe Léotard

Nominations aux César, catégorie Meilleur acteur

1977 pour *La Meilleure Façon de marcher*
1978 pour *Le Juge Fayard, dit « le shérif »*
1980 pour *Série noire*
1981 pour *Un mauvais fils*
1982 pour *Beau-père*

Série noire et *Beau-père* furent présentés en compétition au Festival de Cannes (1979 et 1981).

Préparez vos mouchoirs a obtenu l'Oscar du Meilleur film étranger en 1979.

Crédits photos

AFP : p. 222.

Collection Alain Corneau : p. 180.

Collection Mado Maurin : p. 9, 14, 18, 20, 22, 39, 45, 50, 52, 53, 54, 59, 66, 72, 87, 92, 97, 102, 104, 109, 112, 117 b, 118, 126, 129, 131, 152, 156, 194, 214, 216, 220, 224, 248, 249, 280.

D.R. : p. 27, 106, 108, 114, 115, 120, 124, 159, 206, 264.

Studio Lipnitzki : p. 107, 117 h.

Télé 7 Jours : p. 61, 62, 63.

Table

AU CHERCHE MIDI

JEAN-FRANÇOIS CARMET
Carmet intime

PHILIPPE DURANT
Michel Audiard

GILLES DURIEUX
Jean Yanne
Ni Dieu ni Maître (même nageur)

PATRICK ET OLIVIER DE FUNÈS
Louis de Funès
Ne parlez pas trop de moi, les enfants !

ANNIE GIRARDOT
Partir, revenir
Les Passions vives

SYLVIA KRISTEL
Nue

FLORENCE MONCORGÉ-GABIN
Quitte à avoir un père,
autant qu'il s'appelle Gabin

MARTIN MONESTIER
La Callas
De l'Enfer à l'Olympe
Passions et scandales d'un destin grandiose

ÉDITH PIAF
et MARCEL CERDAN
Moi pour toi

JACQUES PESSI
Pierre Dac
Mon maître 63

CLAUDE PINOTEAU
Merci la vie !

LOÏC ROCHARD
Brassens par Brassens

SENY
Jacques Villeret, mon bébé blanc

CHARLOTTE VALANDREY
L'Amour dans le sang

Mis en pages par DV Arts Graphiques à Chartres
Imprimé en France par Normandie Roto Impression s.a.s., 61250 Lonrai
Dépôt légal : octobre 2006
N° d'édition : 531 – N° d'impression : 062680
ISBN 2-74910-531-5